重归一统

[美]**龙沛** 著
Peter Lorge

康海源 译

宋初的战与和

九州出版社
JIUZHOUPRESS

致　谢

　　本书始于我在郝若贝（Robert Hartwell）教授指导下完成的博士学位论文。可惜郝教授未能待其完成就离开了我们，我谨以该书来纪念他。

　　我的论文答辩委员会的其他成员，席文（Nathan Sivin）、史乐民（Paul Jakov Smith）、卫周安（Joanna Waley-Cohen）等，在我完成这篇论文及之后的日子里始终鼓励着我。我对他们所有人感激不尽。

　　论文完成后的这些年里，我从很多地方受益良多。其中最重要的也许要数在中国台湾"中研院"史语所为期两年的博士后研究。是黄宽重教授使之成为可能，他的支持对我推进自己的研究至关重要。

　　近来，我极其幸运地得到了范德堡大学工作人员的帮助。许玉菜（Yuh-Fen Benda）是我们最优秀的图书馆员之一；影像资料中心的克里斯·斯特劳斯博（Chris Strasbaugh）及其团队协助我完成了书中的地图。我决不吝于感谢我杰出的同事罗芙芸（Ruth Rogaski），她细致入微地阅读了我的文稿，并提出了许多重要的修改意见。

我很荣幸能与剑桥大学出版社的编辑露西·莱默（Lucy Rhymer）博士和罗莎琳·斯科特（Rosalyn Scott）博士合作，他们为提高本书的质量付出了许多心血。我还要向那些匿名读者致以最深的谢意，他们的评论意见使我得以修改了许多错误。现在的版本能够条理清晰，在很大程度上要归功于他们不具姓名的帮助。当然，最佳的编辑和最好的读者也未必能找出并修正书中的每一个错误，剩下的那些责任自然在我。

最后，我要感谢我的家人。感谢我的父母和兄弟姐妹们一直听我诉说写作这本书的艰苦过程；感谢我的妻子特蕾西（Tracy）和女儿艾琳（Aileen）与林赛（Lindsay），我常常在她们身上分心。现在这本书终于完成了，我又要转移精力，开始无止境地讨论下一个研究对象了。

目 录

第一章 导 言

　　战争与政治的交互作用，是宋朝初创时期最重要的驱动力量。战争与政治不仅塑造了帝国的疆域范围和治理结构，而且使宋朝的特征和文化得以形成。这两种力量作为开国君主宋太祖（960—976年在位）的权力来源，几乎密不可分；但在第二位皇帝宋太宗（976—997年在位）统治时期逐渐分离；到了第三代君主宋真宗（997—1022年在位）时，则至少就皇帝权力而言已几乎完全分离。这一过程一直被简单地解释为文人力量（civil power）崛起并取代武人力量。但是，政治权力向政府官僚的转变存在着具体的、历史的原因，不会因为某种旨在强调文化价值超过军事价值的帝国规划而发生。吊诡的是，十一世纪初出现的文官主导型政府，是经由半个世纪的战争与个人政治（personal politics）而产生的。

　　因为文官的权力不出中央政府，所以十世纪末，他们在政府官僚体制中被赋予了权力。最初，位于开封的帝国政府没有多少权威。军事和政治权力都属于皇帝个人，而皇帝的权威来自他的军事胜利，以及他与中央禁军将领们的私人联系。通过这些私人纽带，宋太祖才能够集中王朝军力用于征伐而非内斗，继而以军事胜利谋求政治稳固。之后，王朝与皇帝个人逐渐分离，而且由于征服战争的胜利，帝国政府获得了权力。一旦中央政府获得了权力，那么服务于其中的官僚也会获得权力。与此同时，军事问题虽然仍要求在中央政府中保持庞大的官僚机构，但是已经成为边缘的或外围的事务。武人服务于朝廷，由朝廷发放俸禄，统领帝国军队，而不再维持藩镇力量。所有这些发展，都是由军事胜利驱动、由政治斗争形塑的。宋代早期历史的这种特殊走向，并不具有顺理成章的必然性。

十世纪末的宋朝政府，还不是十一世纪时那个由一群进士及第的文官主导的政府。掌握权位的武人或文人，都没有显赫的功名。十世纪时的宋朝文化为十一世纪时繁荣的士人文化奠定了基础，但是它绝不同于那种文官主导、政治驱动的文化。十一世纪时对何为"适宜"、何为"正当"的理解，以及视士人主导政府为历史必然的观念，极大地影响了对宋初历史的书写。但在十世纪时，军事与政治事件产生的作用与反作用引导着王朝发展的进程，这一进程并没有明显的归处。

从十一世纪开始，宋朝建国就被描绘成一个非军事化、文官掌管军务的过程，也是长期支配中国政治的暴力史的终结。然而，北宋的奠基之君们并没有摒弃战争，而是成功地利用战争，帮自己解决了大量政治与疆域问题。在宋朝政权的创建过程中，单次战役对朝堂内外产生的影响，与其攻城略地的直接效果同样重要。因此，战争以及其中更基础性的战役在宋帝国建立过程中所扮演的角色，还必须从政治活动和领土取得等方面加以探讨。宋太祖的政治命运与军事命运实际上是一体两面的，军事胜利就是他的政治成就。帝国建基于武力征讨的胜利，而宋太祖的皇帝威严也深深植根于此。

到了太祖之弟太宗即位后，战争与政治之间的这种关系也并未随之立即改变。虽然宋太宗迅速安插心腹之人进入政府，但他依然认为巩固皇位需要军事胜利。在一定程度上，他是对的。兄长的征服遗愿尚未完成，宋太宗仍然需要向军事精英们——宋太祖确立的皇室与宿将联姻政策下的产物——证明自己。太宗的问题在于，作为军事统帅，他力不从心。顺利征服北汉的荣耀一过，紧接着就是在试图攻夺燕云十六州时遭遇的惨败和奇耻大辱。此后他的军事履历也都乏善可陈。对他而言，切断或至少削弱政治与战争之间的联系变得十分必要。皇室自身与军事间的纽带，以及对辽战争期间军队所凸显的重要性，都使宋太宗无法完全抛弃军事。他很可能感到疑虑，自己为此采取任何明显的举措都会威胁到皇位。他只能逐渐地将政府的中心转移到没有实权的文官上来。

太宗之子真宗继承皇位时，帝国的官僚体系仍未健全，且有一场重大战争亟待解决。真宗的即位不存在那么多争议，他似乎也不像其父那样感受到来自军事精英的诸多威胁。但是，当他能够在安抚军事问题上稍稍抽身时，先皇的培养再加上朝中新崛起的文官的主导，使他开展了一场持久的修文运动，以敦促官员服从他的意志。他的个性和教养使他没有简单地利用皇帝的支配权力去逼迫他们这样做。他也没有受到他们的威胁——这也许导致了他及之后的宋代皇帝们对待官员的宽大方式。真宗的修文举动，加上与辽国敌对状态的解除，去除了军事行为对皇帝权力的政治影响，这种情况一直延续到十二世纪。

所有这些军事和政治成功的基础，在于精英（在宋初主要是军事精英）与皇室之间密切的交往关系。宋太祖的个人纽带和领袖地位，对引领王朝步入正轨尤为重要。最初将宋朝政权扭结在一起的是私人纽带，以及维持这一纽带的效忠关系。宋朝建国并不成功，因为太祖利用官僚体制削弱了许多前朝将领的军事和政治权力。他通过与这些将领的私人关系说服他们放弃权力，让自己成为皇帝。太祖没有通过暴力，而是靠着对皇室与宿将联姻从而加强联系的许诺（他一直遵守着）实现了这一点。因此，宋朝建国是一个极为个人化的故事：接近权力顶峰的一小撮人通过协商而拥护其中一人施行统治。

有关宋朝建国的非军事化、非政治化和个人化的诠释，是此前对帝国的实体和政治构造的全部理解。在导言的余下部分，我将扼要地讨论这些诠释。在第二章中，我会转向本书的方法论；之后我将详细叙述宋帝国的建国过程，战争与政治的作用将会得到更完整地呈现。我的分析将会从概述五代十国开始，接着按照时间顺序叙述从周世宗到宋太祖、宋太宗时期的军事和政治活动，最后结束于澶渊之盟达成不久的真宗朝。

宋朝建国的非军事化

> 杨雄曰："阴不极则阳不生，乱不极则德不形。"唐室之乱极于五代，而天祚有宋。太祖皇帝顺人之心，**兵不血刃，**

市不易肆，而天下定。①

范祖禹的《唐鉴》一书写于十一世纪，他将宋朝建国解释为非军事化过程，虽然显得有些极端，不过却与同时代许多宋朝官员和历史学者的看法如出一辙。②开国仅一百年后，创造帝国的那些行动就被简单地忽视了，取而代之的是兵不血刃、必然发生的建国叙述方式（第二章中我会讨论历史编纂的议题）。但这种超乎自然的建国方式，还是因为宋朝无力完全恢复唐朝的疆域而站不住脚，这种无能为力渐渐地通过宋太祖采用的所谓"先南后北"战略而得到掩饰。

960 年 2 月 3 日的兵变，让宋太祖成功地从后周最高将领的位置上再进一步，成为宋朝皇帝。③虽然随后正式建立政权看似轻轻松松，但是宋太祖却不得不连续十六年南征北战，以创建一个名实相符的帝国，让自己成为名副其实而非徒有虚名的皇帝。因为太祖及其后的皇帝们在政治和军事上都较为成功，所以宋代政治家和历史学者们才视宋朝立国为必然。这种目的

---

① 范祖禹:《唐鉴》，见《笔记小说大观》，台北:新兴书局，1981年第40编，第350页。弗里曼（Micheal Dennis Freeman）曾翻译过一个删减版，见 *Lo-yang and the Opposition to Wang An-Shih: The Rise of Confucian Conservatism，1068-1086*，耶鲁大学博士学位论文，1973年，第145页。（粗体为作者所加。——译者注）
② 弗里曼前引书，第145—150页。当然，对王安石变法的反对，影响了许多历史学者的观点。
③ 李焘:《续资治通鉴长编》（以下简称《续长编》），北京:中华书局，2004年，卷一，第4页。有关这些导致政权更迭之事的完整记载，可见《续长编》，卷一，第4—5页。另可见司马光:《涑水记闻》，北京:中华书局，2006年，卷一，第1—3页。当年1月31日，镇、定二州有军报称，辽和北汉的军队攻打后周。两日后，赵匡胤率军离开开封北上迎敌。当夜在陈桥驿，赵匡胤可能并不知晓，几位将领决定拥护他登上皇位。2月3日军队还师，2月4日宋朝建立。

论式的观点并不是一种偶然，其背后的动因是要把宋朝放到中华王朝的正统谱系中。[①] 那些土地曾属于汉、唐帝国而不属于宋帝国的政权，都被说成是"恢复"中央的原有统治，这就从修辞上确立了宋朝源自汉唐的正统地位。

正统王朝的建立通常满足三点假定，中国历史学者们认为宋朝也满足这三个条件。首要在于，天下只有一位正统之君，他因为德行而享有天命，世间的其他统治者都要承认他的至高地位。[②] 其次，战胜旧朝、建立新朝的能力也来源于天命。最后一点，华夏民族所居之地理所当然是正统皇帝统治下帝国的中心。这些假定不光预设了对帝国建立的历史描写，而且使宋代君主和官员在评估建国过程时有了偏见。

宋朝建国过程中那些不符合理论模型的方面，都被涂抹得与理论一致。范祖禹书中所言就清楚地显示，对其他政权见到宋朝胜利的必然性就望风披靡的描写，掩盖了它们在何种程度上臣服于宋朝。战争结束后的领土取得宣示了天命所归的军事实力，这其实颠倒了起因与结果的次序。

享有天命的最好证明就是控制汉唐时期的疆域范围。不过，宋朝建国以及由此而来的正统性，二者都不完美。尽管

---

① 陈学霖曾讨论过中国历史上正统性的象征维度，见氏著：*Legitimation in Imperial China*, Seattle and London: University of Washington Press, 1984, 第3—48页。

② 见姚瀛艇：《论唐宋之际的天命与反天命思想》，《宋史研究论文集》，郑州：河南人民出版社，1984年。有关汉朝发展与天命形成，可参见鲁惟一（Micheal Loewe）：*Chinese Ideas of Life and Death*, London: Allen & Unwin, 1982年，第13章，尤其是第151—158页。另可见顾立雅（Herrlee Creel）：*The Origins of Statecraft in China*, Chicago and London: University of Chicago Press, 1970年。

它在与南方政权和北汉的较量中连连获胜，却败给了草原帝国——辽。[1] 第三位皇帝宋真宗不得不接受辽国对曾属于唐帝国的燕云十六州的占领，此外还不得不面对辽朝皇帝的存在。就此，他延续着对五代君主（或许还有宋太祖）来说非常自然的承认。相比于通过澶渊之盟[2] 做出领土让步以结束宋辽敌对关系，与辽朝皇帝平起平坐更加不合理想。宋朝已然攻占并恢复了汉唐时期的大部分领土，尽管美中不足，但是宋朝已能顺当地宣称自己得到了天命。这就需要构建一套关于宋朝建国的叙述，以调和中国历史惯说与历史事实间的张力。不过，折中只会在理想与现实间两相扞格。

　　每位皇帝在帝国军事和政治构建中所扮演的角色都不相同，

---

[1] "辽"这一名称最初是契丹国在947年占领开封期间使用的。虽然它偶尔仍会恢复"契丹"的名称，比如在982年辽景宗死后（《续长编》卷23，第533—534页），但我为简洁起见，全书都使用"辽"这一名称。

[2] 澶渊之盟在英语中通常被翻译成"澶渊条约"（The Treaty of Shanyuan）。西方研究这场盟约的权威著作是赖大卫（David Wright）的 *From War to Diplomatic Parity in Eleventh-Century China*（Leiden：Brill，2005年），它已取代了施瓦茨－席林（Christian Schwarz-Schilling）的 *Der Friede von Shan-yuan（1005n. Chrs.）: Ein beitrag zur Geschihte der Chinesischen Diplomatie*（Wiesbaden：Otto Harrasspwitz，1959年）。我要感谢施瓦茨－席林博士把他论著的复印本赠给我，否则在几年前要找到它是很困难的。何四维（A. F. P. Hulsewe）对该书有重要的书评，见 *The Bulletin of the School of Oriental and African Studies*，第31卷第3期（1968年，第638—640页）。赖大卫极具说服力地指出，"盟"实际上是一种协议（covenant）而非条约（treaty），见氏著第73—78页。我把"澶"字注音为"chan"，因为这更符合现代汉语普通话的发音标准，见罗竹风：《汉语大词典》第6卷第178页（上海：汉语大词典出版社，2008年）和诸桥辙次：《大汉和辞典》第7卷第7207页（东京：大修馆书店，1955—1960年）。《汉语大词典》中收录的另外一种发音是"dan"。R. H. Matthews 的 *Mathew's Chinese-English Dictionary*（Cambridge：Harvard University Press，1943年，第177页）收录的发音是"shan"，这和《康熙字典》等多种旧式字典中的注音是一样的。施瓦茨－席林认为，"shan"这种发音是一种古音（见 *The Treaty of Shanyuan-Then and Now: Reflections 1000 Years Later*，注1）。虽然英语学术界惯常用"shan"这一读音，但是我认为用非汉语普通话的发音是不合理的。

其影响因素包括军事命运、前任遗嘱和个人性情，但是这三位皇帝及其官员们的行为都应被整合进一个对宋帝国如何及为何这样成形的统一解释。这就需要进一步解释，一个正统王朝为何无法战胜辽朝、拿下燕云十六州，从而再现汉唐的广袤疆域。人们认为，宋朝如此建国，全部责任都在皇帝们的决策，因为无论是辽朝的意图，还是错综复杂、变幻莫测的军事因素，都不能笼统地放到一起解释。这种设想显著地抬高了燕云十六州代表军事虚弱的象征价值，完全超出了它们原本仅限于军事范畴的重要性。签订澶渊之盟、放弃燕云十六州，就成了宋朝既定战略的合理结果。但是，是哪种战略呢？宋朝初年，针对军事行动的奏议不胜枚举，但只有赵普于 968 年提出来的"先南后北"战略保证了宋太祖的战绩，也规定了征服战争的不完美结局。从结构上看，赵普的提议成了整个宋朝征服战争的一幅蓝图。这一战略甚至早在宋朝建国前就被提出，这个事实似乎让这种神话变得更加可信了。

　　"先南后北"战略从最初提出到貌似被采用，都是在后周（951—960）时期。后周即赵匡胤取代的那个政权。955 年，后周第二位皇帝周世宗要求官员们进献"致治"之法。[①] 刑部官员王朴的奏议据传获得了最高评价，并被载入后来的史书，用以描述计划中的统一战略。[②] 除了呼吁一个开明进取、施行仁政的

---

① 司马光：《资治通鉴》，北京：中华书局，1992 年，卷二百九十二，第 9525—9526 页，世宗的"致治之方"、王朴的"俟天下既平"。
② 《资治通鉴》卷二百九十二，第 9525—9526 页；薛居正：《旧五代史》，北京：中华书局，1995 年，卷一百二十八，第 1679—1681 页。在《旧五代史》中，王朴的奏议被称为"平边策"。另可见爱德蒙·沃西对《资治通鉴》的翻译：*The Founding of Sung China*，第 15—17 页。

朝廷，王朴最显著的战略要点就是先平定南方诸国，再移兵攻打北汉、夺取燕云十六州。赵普 968 年的提议与之相似，但更为简单。[1] 实际上，没有哪位皇帝真正遵循了"先南后北"的顺序。周世宗在占领南唐的部分疆土后就挥师北征，宋太祖南征胜利期间也伴随着数次北伐失败。

尽管宋太祖（及周世宗）征伐的实际顺序与王朴、赵普的计划大相径庭，用"先南"战略来解释帝国建立的过程，还是受到了宋代历史学者和文官们的欢迎，原因有三。第一，这让他们能够忽略太祖的一些败绩，让太祖的军事履历成为道德力量和军事实力的完美展现。[2] 第二，因为太祖的成功被视为不可阻挡的，所以从官员的建议中选择正确的战略，就比将领如何执行战略更加重要（当然，"正确"战略的失败总是可以被归罪于拙劣的执行能力）。在帝国建立的过程中，文官的作用也就比武人更重要。第三，这将夺取燕云十六州和对辽战争失败的症结归因于计划不足，而非道德上的缺陷或正统性的缺失。因果关系得以巧妙地建立起来，单次军事行动的重要性被弃置不顾。同时，对文官来说，起用文官、由中央政府掌控帝国等更具重要意义的过程得到了强调。这导向了另一种目的论式的结构，即宋朝建国之成功，原因在于强调文官治理而非武人治理，而不是军

---

[1] 《续长编》卷九，第204—205页。这一段史事最初记载于邵伯温的《闻见前录》，北京：中华书局，2008年，卷一，第4页。亦可见沃西：*The Founding of Sung China*，第18—20页，及他有关太祖与赵普之论的大段注解，第89—90，注7。
[2] 后世的许多历史学者都不了解宋太祖的军事失败，因为他们所依据的资料是陈邦瞻的《宋史纪事本末》和其他将编年记录汇编为主题条目的书。在这些二手资料汇编中，军事失败要么被完全忽略，要么面目模糊。另可见弗里曼书，第146页。

事胜利为文官主导型政府创造了前提条件。①

　　宋太祖的军事履历或许可以证明他享有天命，然而太宗的历史地位却有点模糊不清。太宗在979年能够成功消灭北汉，一定程度上是借用了太祖为削弱北汉所采用的方略。太宗乘胜直接移师攻辽，试图夺取燕云十六州。但是辽军的反击冲垮了宋军，迫使太宗逃离战场。尽管太宗两次企图收复燕云十六州均遭失败（第二次在986年），但至少都是采取攻势。按照宋代史籍的观点，太宗具有宏图大略，只是执行不力。太宗归罪于自己的将领（其中许多人在太祖时期都战功赫赫），然而他自身的失败是显而易见的。

　　接下来，真宗就得面对辽朝的存在了。考虑到真宗是一位长于深宫的皇帝，我们可以理解他远不如太祖、太宗那么孔武善战。后世的中国政治家和历史学者们都感到真宗对辽朝让步过多，但他们也都承认，即便是在汉、唐时期，与贪婪、好战的北方蛮族打交道也是一件费力的事。既然王朝采取守势，那么宋真宗就被刻画成保护王朝不受蛮族侵扰的形象。于是，当辽朝皇帝试图毁灭新朝、征服中原时，宋真宗表现出了巨大的勇气，他亲临险境，在澶渊赶走了攻入的辽军。在结束双方敌对状态的盟约中，真宗做出了包含每年输出赔款的正式让步，但表面上辽朝的让步更大，因为他们不得不放弃针对中原的既定计划。从这方面讲，真宗是英勇而成功的。此外，基于对辽朝在澶渊之盟之前和之后始终想要灭亡宋朝的误判，宋廷在

―――――――――

① 这一观念早在王朴首次陈述其统一中国的计划时就显现出来了；首先要建立一套良善的治理体系，军事胜利自然就会随之而来。见本书第8页注1。

十一世纪和十二世纪初一直认为，只有靠军队的忠诚警戒才能保证帝国的安全。直到1126年面对金军的攻势，这种臆想出的北方防御的成功策略才最终土崩瓦解。当时，金军刚刚攻灭了辽帝国。[1]

南宋朝廷和后来的历史学者将辽、金并为一谈，视之为相似的、持续的蛮族威胁，而在澶渊之盟中被正式割让的燕云十六州失地，则成了面对这种威胁的最显著例证。但在十一世纪，燕云十六州曾是宋朝不够完美的建国方式的实在象征。它们最初的战略意义已经让位于其在宋代历史意识形态建构中的位置，这种意识形态拼命掩盖对辽朝的退让。宋廷可以在内部文书中称辽朝皇帝为"契丹汗"，从而否认辽帝国的存在及其统治者作为皇帝的威严。但是燕云十六州的失败却无从掩饰，而且从宋廷的角度来说，这为宋朝持续的敌意提供了合理的控诉理由。宋朝的这一立场忽略了辽朝对遭受宋太宗无端攻击的愤愤不平的合理性，辽朝在十一世纪时的威胁更证实了宋朝的畏惧。[2]并且，从那些在十二世纪金军纵横华北时、在十三世纪蒙

---

[1] 值得一提的是，宋朝与金朝结盟攻灭了辽朝。

[2] 关于对辽岁输的重新谈判，见赖大卫：*From War to Diplomatic Parity in Eleventh-Century China*，第205—219页，及陶晋生：*Yu Ching and Sung Policies towards Liao and Hsia, 1042–1044, Journal of Asian History*，第6卷第2期（1972年），第114—122页。关于1074—1075年边境危机中辽朝的威胁，见铁兹（Klaus Tietze）：*The Liao-Sung Border Conflict of 1074–1076, Studia Sino-Mongolica Festschrift Fur Herbert Franke*，Wiesbaden：Franz Steiner Verlag，1979年，第127—151页，及蓝克利（Christian Lamouroux）：*Geography and Politics：The Song-Liao Border Dispute of 1074/75*，见达素彬（Sabine Dabringhaus）、普塔克（Roderick Ptak）编：*China and Her Neighbors: Borders, Visions of the Other, Foreign Policy 10th to 19th 19th Centuries*，Wiesbaden：Harrassowitz Verlag，1997年，第1—28页。

古灭亡南宋时书写历史的学者的目的论视角看，草原帝国的实力和意图都是可预料的必然结果。但在十世纪时，那种关于宋朝积弱、辽金意图、"先南"战略的探索式的简单框架设计尚未完全成形和具体化。初期的宋帝国仍是强大的，它的内政仍是有活力的、个人性的、不确定的，军事行动的后果还不可预见。

　　然而，在帝国的修辞术之下，是关于新王朝权力的内部政争。首先，只有真实的军事实力的内在价值，才能在面对政治领域的不确定性时提供可靠的屏障。但是，随着王朝逐渐稳定以及其中政治权力的价值不断增长，最有权势的将领们用军队换取了极佳的行政职位和与宋太祖的亲密关系。于是，他们仅仅听从宋太祖——那个利用自己在后周的军事地位建立宋朝并总揽军政大权的人。

战争与个人政治

　　对宋太祖而言，战争不仅是取得领土的手段，还是他政治权力的基础。他的军事命运与政治命运互动连接，彼此促进、发展。宋太祖利用他作为军事统帅发展出的私人纽带，一方面夺取权力，另一方面则消除了新朝面临的大部分潜在军事威胁。他首先解决了内部军事问题，继而利用军事征服来处理政治问题。整个宋朝政权与宋太祖个人被紧紧地捆绑在一起，在宋朝初年，它们实际上就是一回事。宋太祖通过一系列军事和政治胜利，至976年离世时已经使自己和他的帝国强大起来。但太祖通过私人关系获得的权力是否会转移给下一任皇帝，则并不明了。

　　宋太宗即位时，并没有同时继承他的兄长所积累的政治和军事资本。太宗的即位带有些许政变的味道——尽管是在皇家内部，这不仅是因为他宣称太祖希望他而不是自己的儿子继承皇位，而且还因为很多人认为太祖早逝与他有关。[①] 不过，太宗当皇帝的目标要比其兄长简单得多。他要掌控兄长已经建好的帝国，而不是去开创一个新的帝国。于是，太宗的问题在于找到对的方式，获得太祖的遗产。

显而易见，答案就是战争。太宗利用对北汉的军事行动，直接让自己成为太祖一朝宿将们的统帅——一个他从未拥有过的至高地位，并通过战事胜利证明自己能够胜任皇位。尽管这次行动仅取得局部胜利，但是太宗已足够强大，能够将精力集中于国内的政治稳定，而他的将领们则对各自在战事失利中的责任羞愧不已。七年后，太宗又发动了对燕云十六州的远征，同样失败了。[②] 这次军事行动的失败并没有过度挫败宋太宗，但它却让大多数朝臣强烈地感受到宋军无法拿下燕云十六州，并滋生出对辽朝的某种理所应当的敌意。

宋真宗的即位，没有其父伯的那些政治不确定性。战争对太祖、太宗是一种有利的政治工具，对真宗却仅仅是一个危险的难题。对辽战争似乎威胁到了帝国的存在。其父的失败标志着宋朝军事扩张的终结，以及宋军完全采取守势的转折——仅有

① 爱德蒙·沃西列了一份长长的讨论太祖、太宗皇位继承问题的论文清单。见沃西，*The Founding of Sung China*，第10页，注9。普遍一致的看法是，太祖不曾希望太宗继承他的皇位。
② 关于燕云十六州，见柳立言：《宋辽澶渊之盟新探》，《历史语言研究所集刊》，第61本第3分（1990年9月），台北，第693—747页。该文的第一个脚注列举了中、日、英三个文种有关澶渊之盟和燕云十六州的22篇论文。

少数例外。同时，从前辽朝主要限于反击太宗的侵扰，如今到了真宗朝，辽军开始大规模地侵袭宋朝领土。真宗的军事目标就是防卫，试图阻止辽军摧毁帝国，而不是扩充帝国和他自己的力量。如此，我们也就不必讶异于他和他的朝臣们将1005年缔结的澶渊之盟视为一次成功的盟约。虽然此后数年里，这份盟约遭到叱骂，并被朝臣们用作权力斗争的政治工具，不过它维持了一个多世纪。[①]

所以，宋朝的建国期不是随着一场高潮般的、关键性的战役或某种戏剧性的决定性事件而结束的，在终点上的是一纸在现在看来不甚体面，并带来不光彩的和平局面的让步协议。尽管如此，在太祖、太宗时期，皇帝和大臣们都并不觉得他们的帝国有多虚弱。即使是对宋真宗来说，只有在合约的深远后果被他慢慢理解并令其不安，引起他的注意后，这种虚弱感才显现出来。[②]太祖并未赢得他发动的每一场战役或战争，不过他明白，战争中的胜负是难以预料的，只要政治上稳定，个别失败就能挽回。在十世纪时，战事失败是个军事问题，也可能是个政治问题，但并不表示王朝有道德缺陷。

虽然内部政治对战争的利用在宋朝建国期很重要，但是这不应该遮蔽其更直接的、拓展帝国疆域的外在效用。一场口水战早就发生了，并与战争诉求相伴随。它试图将外部军事问题

---

① 对真宗朝时后澶渊时代政治的讨论，见 Karl Olsson：*The Structure of Power Under the Third Emperor of Sung China：the Shifting Balance After the Peace of Shan-yuan*，芝加哥大学博士学位论文，1974年。

② 《续长编》卷六十二，第1389页。Olsson 的引用与翻译，见 *The Structure of Power Under the Third Emperor of Sung China*，第156—157页。

看作内部政治问题，并为赤裸裸的暴力使用加上一份得体的托词。但在根本上，是宋军解决了这个争议。而且，尽管太祖、太宗要求被他们攻打的政权无条件投降，但他们都愿意就投降展开谈判——除了太宗对辽的战争。

战争与谈判之下的征服

如果帝国的修辞术不会掩盖这一事实，即几乎每个政权都会在宋军强逼之前拒绝被纳入宋朝，那么它就仍能充当战争时期外交谈判的框架。政治上，宋太祖首先做得像个皇帝，之后才让他的同僚和部属们确信必须待他如皇帝一样。军事上，他用对待亡国之君的方式对待那些他想要击败的国君，继而再迫使他们屈服。宋太祖想要以最小的努力、最少的伤害——既是对其军队，也是对他正在进攻的国家——去征服南方诸政权。这是很务实的：因为他想要保存军事实力，用于接下来的征伐，他也想治理那些即将被他征服的疆域。达到这双重目的最简单的办法，就是废除目前的国君，接管他们的行政机构。从太祖的角度看，最好的结果就是其他统治者爽快地向他投降，并在宋朝都城开始舒适的但受监管的生活。但如果没有战争这一推动力量，那么南方诸国的君主就没有谁会屈服。战争的命运决定了谈判的速度和方向。

交战与谈判并不是截然两分的行为，而是试图解决某种政治关系，又避免双方被完全破坏的议价行为的两个方面。对宋太祖和他之前的周世宗来说，战争显然是包含了交战与谈判的一个过程。宋太祖南征的主要目标是南方政权的国君，其次是他们的官员。所有军事行动的最终目的，都是要让他们心服口服地交出领土控制权。为了这一目的，南征的着力点全部放在了攻占各国都城，俘获各国君主、大臣，夺取官府所在地上。既然南征达到了军事目标，那么也就实现了政治目标。

太宗一开始也延续了这种做法，他接受北汉统治者的投降，因为当时宋军几乎就要突破北汉都城的防线了。但是，他在攻辽时完全放弃了这一做法。辽是一个特殊的情况，因为至少如前所述，攻打燕云十六州的目的仅仅是夺取那块领土，而非破坏整个辽朝。与太祖对待南方诸国的方式不同，太宗在征战之前甚至没有提出过要谈判。这极为奇怪，因为辽朝曾在某段时间试图重建与宋朝的外交关系。所以太宗往前一步，也就摧毁了身后的外交桥梁，余下仅有的可能要么是军事上完全胜利，要么就是完全失败。假使太宗在进军抑或撤兵时愿意谈判，或许他能或多或少达成某种和解协议。这并不是说，辽朝愿意放弃燕云十六州——宋朝仅有靠全面胜利才能得到它们，而是强调，那些已然在对宋朝极为不利的情况下产生的盟约，也许可以在稍好一些的情况下早点产生。到宋真宗被迫和谈时，辽朝皇帝有着数年军事胜利的支撑和朝臣强硬态度的支持，要求的已不仅仅是稳定占有燕云十六州，而是要多得多。

938年，后晋皇帝石敬瑭为了报答辽朝帮助自己建立王朝，正式将燕云十六州让与辽朝。从那时起，辽朝就占有了这块土地。该地大部分人口都是汉人，城市（辽朝的经济引擎）也都控制在汉人手中。实际上，与汉地其他地方相比，这片区域虽然并不是特别肥沃，但从整体上看却是辽帝国的农业、手工业和商贸活动中心。燕云十六州的南部边缘，即关南地区，由于是南北战略要隘，所以尤为重要。周世宗959年曾从辽军手中夺取关南地区，后周亡后又转为宋朝控制。因此，宋朝初期，宋军曾控制着燕云十六州的要隘，而辽朝则控制着余下的经济要地（对其而言）。

既然针对燕云十六州的军事行动并不是为了直接消灭辽朝，那么辽朝皇帝和廷臣们也就没有直接或立即感到来自宋军的威胁。这给了辽朝时间——更不用说距离——使之能够泰然自若地制定和构想回应策略。宋军攻入期间，燕云十六州周围隘口的战略价值是宋辽双方的首要考虑因素。控制这些隘口是任何对辽战争关键性的第一步，因此，任何试图夺取这些隘口的行动也就会被辽朝认为是要最终消灭辽朝。宋朝官员曾宣称，宋军"只"是想恢复理应属于中原王朝的领土，这要么是虚伪之言，要么就是后世历史学者的目的论判断。太宗在其第二次军事失利后曾表示，他只是想"俾契丹之党远遁沙漠"。①但即便此说成立，也很难让辽廷感到安适。尽管如此，因为帝国修辞也是宋辽谈判的一个基础，又因为宋朝表示它对燕云十六州的领土诉求不是军事需要，而是对唐朝正统性的合法继承，所以辽廷不得不将其军事局势转化为修辞形式，以向宋朝清楚表明自己的意图。这就解释了，为何辽朝坚持要宋朝接受其统治者的皇帝身份。这并不一定是因为辽朝想要成为一个中原王朝，而是因为只有将这种令人不快的言辞表述强推给宋

————————
① 《续长编》卷二十七，第617页。

朝，才能保证其军事优势始终为宋朝承认。否则，宋廷就会效仿汉、唐在征伐草原失败时的那些做法，使用修辞上的优越感来自我满足。

澶渊之盟之所以能够持续一个多世纪，不仅是因为拥有军事优势的辽朝无意于开疆拓土，还因为宋朝关于改变现状的讨论都得面对那些修辞标示（rhetorical markers），它直接提醒了宋廷其军事上的弱势地位。要忽略这些修辞标示或无视任何军事问题并不困难，但是这样做会让宋朝的虚弱表现得更为明显。如果近乎修辞意义上的平等，是早先王朝军事力量强大时进攻辽朝的结果，那么在虚弱状态下发起进攻又会怎样呢？在十一世纪和十二世纪早期的宋廷，很少有人觉得为与辽朝和平共处而付出这种修辞上的代价是值得的。但宋朝建国期的最后一幕——澶渊之盟的持久遗产却是，宋辽边境维持了一个多世纪的和平。这一稳定是辽朝的军事胜利和修辞胜利带来的结果。

辽廷不仅没有在宋朝冲击辽朝与北汉的领土时对宋朝建国做出回应，也没有响应南方诸国采取共同行动对抗后周和宋的提议。很明显，辽朝的利益并不是汉人利益的简单映像。同时，辽朝的举动对宋朝建国的步骤和进程产生了巨大影响，宋朝建国的现实进程必须考虑到辽朝的视角。

宋辽战争的辽朝视角

辽朝皇帝并不是中国皇位失败的竞争者，单单按中国中心主义的价值观来划分他们也是不合适的。在947年以前，他们曾明确计划要进入中原地区，但正如王明荪所提出的，在那之后，他们认识到自己没有能力直接统治那片地区。① 同样值得指出的是，辽朝真正使用"辽"这一国号，是在其 947 年短暂占领中原都城汴梁（开封）期间。② 尽管如此，在 947 年以后，辽朝的政策都清楚地指向影响和间接控制中原，而非直接统治。辽朝为了这一目标而在军事上支持北汉，这种支持不仅体现在日常防卫上，也包含在 954 年北汉试图消灭后周的失败战争中。

不管是后周还是宋朝，都认为辽朝对北汉的军事支持是对它们的直接侵犯。从多个方面来看确实如此，不过辽朝并不想接管中原，而仅仅是想削弱中原王朝，并设立自己的傀儡政府。事实上，在 954 年支持北汉侵犯后周之后，辽朝明显减少了防卫北汉和燕云十六州的军事行为。宋朝认为燕云十六州理应属于自己，故而会将辽朝在燕云十六州的防卫看作一种侵略行为。但是，辽朝保卫一块已归属自己几十年的，且宋朝从未占有过的土地又何错之有？更重要的是，尽管有南方诸国的反复鼓动，但辽朝从未趁宋军南征之机攻打宋朝。不过，在太宗第二次攻打燕云十六州之后，辽朝的策略改变了。随着辽军取得了战场上的主动权，小范围突袭也被大规模攻势所取代。辽军保有这一主动权直至十二世纪二十年代，宋辽之间的所有谈判也都以此为基础。

宋朝皇帝和官员完全不理解他们为何会丧失主动权，尽管这对宋辽关系的深远影响是显而易见的。宋代存在这样一种观

---

① 王明荪：《宋辽金史论稿》，台北：明文书局，1988 年。
② 有趣的是，辽人甚至没有想过在唐朝的都城长安和洛阳宣布实行新国号。这似乎意味着，他们并没有想获得历史上的正统性，而只要当时的正统性。

点，认为早期的边防体系，即依靠一批勇猛、主动且相当独立
的将领与辽朝作战是非常有效的，当这些将领因为政治原因而
被逐渐调离后，辽军才能在真宗朝时成功地侵犯宋朝。尽管制
度变革很重要，但这种看法预设了辽朝一直试图侵犯宋朝，仅
仅是宋朝政策的调整改变了事情的结果。似乎在宋朝皇帝和官
员看来，辽军的行为没有什么变化。由于无法区分边境袭扰和
大举入侵，后者有时由辽朝皇帝亲自指挥，宋朝就混淆了基于
战术考虑的局部调遣与基于战略考虑的谋篇布局。

　　宋朝没能分析出辽朝的战术与战略，不是因为他们不理解
己方政策中的这种差别，而是因为他们不相信辽朝政策中也存
在这样的复杂性。他们对辽人的理解大大受限于某些历史编纂
中的惯常说法。辽朝对中原的战略意图自947年至十二世纪
二十年代颇为一致：他们希望自己能够稳固地占据着支配性的
军事地位。但是，当追求战略方针的情况需要时，辽朝会改变
自己的战术举措。所以在北宋初年，辽朝抑制着自己的军事行
为，尝试通过谈判与宋朝构建起稳定的关系，以便继续控制军
事要地燕云十六州。即便是北汉的灭亡，也可以被忽视。宋朝
不会接受辽朝继续控制燕云十六州，其原因与辽朝希望继续掌
控该地是一样的：谁掌握了燕云十六州，谁就占据了战略优势
地位。宋太祖回避了这个问题，并且在必须面对这个问题之前
就去世了。但太宗却一头撞了进去。即便是在太宗发兵进入该
地后，辽朝仍非常克制。[①] 不幸的是，虽然辽朝想要谈判并希望

---

① 脱脱：《辽史》，北京：中华书局，1996年，卷九，第102页。

己方的克制能够保证这种可能性，但宋太宗却不会在失败的局面下接受媾和。① 太宗的战略方针是没有限制的，同时因为他以为辽人的策略也没有限制，所以他觉得双方没有谈判的余地，和解是不可能的。并且，假使太宗选择了谈判，那就意味着他接受辽朝的军事优势地位转化成外交优势地位。太宗通过拒绝和谈保证了外交上的主动权，辽朝暂时接受了这种局面。

辽朝在宋太宗死后不久，就致力于推动问题的解决。很显然，只有面对极大的军事压力，宋太宗才会选择和谈。既然辽朝无法做到真正地威胁宋朝，那么在太宗时期大规模的用兵就是无用且浪费的。② 但是随着皇位的更迭，辽朝对宋进攻的速度和兵力都增加了。真宗仍想延续其父不谈判的政策，但是辽朝下决心要将宋朝拉到谈判桌上，并从其军事优势地位中获利。边境袭扰逐渐发展成辽圣宗及其好战的母亲承天皇太后发动的攻势。③

悲剧之处在于，宋廷仅仅把辽朝不断加剧的军事行动，看作其北部边境防御能力不断增强所引起的回应。所以，宋廷没

---

① 太宗如果赢得几场战役，或许他会愿意谈判，继而主动撤退；但是如果他打了胜仗，他又不会撤退了。

② 关于辽朝袭扰宋朝过程中付出的巨大努力，见柳立言：《宋辽澶渊之盟新探》，第695—699页。

③ 更准确地说，是承天皇太后发动了南下攻势，其子辽圣宗随行。直到1009年去世，皇太后一直执掌着圣宗朝的朝政。"她专权是毫无疑义的……新皇帝则完全受他的母亲控制，甚至当他成年时，他的母亲还当众呵斥他，有时还打他。"（译文取自《剑桥中国辽西夏金元史》中译本，中国社会科学出版社，1998年，第101—102页。——译者注）她还领导着自己的斡鲁朵（ordo），共有一万骑兵。杜希德（Denis Twitchett）和铁兹：The Liao，见傅海波（Herbert Franke）和杜希德编：The Cambridge History of China，vol.6，Cambridge：Cambridge University Press，1994年，第90—91页。

有想通过谈判去终止对方的攻势，反而专注于增强边境的兵力。但是，如果宋廷没有或不能理解辽朝是想借助袭扰达到谈判的目的，那么辽廷也无法确定，宋朝拒绝和谈的同时致力于提高军力，到底是因为仍不愿意和谈，还是因为想要增加谈判时的筹码。宋廷中的政策论争显示出，事实是前者，而非后者——和谈从未被当作问题的解决之道而被加以讨论。不过，辽朝无从得知这一点。这就导致，当双方都认为整个问题在于无从解决的领土争端时，没有哪一方能够理清局势的微妙之处，并告知另一方以此作为谈判的基础。直到一场双方都想避免的大战即将发生，双方才被迫进行和谈。因此，逐渐导致澶渊之盟的常年战争，反映了一段长期的沟通失败，双方都试图通过战争这种模糊的手段来摆明各自的立场。遗憾的是，对另一方意图的整体误会，造成了对这些军事行为的极为不同的理解。比如，尽管辽朝最初并没有想要夺取宋朝北部防线上的任何重要城市，但宋朝却认为，只要这些城市能够经受住辽军的进攻，那么防守就是成功的。这逐渐使得辽朝为了把这一点解释清楚而直接攻击那些城市。

辽军几乎都是骑兵，他们的装备并不适合围城作战，他们的全部优势就在于机动性。所以宋朝避免与辽军在开阔地带开战，而是迫使辽军选择了不那么痛快的战术——进攻固定的地点。这种战略战术方针虽然不会让宋军重新握有主动权，但也让辽军必须付出更大代价才能达到目的。[①] 辽军只有通过代价与

---

① 当然，除非这种战术防御的目的是消耗辽军，从而回归攻击性战术方针。但既然宋真宗时期的战略显然是防御，即便他的防御行动中曾提到过进攻，我们也不应认为战术防御的运用是稍后进攻的前奏。

危险都不断增加的军事行动——这对双方都是一种削弱——才能向前推进。这到底是宋朝的明确政策抑或是一场政策失误尚待讨论，但这让真宗时期的战争变成了消耗战。宋朝迫使双方共同承担战争压力造成的代价，从而成功地提高了自己在与辽朝谈判中的地位。当谈判开始时，双方都希望问题能够解决，于是和约迅速达成了。

是辽朝而非宋朝提出了1004年的和谈，确定这一点对宋代政治家而言非常重要。但这就相当于进一步证明，他们并未理解辽朝的战争目的就在于以和谈解决问题。当宋朝还在试图算清谁胜谁负时，辽朝却在商讨一份坚实而谨慎的协议。所以无须惊讶的是，澶渊之盟对辽方更有利。问题并不在于当时的军事形势如何——恐怕对此也难有一个客观评判，而是在于对战争结果如何牵涉到双方手段与目标的主观理解。宋朝并不清楚辽朝的方式和目标，而辽朝却对中原的价值观念非常熟稔。辽方很清楚宋朝想要什么，军事局势也同样易于理解。这给了辽方巨大的谈判优势，宋朝征服南方政权时的局面整个翻转过来了。真宗朝忘记了太祖朝曾为人通晓的一个道理：任何军事行动的最后一步都是谈判，以此达到政治上的目标。真宗不像太祖那样有明确的政治和军事目标，他只想度过危机。他不懂战争，更加不懂谈判。但是，真宗及其朝廷不会知晓，他们刚刚上演了宋朝建国的最后一幕。

战争与北宋的建立

战争对北宋的建立具有核心意义，这不仅仅体现在取得领土上，而是表现在方方面面。对战争基础层面，即军事行动实际进程的详细研究，使我们得以阐明宋朝的内在政治构造、王朝的言辞结构以及十世纪时的中国对利用军事行动追求政治目标的理解。并且，这些军事行动让我们能解构宋朝建国中的一些神话。这些神话对我们如今理解宋代历史被书写的过程是极为重要的，它们构建了宋朝整体上的某些根本特征。几乎所有这些神话都是为了解释宋朝的虚弱。

如同约翰·拉巴迪（John Labadie）曾说的，宋朝的虚弱不是一条"红鲱鱼"①，宋朝的军事实力可与之前的任何王朝相比，只不过它面对着更强大的对手。②军事力量总是既与对手息息相关，又和自身目标密不可分。战事的结果可以从言辞上修改，但是所有谈判及之后的描述都要以战场上的实情为基点。随着事件变成模糊的记忆，那些事实——或至少军事事实——的重要意义都被遗忘了。因此，宋太祖能成功征服南方政权，是因为其军事和政治力量与战略任务相当；而他之所以不能消灭北汉，则是因为这种条件不再相称。宋太宗和宋真宗的情况也是这样。但是，辽朝同样如此。他们没能扶植北汉在 954 年进占中原，也没能保护它在 979 年免遭宋太祖灭国，但是他们成功地与北宋建立了一条和平的边界线，并始终掌握着燕云十六州。而且，既然辽朝在 1004 年无意于消灭宋朝，加之澶渊之盟使其获利良多，所以在十一世纪后期或十二世纪初期，他们也不可能想去

① "红鲱鱼"指伪造的事实、转移注意力的事情。——译者注
② John Richard Labadie: *Rulers and Soldiers: Perception and Management of the Military in Northern Sung China*（*960-ca.1060*），华盛顿大学博士学位论文，1981年，第11—12页。

消灭宋朝。[1] 于是，宋朝的北部边境在一个多世纪的时间里都没有什么有效防卫，因为根本不存在什么威胁。北部边境是在金人的攻势下崩溃的。事实已然很明了，是金而不是辽占据了中原。对宋朝虚弱的简单概括，轻易地把征服南方诸国、消灭北汉政权、征伐辽朝失利、起兵进攻西夏、丢失中原给金等军事问题混合成一幅单一图景。但是，这些军事行动本身就冲击着这种一般性概括。同时，通过回到有关宋朝利用战争建国的历史记述，我们首先可以把宋朝的军事问题分解成其中的各个组成部分，并打破数十年来忽视北宋历史上的军事行动与敌方意图之差别的那种似是而非的关联。

---

[1] 蓝克利（Christian Lamouroux）：*Geography and Politics：The Song-Liao Border Dispute of 1074/75*，第15页。

第二章　编史学、方法论和宋代军事与政治史

　　研究宋代军事与政治史的基本史料，几乎都是由那些自认为是历史学家的人所编纂的。这些历史的编纂带有特定的说教目的，并对读者及阅读策略有某种预期。我在目前的研究工作中，常常反其道而行之，去回答不同于史料编纂者们的问题。同样重要的是，我通过细密的解释，将对事件的稀疏记载连缀在一起。面向拥有不同背景和阅读策略的读者，需要不同的写作方法。就像本书中所出现的地图那样，我的解释也为陌生领域中的各路观点提供了情境。

　　我对叙事的介入是广泛的，这是因为史料很少明确解释历史事件为何那样展开，以及皇帝、官员和将领为何那样决策。这在战略与政治决策相关方面表现得尤为明显。史料中仅仅记载了四次战略讨论，本书也将一一论述。将前两次讨论——王朴在 955 年和赵普在 966 年提出的旨在征服天下的战略（分别见第三章和第五章）——都看成是一幕政治剧和一次创造编史规则的目的论尝试，而不是精细的战略思考，在我看来更为准确。本

书也直接引证和论述了后两次讨论，即赵普逐渐削弱北汉的战略（第六章）、宋太宗在雍熙北伐失败后的辩护（第九章），以及其他一些关于作战抉择的次要讨论。这并不是说后周、宋、辽及其他朝廷没有发生过这样的讨论，只不过是我们缺少相关史料。军事或政治上关键性的战略讨论并没有都留下记载。

　　本书呈现给读者的是一种编年叙述，我个人对动机、战略评估和事件关联的解释与取自基本史料的历史事件交织于其中。除了特别说明之处，这些分析都是我自己的。脚注仅涉及基本史料中记载的事件与时间。我的选择并不意味着否认历史上未曾采取的路径，而是通过被许多二手研究忽视的大批史料去复现历史上的进程。虽然我知道关于叙事有着丰富的文献，也知道当代与之有关的各种理论争鸣，但我拒绝一些可能的叙述理论，而主张单纯地"做历史"（doing history）。所以，我并不认为自己是海登·怀特（Hayden White）所指的那类从史学信念（*doxa*）[1] 出发的人。[2] 我的主要目的是解释在军事和政治领域内发生了什么，这些事件如何以及为何互相影响，这些事件的层累堆叠如何在更深远的意义上影响了整个宋代的历史进程。宋代的历史书写理论本身相当复杂，需要分别研究，付出相当大的努力去应对其道德说教的倾向。由于受到史料本身的影响及

---

① doxa为希腊文，在英文中对应belief。陈嘉映认为doxa指"我们深深依赖的看法、信念"，沈松侨将其译作"默会"。该词在怀特论文中的使用语境为"doxa of the profession"，这里根据作者的具体职业，将doxa翻译成"史学信念"。——译者注
② Hayden White：*The Question of Narrative in Contemporary History Theory*，*History and Theory*，Vol.23，No.1（Feb，1984），第1—33页。

对年代的重视，我创立了一种叙述，它聚焦于帝国的正统性，以及关于历史本身的一套儒家话语。

有关宋代军事与政治史的基本史料，在该研究领域的某些方面十分丰富，但在另一些方面则相对缺乏。关于普通士卒生活（如战斗技巧等）的材料几乎付之阙如，有关战役的指挥和战略层面的全面记录同样稀缺。[①] 类似的偏差也存在于政治领域，庙堂之上发生的事情都得到了详细记载，而庙堂之外的则几乎没有。当然，这并不令人意外，尽管这让对这些缺乏记载的领域有兴趣的人感到失望。研究宋朝早期战争与政治的互动关系，要会合理利用基本史料。

无论是政治较量还是战争，其结果都很重要。同样重要的还有具体事件的具体原因和具体影响。年代也很重要，因为局势总是根据政治与军事事件的结果而随时变化。如果事件的结果不同，那么它后续的事件也会发生改变。历史事件总有其自身的前因后果，其结果又会影响结果的结果。例如，假使宋朝在宋太祖时遭遇军事失败，那么它就会崩溃，并被另一个王朝推翻。但是到了第二位皇帝宋太宗在 980 年遭遇军事失败时，宋朝已经变得更为稳定了，能够承受太宗的失利。确切地说，这是因为太祖打赢了绝大多数的战争，发展出了充足的政治力量（并用心经营），去建立一个稳固的政体，如此大宋才没有成为五代之后终结于十世纪的第六个朝代。这一政体包含着士大

---

① 乐永天（Elad Alyagon）目前正在进行一项关于宋代普通士卒生活的颇具前景的研究。要了解宋朝时期徒手格斗的方法——不过不是战术，可参见龙沛：*Chinese Martial Arts*，Cambridge：Cambridge University，2012 年，第 113—118 页。

夫精英和军队中的忠诚纽带，在政治、军事、制度以及社会层面上都很强大。

　　在方法论上，我把对十世纪晚期军事与政治事件的研究，看作理解宋朝建国之过程和十一世纪文化史之奠基不可或缺的第一步。例如，在宋朝建国的过程中（这一过程至少持续到1005 年），军事将领发挥了至关重要的作用。武人及其文化并没有因为 960 年宋朝的建立，甚或 983 年官僚阶层的兴起而简单地消失。[①] 爱德蒙·沃西（Edmund Worthy）在他 1976 年发表的论文中曾确当地指出：

　　　　对许多学者而言，宋朝的建立带有决定性的意味，即废弃了五代时期的军事统治（militocracy）……宋廷还开始任命文官去监督或取代在地方政府中任职的武人。所有这些迹象都表明，文官统治的政府形式又迅速地重现了。毫无疑问，从总体来看，宋代的文官在政府中占据了明显的优势地位。但我们不该由此事实而回溯性推断，以为宋代开国的几十年里全无武人的身影和影响。事实上，该项研究将证明，在塑造宋代早期历史进程的诸多综合性因素中，军事是最关键、最突出的。[②]

---

① 有关官僚阶层在 983 年的兴起，见郝若贝：*Demographic, Political, and Social Transformations of China, 750–1550*, *Harvard Journal of Asian Studies*，第 42 卷第 2 期，第 408 页。

② 爱德蒙·沃西：*The Founding of Sung China, 950–1000: Integrative Changes in Military and Political Institutions*，普林斯顿大学博士学位论文，1976 年，第 5 页。

虽然士人阶层的政治、社会和经济实力在整个宋代不断增强，但军事文化似乎从未消失。正如我所认为的那样，如果一直到 1005 年战争都经常发生且至关重要，那么各个层面的军事文化极有可能都很繁盛，而不会在宋朝建立半个世纪后就衰败了。一旦我们认识到，各个层面的军事文化非但没有因为宋朝的建立而被消除，且实际上在宋朝建国过程中作用显著，那么我们有关宋朝如何形成的观点就要随之改变了。

政治与编史

任何有关宋朝建国的叙述，都紧紧依赖于宋代史料的编纂。所以尤为重要的是，要解释清楚那些历史为何以及如何成为那样，以及在二十世纪中国的历史表述中那一系列关切——特别是战争在中国政治认同形成中的地位——如何被重提。要对宋代的编史学做一番全面描述有些困难，即便是仅就前述这个问题而言都需要专门的研究，所以我在此仅限于从整体上概括一下塑造了宋朝建国特征的那些力量。[①] 从根本上讲，十一世纪以来的中国政治史直接影响了对宋朝建国战争的刻画。这种影响超出了战争的范围，也波及军事成就、军事将领和中国文化中战争的地位。

军事和政治事件往往易于出现史源上的偏见和目的论式的

---

① 蔡涵墨（Charles Hartman）对宋代历史编纂的讨论最为简明扼要，见 *Chinese Historiography in the age of Maturity，960–1368*，收录于 Sarah Foot 和 Chase F. Robinson 编：*The Oxford History of Historical Writing，400–1400*，第 2 卷，Oxford：Oxford University Press，2012 年，第 37—57 页。

历史书写。宋代及以后的历史学者认为宋太祖取代后周具有理所当然的合法性，因为宋朝是一个成功的王朝，所以也必然是合法的。其中许多历史学者都在宋朝为官，故而从意识深处认可宋朝的合法性。然而还有另外一种目的论视角的看法，即宋朝没能从辽朝手中夺回燕云十六州，所以宋朝建国是不完整的。后世还有一些历史学者敏锐地意识到，宋朝在十二世纪早期拱手把华北让给金人，于是将一种更根本性的军事虚弱投射到过去。十一世纪时勃兴的那种对宋朝用繁荣的士人文化来文饰军事虚弱的现象，在十世纪时还不明显，更算不上常见。

　　早先对宋初政治与军事史的研究在时间上是扁平化的，这样做是为了呈现出一种特定的文化解释，即宋朝能够立国并成为一个稳固的帝国，靠的是士人文化的主导而非军事或政治斗争。这种解释兴起于十一世纪，那时政治家和历史学者们把他们的文化立意注入王朝的建立中。[①] 要想读懂十一世纪的历史内涵，唯一的办法就是重新将年代导入历史，从而弥补对事件的简单描述，恢复早已被肢解成单一学科叙事的政治行为与军事行为的因果关联。我所主张的把年代重新导入宋史，有相当程度的编史之反讽（historiographical irony），我将在此阐述。

　　司马光（1019—1086）是我们讨论北宋建国史料时的中心人物。[②] 他的《资治通鉴》是五代十国历史最重要的史料之一，他

---

① 比如，欧阳修在比较五代和北宋时就将五代的动乱都归因于军士："五代为国，兴亡以兵。"见欧阳修：《新五代史》，北京：中华书局，1995年，卷二十七，第297页。
② 见冀小斌关于司马光的重要传记：*Politics and Conservatism in Northern Song China: The Career and Thought of Sima Guang*，Hong Kong：Chinese University Press，2005年。

的笔记《涑水记闻》中保存着宋初的许多重要轶事，他的整个史学方法也极大地影响了李焘（1115—1184）。李焘的著作《续资治通鉴长编》则是关于十世纪末和十一世纪历史的最重要史料。李宗翰曾指出，李焘上承司马光，相信"政府是建立恰当的社会秩序的关键，同时主张一个在最低程度上干预社会的有限政府。他赞成代理权限的科层秩序"。[①] 虽然在一些细微之处有所不同，但是李焘显然仿照了司马光的著作，他视《续资治通鉴长编》为《资治通鉴》的某种延伸。在许多方面，我们对宋初的理解都来自司马光。[②]

不过伍安祖（On-cho Ng）和王晴佳表示："按照现代史学的标准来看，《资治通鉴》也存在一些不足之处。虽然它叙述典雅流畅，史料运用严谨精到，但终究不是'历史'。它是一部孤立地记载历史事件的编年史，未能在历史事件与相关的特定史实间建立起前后的相互联系。它通过王朝兴衰的狭隘政治视角来观察历史，极少关注制度、学术、经济及社会的发展。"[③] 伍安祖和王晴佳的观点需要做些解释，特别是关于《资治通鉴》"不是历史"的论点。

按照我的理解，他们之所以认为《资治通鉴》不是历史，是

---

① 李宗翰：*Different Mirrors of the Past*：*Southern Song Historiography*，哈佛大学博士学位论文，2008年，第48页。
② 宋家复区分了官修历史与私修历史概念的许多差别，大大增进了我们对司马光的历史观的理解。他的研究对我们理解欧阳修的著作同样很重要。宋家复：*Between Tortoise and Mirror*：*Historians and Historiography in 11th Century China*，哈佛大学博士学位论文，2010年。
③ 伍安祖和王晴佳：*Mirroring the Past*，Honolulu：University of Hawaii Press，2005年，第150页。（译文取自该书中译本，见《世鉴：中国传统史学》，孙卫国、秦丽译，中国人民大学出版社，2014年1月，第152页。——译者注）

因为《资治通鉴》只有史事编年而没有任何分析。他们的其他特征表述看起来则有点稀松平常。实际上，司马光本人或许早就明白表示，他正是要从王朝兴衰的政治视角来观察历史。他开始构思《资治通鉴》一书时，就是为了给皇帝一人提供一份关于统治成败的相关历史案例汇编。相对于皇帝"狭隘"的政治考量而言，所有制度、学术、经济和社会的发展都是次要的。不寻常的是，作为有史以来最伟大的史书之一，这本书是为一人而写的。

从最基本的层面讲，《资治通鉴》仅仅是一部记载孤立事件的编年史，时间是其唯一的逻辑。司马光只是偶尔才会评点他所铺排的历史。不过，如果臆断这些事件彼此孤立、缺乏情境，或认为一些看似偶然的事件背后没有一个整体，那将会是严重的误读。即使在卷帙浩繁的两百九十四卷中（不算《考异》的三十卷），司马光及其合作者也不得不择取他们所要纳入的事件，并在写入终稿时加以删削。情况与伍安祖和王晴佳所说的不同，司马光同合作者们通过选择与编排史料，实际上呈现了一套分析深入、情境连贯的历史。[1] 他在语言的使用上同样极为精当。例如，在写历史人物的死亡时，他是根据他所认为的人物的实际等级，而不是那些人自己宣称的头衔来选择不同的术语。司马光的观点非常明确，只要皇帝愿意理解就一定能够理解。值得我们考虑的还有，直达天听的著作在下笔时必然十分谨慎。司马光不可能在行文中表现得高高在上，也不会在皇帝

---

[1] 李宗翰：*Different Mirrors of the Past*：*Southern Song Historiography*，哈佛大学博士学位论文，2008年，第4—5页。

面前自以为是。如果皇帝有任何疑问，司马光总能随时应召答疑解惑。结果，最终的版本是低调保守的，有时有些晦涩难懂，但至少不算极为枯燥。

南宋时期（1127—1279）的学者们想方设法去补救司马光的低调保守。袁枢（1131—1205）和朱熹（1130—1200）感到司马光的文笔太过微妙，在缺乏指点的情况下，要从《资治通鉴》中提炼出恰当的含义实在太难。于是，袁枢在司马光的基础上开创了一种新的史学体裁，他将整个文本重新编排，整理出两百三十九件重大史事。其成果便是《通鉴纪事本末》，该书摘编了许多相互交织的事件，去解释一件历史大事的来龙去脉。[①] 不过，许多互不相干的活动可能同时发生并导致同一件大事，袁枢的做法削弱了这种认识的历史效果。它还要求历史学者们明确指出在某段历史时期，哪些事件才是重大史事。也许有人对袁枢选取的这些重大事件提出异议，但毫无疑问，其影响已经引起后辈学者去关注、研究和辩难那些重大史事。

朱熹也重新编排了《资治通鉴》，形成了《通鉴纲目》，该书是其更为宏大的哲学旨要的一种延伸。[②] 朱熹是道学的重要推动者（英文中常称之为"新儒家"），他用历史去证明其"万物各有其理"的主张。正如伍安祖和王晴佳所描述的那样："虽然朱熹信奉基于持久经典真理基础上永恒的哲学普遍性，他却对时代变化及随之而来的质的转变异常敏感。"[③] 朱熹很欣赏司马

---

① 伍安祖和王晴佳：*Mirroring the Past*，第155—156页。
② 李宗翰认为，从《资治通鉴》到《通鉴纲目》的变化是库恩意义上的范式转换，见 *Different Mirrors of the Past: Southern Song Historiography*，第19页。
③ 伍安祖和王晴佳：*Mirroring the Past*，第161页。

光的著作，尽管他并不总是同意书中对历史事件的评价。他的
重编和批注打破了司马光的年代逻辑，转而去强调特定的道学
思想。

就我们的目的而言，更重要的著作是李焘的《续资治通鉴长
编》。李焘是分段进呈自己的著作的，1163年首先进呈了十七
卷，之后1169年一百卷，1174年四百七十卷，前后超过二十
年（该书最终完成于1183年，共有九百八十卷）。李宗翰推断，
李焘前三次向朝廷进呈《续长编》，带有参与朝政讨论的政治目
的。[1] 李焘继承了司马光的编年形式，以及他总体上的史学方
法。与十一世纪相比，十二世纪时宋朝的局势在许多方面都更
为紧张。宋朝所经历的不再是输掉燕云十六州后就与辽朝签订
一份难堪的盟约，而是把都城开封和整个华北都丢给了金朝，
它面临着实实在在的军事危机。朝中又相似地形成了互相对抗
的派系。

为我们提供宋朝建国基本史事的那些历史，刻意回避了
十一、十二世纪军事失利和朝政失和的背景。所以现在被我们
广泛认可的对宋代军事史的理解，极大地受到了征服战争之外
的一系列政治与文化因素的影响，比如宋代历史学者持守的儒
家道德信条。这些外在影响使我们低估了战争的意义和宋代军
事文化的重要性，导致我们在解释这些事件时产生了偏见。宋
代历史学者们之所以试图贬低战争对于宋朝建国的核心作用，
或至少强调军事问题从属于文官治理，或许是出于对他们所处

---

[1] 李宗翰：*Different Mirrors of the Past*，第32页。

时代军事具有绝对优势地位的反动。这样一种政治观点认为，军事问题在王朝建立过程中处于次要作用，所以也就没有理由去质疑为何处于次要地位的军方没能成功地保卫王朝。既然宋太祖是王朝的建立者，同时又成功地赢得了大多数征服战争，那么文官力量的崛起就要归因于他的政策，而不是如我所说，是太宗在战事失利后的政治需要（见第八章、第九章）。

　　制造并重申宋朝军事衰弱观念的编史学至少存在于四个时期，分别是十一世纪、十二至十三世纪、清代（1644—1911）和二十世纪。[①]上述的每段时期，都有某种特定的动机将宋朝如此特征化，而成功的特征化又转而提高了前述观点的内在可靠性。有充分的理由能证明，宋朝并没有实现它所有的军事目标，我并不是要否认这一点。但是，980年之前的宋代军事史是一段不断征服的历史。当人们想到大面积的领土征服时，应当懂得，宋初二十年的宋朝军队是有史以来最强大的战争机器之一。许多一手、二手材料都出于军事以外的一些原因，而坚决反对这种描述。材料与历史出现如此情况，是常见的、可预料的。这里我的兴趣有两重，一是区分事件与后世对它的解释，二是阐明这些解释并勾勒出这些时期的文化变迁——尤其是十一世纪的。

　　在1005年澶渊之盟结束宋辽敌对关系后不久，宋朝官员开始抨击这项盟约是一次蒙羞。我们暂且搁置盟约中的条款不论，

---

① 我认为很有可能，1279年宋亡后，身处元朝（1279—1368）的忠宋遗老、南方文士也有大批关于宋朝积弱的历史书写。这种贫弱偏见可能也渗透进了当时修纂的《宋史》里，但是我尚未找到任何材料能证明我的这种想法。

留待第十章再讨论。很明显的是，宋廷中最初抨击盟约的动机多数都源于内部政治。寇准（961—1023）应当说是促成盟约缔结的主要官员，当盟约最初被认为有利时，他也在政治上获益。他的对手抨击这项盟约，成功地让宋真宗相信这项盟约是一份耻辱。结果，寇准在1006年被贬谪，人们对盟约的评价也开始走低。[1]

澶渊之盟开启了三十年的和平，却不料造成了宋廷中的政治对峙。由于危机的消失，以及渐次出现了一批能干的官员，真宗（997—1022年在位）及之后的仁宗（1022—1063年在位）都能让朝中派系互相制衡。这是政治上的变通之计，能让皇帝压制朝臣，获取更多权力。但1038年与西夏开战，改变了这一局面。这场战争的影响之一就是，它一时间让皇帝觉得，要把大权赋予一小群官员。其结果就是庆历新政，有时也被称作"局部改革"（Lesser Reforms）。这些改革措施的持续时间很短，危机一结束，朝中又恢复了原先的派系平衡。这场改革的深远影响在于，它表明只有军事危机才能让皇帝赋予某个政治派系不可撼动的权力。这种经验不仅是政治上的，也存在于文化上，因为参与庆历新政的许多政治家同时也是文化大家。改革领袖之一欧阳修（1007—1072）一生著述繁富，他参与或独力撰写了唐朝和五代的历史。

在欧阳修看来，他身处的宋朝在文化上很繁荣，在军事上

---

[1] Karl F. Olsson：*The Structure of Power Under the Third Emperor of Sung China：the Shifting Balance After the Peace of Shan-yuan*，芝加哥大学博士学位论文，1974年，第142页。

却很衰弱。[1] 他认为，这种结果是宋朝建国者压制武人、抬高文人，甚至不惜以牺牲疆场胜利为代价的有意选择。欧阳修也许还会认为，宋太祖所设计的就是文官主导的体制，如同十一世纪时那样。他毫无疑问会觉得，文官主导体制是正当且合理的，让武人掌权则会危及国家稳定。[2] 欧阳修从对唐朝和五代历史的研读中感受到，手握大权的武人会毁灭一个王朝。从这个角度来看，用受限的边界来换取内部稳定是有意义的。欧阳修同时也是一位政客，他必定非常清楚，国家的军事贫弱方便了王朝的政治控制。

　　接下来的一场重要政治改革，是十一世纪时宋神宗（1067—1085 年在位）的新政，又可以叫作"全面改革"（Great Reforms）。这次变法最初是 1069 年在王安石（1021—1086）的领导下开始的。[3] 王安石使神宗信服，他的政策将会增强国家的军事实力，补救澶渊之盟的错误。尽管我们无法判断王安石是否曾想过要走向战争，抑或仅仅只是利用这种可能性来获取政治权力。但可以确定的是，神宗对国家军事虚弱的深信不疑，使得王安石的

---

① 欧阳修的生平，可参见刘子健：*Ou-yang Hsiu: An Eleventh-Century Neo-Confucian*，Stanford：Stanford University Press，1967 年。关于他独撰的《新五代史》，可参见欧阳修著，戴仁柱（Richard L. Davis）译：*Historical Records of the Five Dynasties*，New York：Columbia University Press，2004 年。

② 戴仁柱笔下的欧阳修针对五代时期，呼吁重建已然复兴的"文"的天然支配地位。参见戴仁柱：*Wind Against the Mountain*，Cambridge：Harvard University Press，1996 年，第 18—19 页。"文"与"武"是一组相对的概念，"文"指文化体系或官僚体制中的文职，"武"则指武职。

③ 新政通常被归于王安石名下，神宗在这场改革运动中则发挥了一些积极作用。方震华曾尖锐批评对宋代政治史的文人中心式的偏见，我在这里突出神宗的位置，正是为了回应他极为正确的观点。见方震华：《传统领域如何发展》，《台大历史学报》第 48 期（2011 年）12 月，第 169 页。

奏议引起了他的注意。[①] 欧阳修最初赞成王安石，后来转而反对
他。但是皇帝和官员们似乎都深信，十一世纪六十年代的王朝
极为衰弱。神宗需要一位总理全局的大臣，帮他打造一个富强
能战的国家。王安石充分地实施他的计划，增强国家的经济实
力，同时尽力阻止皇帝发动任何大战。但在王安石辞官后，神
宗即于十一世纪八十年代进攻西夏。这场战事耗费巨大，结局
惨淡，于是后续夺取燕云十六州的计划也被取消了。

司马光与王安石意见相左。这种政治上的对立同时也是文
化上的，整个北宋最杰出的辞赋家、诗人、理学家和历史学者，
几乎都围绕在司马光周围反对这场改革。[②] 神宗死后，司马光
被委以重任，执掌朝政，他迅速废除了王安石的所有改革举措。
他也一改神宗时期的军事攻势，恢复到从前。司马光对军事事
务的看法颇为复杂，他对战争的叙述包含了比其他人（例如欧阳
修）更多的细微之处（如第三章会讨论的高平之战）。从根本上
讲，司马光对军事冒险十分谨慎，尽管我们并不清楚这是他研
究历史的结果，还是他为了反对王安石在言辞上对军事行动的
鼓动，抑或二者兼有。不管怎样，司马光及其党人的执政时间
很短，改革派后来得以重新掌权，并最终发起战争。

十一世纪末，改革派牢牢控制着朝局，并利用机会积极打
压政治对手。不管他们的其他政策有多好，但看起来他们显然

---

① 据闻，神宗本人曾谈起过宋太宗在高梁河之战中受伤、仓皇乘驴车逃走、余
生饱受伤痛折磨的故事。当读到这样的故事时，人们很难不想到其中关于王朝
战事失利和太宗抱憾终身的寓意。这则故事见王铚：《默记》，北京：中华书局，
2007年，第20页。
② 弗里曼：*Lo-yang and the Opposition to Wang An-Shih*，1973年。

并未做好军事上的准备。如果他们继续维持与辽朝的澶渊之盟，那么军备问题也就没有那么重要，但他们反而与辽朝北边新近崛起的女真人结盟了。在一个世纪的和平之后，宋廷决定不顾盟约，意图消灭辽朝、夺取燕云十六州。女真人从北方南下，宋军则从南方北上并攻占燕京——宋太宗在980年就是从那里狼狈撤退的。十二世纪二十年代的宋军更加不堪，连连败退，最终依靠女真人才占领了燕京。宋廷被迫做出岁币承诺后才得到了燕云十六州，未占领多久，就因谈判失败而引发女真人的攻势，整个华北均陷落敌手。1127年，女真人洗劫了宋朝的都城，掳掠了皇帝和太上皇。

在1127年华北沦陷后书写历史的宋代历史学者，找到了某种"原罪"来解释这场劫难。答案遵循了十一世纪时欧阳修的理解和当时政治家们的文化共识，认为是宋太祖用军事上的虚弱换来了文化上的繁荣。"靖康之耻"越发成为宋朝军事虚弱的明证，而不是被看作一场发生于澶渊之盟一个世纪后或神宗败于西夏四十年后的相对独立的事件。宋朝再未收复华北，并在接下来的一个半世纪里都致力于防御，它再一次强调文化和礼仪的至高性和合法性，同时为军事失利开脱。

蒙古人1234年灭了金朝，1279年又灭了宋朝。宋、辽、金的王朝史都是蒙古人在统一中国后组织修纂的。以后见之明看，宋史在某种程度上就成了文化昌明、军事虚弱的叙事。除了军事，宋代文化的各个方面到了明朝（于1368年取代元朝）都受到热切的追溯和极大的尊崇。当然，明朝学者们总是努力忽略或摆脱元朝统治时期及其灭亡后蒙古文化对中原留下的影响。

对明朝文人来说，宋朝文化是一个更加可以接受的标准。与蒙古人之间的边境问题激化了明朝对蒙古人的敌意，与此同时也让明朝在宋朝历史中发现了相似性。宋朝没能与草原上的强敌建立合适的边界，而明朝做到了。与宋朝一样，明朝始终面临着草原上散发着游牧民族原始野性的威胁。

明朝通过修筑长城来应对蒙古人的侵袭。这道防御工事是朝堂上经过经年累月的犹豫不决而逐渐形成的结果，而不是出于军事战略的考虑。[1]明朝通过构筑这道屏障，在汉地和草原之间划下了界限，并通过将立国范围限定在其所征服之地，从而追溯式地、目的论式地证明了自身统治的合法性。尽管宋朝与辽或金相比有某种合法性，但是它的边境线比明朝更靠南，在军事上也不及明朝。后世的历史学者倾向于认为修筑长城是"明智之举"，或者说它是汉地与草原间的既有边界，他们还易于将其视为中国悠久的防御观念的标志。[2]

1644年，满人取代明朝建立了清朝。在征服的进程中，新成立的清朝政府对明朝遗民的态度非常敏感。这对历史学者来说尤成问题，因为想要书写明朝历史的明朝遗民很轻易就会冲撞清朝当局。从明朝的角度看，清朝的开国英雄们都是推翻了正统王朝的危险的夷狄。军事失利又一次没能否定文化正统性，甚至，它似乎还在某种程度上增强了这种正统性。此外，满人

---

① 林蔚（Arthur Waldron）：*The Great Wall of China*，Cambridge：Cambridge University Press，1990年；龙沛：*The Myth of the Great Wall*，收录于史怀梅（Naomi Standen）编：*Demystifying China*，Plymouth：Rowman and Littlefield，2013年。
② 黎安友（Andrew Nathan）和陆伯彬（Robert Ross）：*The Great Wall and the Empty Fortress：China's Search for Security*，New York：W. W. Norton，1997年。

属于"夷狄"，他们宣称自己的合法统治地位是基于自己的军事胜利，而不是其优越的文化。这同宋朝的情况又很相似，强大的军事实力成为夷狄相对于文盛武衰的华夏的一个标志。

想方设法探讨明史的明朝遗民们，可以通过书写宋史来掩盖自己的意图。清初历史学者王夫之在《读通鉴论》和《宋论》中讨论宋朝，正是这种方式的体现。当然，这些作品的内容并不仅仅是含蓄地攻击清朝，它们之所以能留存至今而价值长存，是因为其中包含了大量有理有据的历史考论。但在其观点之下，"王夫之将夷狄视作异类，他们不适用人与人之间的相与之道。他甚至认为华夏诱骗、攻击和消灭夷狄的做法都是完全可以接受的……王氏否认清朝的合法性，他反对清朝统治者利用正统观念篡改历史"。[①]

类似的潜在反清情绪，甚至在对武术的描述中也有所体现。黄宗羲（1610—1695）曾为王征南（1617—1669）写过墓志铭，其中他把王氏的"内家"功夫上溯至宋代道士张三峰，这比少林的"外家"功夫更为高超。"少林"是一座佛寺，在这里它代表了域外方法的外在或显性力量。相比之下，中国的道家是内在的、隐性的。即便域外方法从表面上看更具威力，但是内隐的中国力量才是真正的强大。[②] 王夫之和黄宗羲仅仅是清初重申宋代历史中战争地位的两个例子。对明朝遗民来说，宋以及明的力量是内在的、隐性的，实际上比败于夷狄看上去更为强大。

---

① 伍安祖和王晴佳：*Mirroring the Past*，第234页。"正统"意指天命在统治者或王朝之间合法传递。

② 龙沛：*Chinese Martial Arts*，第191—193页。

用宋朝来代替后世的最后一个阶段是二十世纪。至少从十九世纪中叶开始，清朝政府和历史学者们就敏锐地体会到了中国相对于西方的衰弱。鸦片战争（1840—1842）震撼了许多清朝官员，让他们看到中国已经远远落后于西方。西方列强利用中国的军事积弱压榨中国，开启了一个"受辱的世纪"，让中国文化的价值深受怀疑。[①] 中国有些思想家相信，他们可以借鉴西方的技术和军事方法，同时又保持中华文化的本体。另一些思想家则走向极端，全盘反对中华文化或西方文化。所有这些观点都暗示着，西方明显的军事优势引发了一些深刻的问题，包括除军事外的中国文化的价值、军事实力与文化的关系等。

毛泽东和蒋介石都曾在二十世纪三四十年代指出，鸦片战争是中国近代史上的决定性事件，这与十一世纪非常相似。[②] 近代中国的历史与宋朝的问题不能说是重复，但至少有相互映照之处。

就整个二十世纪来看，中国及其文化力量总是与外国及其军事力量发生冲突。在这种结构中，中国人本质上爱好和平，注重文化，以防御为导向；而外国人不论来自内陆草原还是海外，都蛮横好战，以进攻为导向。这样的看法因为欧洲帝国主义、二十世纪前期的世界大战、日本侵略中国等而不断加强。宋朝人巧妙地把他们的军事失利整合进了对中国整体历史的理解中。这也能解释经济繁荣、科技发达的宋朝无法将这些优势

---

① 关于"受辱的世纪"，见蓝诗玲（Julia Lovell）：*The Opium War and China's 'Century of Humiliation'*，收录于史怀梅编：*Demystifying China*，第153—160页。
② 蓝诗玲：*The Opium War and China's 'Century of Humiliation'*，第158页。

转化为军事强国地位的奇怪现象。

宋朝现在被认为是一个文盛武衰的国家，为我们奠定这样一种理解基调的是方豪的《宋史》（1954年）。他在书中提出，"重文轻武"是宋朝的基本国策之一。[1] 我在别处已经指出，"重文轻武"并非宋朝的国策，实际上这个词最早出现在一部以宋朝为故事背景的明代著名小说《二刻拍案惊奇》里。[2] 由于中国近代早期的悲惨历史，二十世纪的中国历史学者们深切关注文化与军事对抗的问题。

宋代政治史

正如之前的讨论中所强调的，政治弥漫于前现代历史书写的各个方面。或许正因如此，作为宋史分支的宋代政治史已久无活力。老一辈学者如蒋复璁、聂崇岐、方豪等活跃于二十世纪中期，他们浸润在基本文献里，通过这些基本文献去阐释宋史。[3] 这类传统的研究帮助我们建立起对传统文献的现代眼光，但是它们在更大的理论或特定领域的问题上则没有多少建树。这些学者在传统史书的限度内展现出了创造力和洞察力，他们的汉学底蕴也无与伦比。但在某种程度上，他们的取向将他们紧紧限定在了对中国历史的传统理解上。

---

[1]　方豪：《宋史》，台北：中华文化出版事业委员会，1954年，第66页。

[2]　见龙沛：*The Northern Song Military Aristocracy and the Royal Family*，*War and Society*，第18卷，第2期，2000年，第37—38页。

[3]　蒋复璁：《宋太宗晋邸幕府考》，《大陆杂志》第30卷第3期（1965年1月），第81—89页；蒋复璁：《宋太祖时太宗与赵普的政争》，《史学汇刊》5-3（1973年），第1—14页；聂崇岐：《宋史丛考》，台北：华世出版社，1986年；方豪：《宋史》。

中国台湾学者以及一些中国大陆和日本的学者，确实仍在用一种与西方（特别是美国）大不相同的方式研究学术。西方学术强调资料分析，并将这种分析放置于一种理论方法的脉络中。所以西方学术对话不仅要花大量时间去解释事情为何发生，还要去解释我们讨论的资料为何很重要。中国台湾学者的学术在很大程度上是中国传统学术的延续，他们往往注重引用基本文献，而不注重解释这些资料。这是因为他们相信，他们的论点和分析在其引用的史料中都很明显——这和我前面论述过的司马光的做法是一致的。有些西方学者误以为这种研究方法缺乏论述，仅仅是引文的堆砌。到了二十世纪末，特别是随着大量留美博士回台任教，美国的学术写作方式在中国台湾蔚然成风。但同时，旧式的学术方法仍然存在，并表现出对后现代理论的某种敌意，或至少是怀疑。

这种旧式方法依然存在的一个绝佳例证，就是林瑞翰对整个宋代政治史的研究之作。这是一本很好的传统历史书，其长处在于运用了大量基本文献，短处则在于缺乏分析和解释。[1] 运用美国式学术方法的代表，则是刘静贞对北宋前期的研究，她采用了新的视角和路径，给人留下深刻印象。[2] 遗憾的是，刘教授没有继续从事这一领域的研究，也没能以自己为范例推动中国台湾学者投入政治史研究。方震华以为，中国台湾的宋代政治史研究之所以趋于沉寂，部分原因在于学者们聚焦于个别文人，而不考虑其他视角。比如，历史学者们在讨论宋神宗时期

---

① 林瑞翰：《宋代政治史》（第二版），台北：大学联合出版委员会，1992年。
② 刘静贞：《皇帝和他们的权力：北宋前期》，台北：稻乡出版社，1996年。

的新政时，就只关心王安石。[①] 方教授在其他文章中还用十一世纪八十年代初宋夏战争的例子指出，朝中政争可以极大地歪曲战时伤亡人数报告。[②]

邓小南也曾为宋代政治史研究的现状感到忧虑，在她看来，造成如今困局的原因在于所有的传统议题，如改革与保守之间的政争等，都已被讨论殆尽。她指出的出路是试着突破政治史研究的原有范式，转而借助于"祖宗之法"这样的视角，去揭示政治权力与政治文化结构之间的关系。邓教授所说的"祖宗之法"是一套不断演进的规范，它规定了皇室和政府之间的关系，也影响了宋朝的政治文化。[③] 中国大陆和中国台湾的多数学者，仍然对宋代政治史的研究现状有些不满。过去的学者太容易接受既定的范式和重大史事，要么就是那些研究范围早已被深耕过，进一步研究很难展开。

因此，这项关于战争和政治的研究，也可以被看作在探求一种政治史和军事史研究的新方法。陈峰的著作也强调了军事事务与政治问题之间的关联，其中包含了皇室与武将之间的大

---

① 方震华：《传统领域如何发展》，《台大历史学报》第48期，2011年12月，第169页。

② 方震华：《战争与政争的纠葛》，《汉学研究》第29卷第3期，2011年，第125—154页。

③ 邓小南：《祖宗之法：北宋前期政治述略》，北京：生活·读书·新知三联书店，2006年；邓小南：*The Perfection of the Civil Official System*，收录于袁行霈、严文明、张传玺、楼宇烈等编：*The History of Chinese Civilization*，Cambridge：Cambridge University Press，2006年，第249—252页；邓小南、蓝克利（Christian Lamouroux）：*Les 'Règles familiales des Ancêtres'：Autorité Imperial et Gouvernement dans la Chine Medieval*，*Annales. Histoire, Sciences Socials*，59.3（2004），第491—518页。

量联姻。① 在以前的一篇文章中，我曾提出高平之战在政治上和制度上的重要性，特别是战争进行的方式，包括宋太祖与武将的联姻。② 战争对政治有重要影响，战争在宋代政治文化中的地位有待进一步研究，我们需要改变那种认为战争并不重要的错误观点。同样，政治对战争的影响也非常深远。

宋史和宋代军事史

近来英语世界有两本宋代通史——《剑桥中国史》第五卷和迪特·库恩（Dieter Kuhn）的《儒家统治的时代》，精当地概括了世界范围内该领域的研究状况。③ 剑桥大学出版社还翻译出版了一套由北京大学的教授们合撰的中国通史，直接呈现了目前中国大陆的宋史研究情况。④ 在宋代军事史领域，陈峰全面回顾了中国大陆2000年以来的学术著作。⑤ 这些成果使我们没必要再去全面回顾和总结宋史研究的情况。但是，如果集中关注与宋代军事史领域相关的议题，则仍需对二十世纪的历史撰述背景有所了解。最近有几本不属于军事史范围的书也极为重要，有

---

① 陈峰：《宋代军政研究》，北京：中国社会科学出版社，2010年。
② 参见龙沛：*The Entrance and Exit of the Song Founders*，*Journal of Song-Yuan Studies*，第29期，1999年，第43—62页。
③ 杜希德、史乐民编：*The Cambridge History of China*：*The Sung Dynasty and Its Precursors*，*907-1279*，vol.5，Part 1，Cambridge：Cambridge University Press，2009年；迪特·库恩：*The Age of Confucian Rule*，Cambridge，MA：The Belknap Press of Harvard University Press，2009年。除此以外，《宋元研究学刊》（*The Journal of Song-Yuan Studies*）每年也都会刊出一份按照研究方向划分的著述目录，以反映日本学界的研究成果。
④ 袁行霈、严文明、张传玺、楼宇烈：*The History of Chinese Civilization*。该书第三卷就是581—1525年这一时段的内容。
⑤ 陈峰：《宋代军政研究》，第362—387页。

助于我们全面理解这一领域，以及目前的著作在何处勾连起了军事史和宋史。

在二十世纪后半叶之前，西方世界对中国历史都没有多少研究；1978 年中国打开国门之前，也几乎没有外国学者有机会造访中国。结果就是，许多学者赶赴日本学习中国文化，特别是前近代时期的中国文化。这在中国"中世"史（大致从 750 年到 1550 年）领域尤为如此，众多大学者如研究唐史的杜希德（1925—2006）、研究宋史的郝若贝（1932—1996）都学过日语并负笈日本，吸收了日本中国史研究的视角与观点。

日本的中国中世史研究共有两大学派，一个是受马克思主义影响的东京学派，另一个是京都大学教授内藤湖南（1866—1934）开创的京都学派。内藤一派的史学（内藤假说）强调唐宋之间的差别，认为中国的近世始于宋代。[1] 两大学派关心的重点都是经济与社会史，特别是精英社会的结构及其从唐到宋的演变。这种视角也延续到了西方学术实践中，出现了如戴仁柱（Richard L. Davis）所说的情况："中国的历史学者通常倾向于从更整体的角度看他们的历史，强调经济与政治的内在关联。西方学者与此不同，往往将自己定位为经济或政治、社会或文化的研究者。"[2]

西方学界至今仍未对宋代军事史这一领域有专门的研究，

---

[1]　我对内藤假说及其在中国之影响的论述都来自宫川尚志：*An Outline of the Naito Hypothesis and its Effects on Japanese Studies of China*，*The Far Eastern Quarterly*，14-4（1995 年），第 533—552 页。

[2]　戴仁柱：*The 'Sociologizing' of Sung Studies in Taiwan*，*Journal of the Economic and Social History of the Orient*（Leiden），42-1（1999），第 106 页。

亚洲学界对其关注同样不够。值得关注的两个例外是黄宽重和王曾瑜，另外还有李天鸣和梁天锡，然而他们当中也没有人特别关注过宋朝的建国。[①] 对宋初历史的研究主要有爱德蒙·沃西1976年的博士论文《宋朝建国，950—1000年：军事与政治制度上的整体变化》。沃西关注的焦点是宋朝初期的制度史，但他是从《宋史纪事本末》出发综览那些征服战争的。他提出，宋朝之所以没有在十世纪成为五代之后的第六代，原因在于制度发展：

> 在很大程度上，是周世宗的尝试启发了宋太祖控制禁军的政策。不过，太祖能利用周世宗的错误，做出一系列制度调整，这才保证了他的政权没有成为第六个短命的王朝。[②]

在沃西以及他之前的王赓武看来，宋朝建国的根本问题在于找到或实现正确的制度框架。[③] 他们认为，从唐经五代再到宋的官僚体制与军事制度的发展，是君主再度集中权力的方法所在。早在安史之乱发生前，唐朝权力已开始去中心化，安史

[①] 黄宽重：《南宋地方武力》，台北：东大图书公司，2002年；黄宽重：《南宋军政与文献探索》，台北：新文丰出版公司，1990年；黄宽重：《南宋史研究集》，台北：新文丰出版公司，1985年；王曾瑜：《宋朝兵制初探》，北京：中华书局，1983年，及其新版，王曾瑜：《宋朝军制初探》（增订本），北京：中华书局，2011年；李天鸣：《宋元战史》，台北：食货出版社，1988年；梁天锡：《宋枢密院制度》，台北：黎明文化事业公司，1981年。

[②] 爱德蒙·沃西：*The Founding of Sung China, 950—1000: Integrative Changes in Military and Political Institutions*，普林斯顿大学博士学位论文，1976年，第3页。

[③] 参见王赓武：*The Structure of Power in North China During the Five Dynasties*，Stanford：Stanford University Press，1967年。

之乱和后来的黄巢起义共同摧毁了唐朝的中央权力。五代之后，宋朝继承了北方政权的制度，慢慢地将权力收归中央。这是宋朝的一项长期政策。但是，如果宋太祖和周世宗没有首先赢得战争，在政治上站稳，他们就不能够推动制度变迁。积极有效的制度变化，反过来会促进军事和政治上的成功。但如果没有军事和政治上的成功，那么原有的权力享有者就会无视制度调整。

直到二十世纪九十年代，英语世界里除了沃西这篇影响深远的论文，只有傅海波（Herbert Franke）的文章《中古中国的围城与防卫》（收录于 1974 年出版的《古代中国的战争之道》），和约翰·拉巴迪（John Labadie）1981 年的博士论文《皇帝与士兵：北宋的军事观念与军事管理》。① 我完成于 1996 年的博士论文《战争与北宋建国》，详细地叙述了从 954 年后周时期至 1005 年北宋澶渊之盟间的战事。② 曾瑞龙（Tsang Shui-Lung）完成于 1997 年的博士论文《北宋的战争与和平：变化中的暴力和战略，公元 960—1104 年》叙述的战事范围扩展到了十二世纪初。③ 与这些更关注战场的研究同时诞生的还有一些相关研究，

---

① 傅海波：*Siege and Defense of Towns in Medieval China*，见基尔曼（Frank A. Kierman, Jr）和费正清编：*Chinese Ways in War*，Cambridge，MA：Harvard University Press，1974 年，第 151—201 页；约翰·拉巴迪：*Rulers and Soldiers：Perception and Management of the Military in Northern Sung China*，华盛顿大学博士学位论文，1981 年。傅海波一文的脚注征引了一些尚未被广泛利用的德文著作。

② 龙沛：*War and Creation of the Northern Song State*，宾夕法尼亚大学博士学位论文，1996 年。

③ 参见曾瑞龙：*War and Peace in Northern Sung China：Violence and Strategy in Flux，960-1104AD*，亚利桑那大学博士学位论文，1997 年。另见龙沛：*War, Politics and Society in Early Modern China, 900-1795*，London and New York，Routledge，2005 年，第 17—77 页。

如方震华 2009 年的《帝制中国的政权结构与文化认同：唐末至宋初文武关系的变化（公元 875—1063 年）》和赖大卫（David Curtis Wright）2005 年的《十一世纪的中国：从战争到外交平等》两书。① 我们还可以列出许多论文，但我这里仅仅是想说明，宋代军事史正受到越来越多的关注。从整体上来看，宋代军事史虽然基础薄弱，但近二十年来的相关研究正显著增加。

在军事史范围之外，近年来最重要的两本宋史著作分别是史怀梅（Naomi Standen）的《忠贞不贰？》和马瑞诗（Ruth Mostern）的《分域以治》。② 史怀梅不会愿意将她的研究仅仅归到宋史领域，尤其是考虑到其副标题"辽代的越境之举"。但她对宋辽分隔如何发展成族群边界的描述，至少在概念层面对我们反驳中国历史学者至关重要。中国历史学者假定，汉人都忠诚于宋朝这个正统王朝。马瑞诗的书则帮助我们理解宋代政府如何在疆域内扩大自己的统治。政治与军事史从来没有真正解释过，一旦战争或政治斗争结束，政府如何真正行使权能。马瑞诗的研究表明，从最基本的层面讲，权威是随着地方监督的增强而增强的，地方监督则依靠强大的武力威胁作为后盾。

---

① 方震华：*Power Structures and Cultural Identities in Imperial China：Civil and Military Power from Late Tang to Early Song Dynasties （A.D.875–1063）*，Saarbrucken：VDM Verlag Dr. Muller，2009 年；赖大卫：*From War to Diplomatic Parity in Eleventh-Century China*，Leiden：Brill，2005 年。

② 史怀梅：*Unbounded Loyalty：Frontier Crossings in Liao China*，Hawaii：University of Hawaii Press，2006 年（该书中译本见《忠贞不贰？：辽代的越境之举》，曹流译，江苏人民出版社，2015 年。——译者注）；马瑞诗：*Dividing the Realm in Order to Govern: The Spatial Organization of the Song State*，Cambridge，MA：Harvard University Press，2011 年。

战争和政治

　　战争在宋初政治史中的作用尚未得到充分认识。这在一定程度上是某种特定的编史传统的结果，这种传统把军事胜利描述成帝王拥有天命及与之相称的德行的自然结果，把宋太祖描绘成一位用非军事化的政治来匡扶乱世、终结战争的统治者。这些传统的影响只在对事件的明确解释上才呈现出来，而非在基本史料中呈现。基本史料通过强调年代和时间顺序，证明了战争和政治在朝堂内外的互动。政治实力带来军事胜利，军事胜利增强政治实力。从另一个角度看，团结统一对军事胜利非常重要。因此，外部军事胜利标志着团结统一和政治实力。外部军事失利或叛乱，则暗示着政治衰弱、人心涣散。宋初的皇帝们没有绝对的权力，皇位也不稳固，所以他们的政治和军事实力以及政治和军事上权力斗争的盛衰，直接影响了他们在制度上和文化上的作为。

　　宋初的四十五年里，那些特定的军事和政治事件深刻影响了宋代政治文化乃至整个宋代文化。例如，宋太宗的政治衰弱和军事失利是他大幅增加科举取士名额的主要原因。长期的征服战争在 1005 年以一纸外交盟约"澶渊之盟"，而不是以一场重大胜利终结，这一事实深刻地影响了十一世纪时的政治和文化。这些军事和政治事件不仅发生了，其结果还被以某种启发性的方式再三解释着。

总结

本项关于宋朝建国的研究，旨在发掘战争与政治的互动对宋朝文化与制度形成的关键性作用。我的分析并不仅仅是一件事接着另一件事的编年叙述，而是去揭示宋初君臣创建制度与文化的过程。个人性格以及时有发生的军事与政治事件驱动着这一过程。后来的政治家和历史学者对这个过程引申出或强加了自己的描述，为这些事件注入了特定的意义。宋朝建国被视为在掌控军权和军事衰弱之间折中的一个例子。照此理解，宋朝士人文化的繁荣是以军事失败为代价的。

但是抛开这些后世的解释，宋朝建国的画面不仅限于宋太祖一位皇帝。太祖机敏地（但不是必然地）利用军事实力加强自己的政治实力，这就造成了一种良性循环：政治实力也加强了他的军事实力。他的继位者是军事能力不足的宋太宗，太宗在军事和政治上的失利，促使他整垮宗室成员以稳固皇位。太宗所处的困境还使他更多地依靠科举，选拔任用当时权力基础薄弱的士人精英。太宗是宋朝文化中的转折性人物，跨越了五代统治者和宋朝帝王文化的分隔。太宗之子宋真宗继承了皇位，同时也继承了战争和新型的文化。太宗希望把真宗培养成一位不用像他那样操劳政事的皇帝，如此一来，就进一步提高了新兴士大夫阶层的地位。

军事与政治事件的互动创造了让这些特性得以形成的环境背景，只有当我们检视这些事件时，才能看到更广泛的内涵。本项研究就是朝这一方向迈出的一步，并试图重建宋朝建国的历史主体的面貌。我这样做，并不是针对后世政治家和历史学者而去拔高这些事件对宋朝建国者们的意义。我的意图在于进一步阐释清楚，这些后来的意义与亲身涉事者的意义如何不同。本项研究也为理解意义和看法的历史流变打下了基础。

第三章　十世纪的中心点

954 年，后周（951—960）开国皇帝郭威在病危之际，命宿将们向其养子及继承人柴荣宣誓效忠。[①] 当年 2 月 22 日郭威驾崩后，柴荣（即周世宗）登上皇位，但是他的养父为保护他免受内部威胁所采取的措施从未派上用场。数周之内，北汉君主刘崇在辽朝骑兵的支持下兴兵，从外部构成了对柴荣地位的一次挑战。这次军事威胁迅速并持久地改变了后周的军事规划。当这次对抗刘崇的军事行动展现出显著效果后，对外战争就成了周世宗追求内部政治稳定的手段。

世宗认识到，他需要迅速、果断地击退北汉的攻势。于是他火速出京，迎战敌人。只有取得决定性胜利，他才能继续稳坐皇位，王朝才能继续存在。两支军队在高平相遇。周世宗赢了，不过他仅仅在决胜时刻才亲自进入战场。凭此一胜，世宗用一种可能是最清楚直白的方式证明了自己是一位合格的统

---

① 《资治通鉴》，卷二百九十一，第 9500—9501 页。

治者。

高平之战虽然巩固了世宗的皇位，但是同时也让未来的宋太祖赵匡胤成为军中高级将领。赵匡胤就是借此起家，在960年取代世宗之子并建立新朝的。周世宗乘高平之胜攻打北汉，尽管没能消灭北汉，但是辉煌的高平之战暂时为他解决了内部政治问题。从那时起，他掌控了政治和军事权力。不过，要想一直大权在握，他别无选择。只有进一步发动对外战争，才有可能增强他的政治和军事权力。他不可能仅仅想着保持自己目前的权力地位，甚至他根本不存在这种想法；权力要么是加强，要么就减弱。后周内部原有权力的再分配是一场零和游戏，世宗不可能在不削弱他人权力的条件下增强自身权力，这样做很可能会激起其他权力拥有者的抵制，从而适得其反。同样，分出自己的权力来论功行赏，也会减少他个人的权力。前面这些让人不快的选择，都可以通过增加权力总量而得以避免，具体的衡量方式就是实际而非名义上执掌政府或军事部门的文武职位的增加。也就是说，征服新的领土能让世宗有更多的战利品去分配。而且，那些由他带来的战利品也会增加他的威信和权力。

次年，世宗要求官员们提交征服全国的计划。这并不仅仅是为了宇内竞争而做出的公开举动（世宗在位的五年几乎都忙于征战），而且这场战略商讨清楚地显示了其政治含义：后周政权已经稳固，能够通过军事征服的明确方式来宣称自己获得了天命。后周任何有军事雄心的武将，现在都应该为这一最终目标而奋力拼杀。不久之后，后周军队攻下了后蜀的四个州，又准

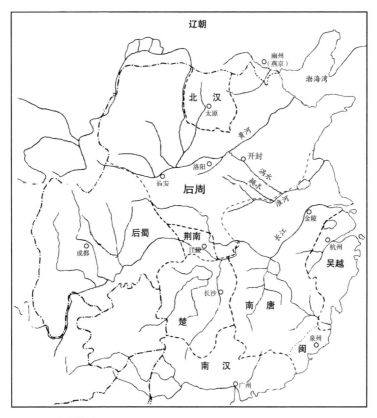

图1 954年形势图

备发动更大的军事行动去讨伐南唐。

周世宗几乎完全通过军事行动来保证并加强自身地位的合法性，这对朝中官员来说是一场政治灾难。在郭威驾崩后短暂的过渡时期内，冯道等文官是最能影响皇帝的人。文官群体保证了新皇帝即位过程的和平有序，世宗很渴望并且也需要这样的支持，他很感谢文官们完成了这些仪式。郭威驾崩四天之后，即2月26日，朝廷正式宣布了郭威传位于世宗的遗命。3月2日，冯道率领百官请求世宗临朝听政。这样的请求具有特定的形式，通常在新皇帝接受之前要重复三次。两天后，世宗在万岁殿门的东庑下接见了群臣。① 3月24日，在常规的三请过后，世宗就移入了皇帝的宫室。

世宗通过这些仪式行为逐渐进入了皇帝的角色，与此同时，北部边境的局势也在不断发展。事实上，在3月29日世宗正提拔官员以扩充自己的皇帝权力时，北汉先头部队的袭扰就打断了他，把他的注意力引向了边境。朝臣们有许多理由反对新皇帝亲自参与抵抗来敌的行动，其一是在他们的预想中，这会削弱他们的政治权力，其二则是对王朝稳定的现实考量（这也会影响他们自身的政治权力）。在北汉的攻势引起混乱之前，朝臣们本有机会按部就班地让世宗平稳地成为新皇帝。一直到那个节点到来前，世宗都需要他们，并且为自己的皇帝权力感谢他们。然而，一旦他转向军事的轨辙，并在朝臣们的擘画之外建立自己的一套合法性资源，那么他对朝臣的需要及朝臣对他的影响

---

① 薛居正：《旧五代史》，北京：中华书局，1995年，卷一百一十四，第1511页。

就都大为减少了。当然，这种转向又会促使世宗维持高频度和高强度的军事行动，从而深入根植自己的皇帝权力。军事行动既符合世宗的个人性格，又符合帝国稳固的需要，这对世宗而言不存在什么问题。

如果说在高平之战前，朝臣政治权力的削弱是一种明显的趋向，那么李重进在影响力上的急剧下降，则完全出人意料。李重进是后周最位高权重的人之一，他是先帝郭威的外甥，是侍卫亲军的统帅，也是郭威在临终前着意要求向世宗宣誓效忠的人之一。战争结束的特定方式、李重进部下的逃跑、世宗的亲身参与，都直接导致李的部下被世宗替换，造成了侍卫亲军与殿前军之间的权力平衡。得到擢升并掌管这一新的权力机构的人，后来发动了政变，建立了宋朝。尽管世宗在世时，他效忠于世宗。这就是为什么我会说，高平之战的细节对解释之后的军事与政治事件，以及宋朝的最终建立有着重要意义。

北汉来袭（954 年 3 月 12 日至 4 月 24 日）①

北汉君主刘崇得知郭威去世的消息后，决定抓住这次机会，夺取华北。他立即向辽朝请求援兵，并打算亲自率领三万大军从都城太原（时称晋阳）南下。辽朝皇帝派杨衮统率一支一万多人的骑兵部队，前往支援刘崇。北汉与辽的联军调动非常迅速，3 月 12 日（郭威去世仅十八天后），后周军报就显示刘崇已经逼近后周边境。周世宗不清楚南下军队规模如何，也没有立即调

---

① 关于此次行动，可参见龙沛："War and the Creation of the Northern Song State"，宾夕法尼亚大学博士学位论文，1996 年，第 76—81 页。

动后周军队。大约一周以后，边将李筠的军队遭到北汉和辽联
军的埋伏及痛击，这向世宗昭示了这次威胁的严重性。①

世宗决定亲自率领后周大军离开京城奔赴战场，直面敌人。
大臣们均表示反对，他们认为刘崇很快就会自行撤退，世宗刚
刚即位，不应该轻易离开都城。②世宗力排众议，他明智地将这
场战争视为君主之间的个人决斗，将带着华北走向胜利。同样
重要但默而不宣的是，他需要借此向他的将领们证明自己。他
不可能依靠那些忠诚性不明的人来保卫自己的皇位。留在开封
只会显出他的无能，让他易受刘崇或内部压力的攻击，最好也
不过是对那些成功保护他的人感激不尽。但在这些理性考虑之
外，世宗也很有可能渴望战争。他个人的勇敢好斗恰好赶上了
对一场英勇行动的需要。

出于政治和军事上的考虑，世宗没有立即派出他的防御大
军。大臣们的反对合情合理，也反映了极大的政治不确定性，
这要求世宗直到最后一刻才离开都城。军事问题中最紧急的一
点就是北汉和辽联军的路线问题。世宗需要保证他不会被敌军
的机动兵力切断与都城的联系。当4月8日敌军的先锋穿过边
境时，世宗开始实施他的防卫计划。他命令东北磁州和西北晋
州的两支军队北上，在北汉和辽联军的后方会合。考虑到信息
传递条件不佳及距离过远等因素，世宗更有可能是希望这几支

---

① 《资治通鉴》，卷二百九十一，第9502页；《旧五代史》，卷一百一十四，第
1511页；欧阳修：《新五代史》，北京：中华书局，1995年，卷十二，第118页。
② 《资治通鉴》，卷二百九十一，第9502—9503页。龙沛："Fighting Against
Empire:Resistance to the Later Zhou and Song Conquest of China"，收录于龙沛编：
Debating War in Chinese History，Leiden:Brill，2013年，第114—116页。

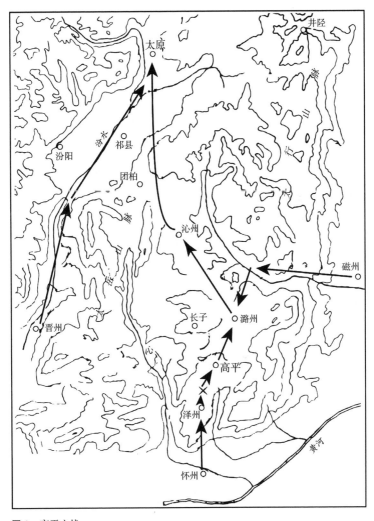

图2 高平之战

军队威胁到敌军与太原的联系，而不是真的想让他们配合参与任何作战计划。后周的主力由七支军队组成，依照指令在泽州（今山西晋城）集结。

　　世宗于 4 月 16 日出都城，4 月 21 日过怀州，两天后到达泽州，并在泽州东北扎营。刘崇绕过潞州继续南下，在高平以南扎营，他并未意识到后周大军已然逼近。世宗接到军报，发现敌军在东北方向五英里[①]处。次日，后周先锋部队遭遇并攻击了北汉一部。北汉军队旋即撤退，待其先头部队赶上来后，就在一处高地（巴公原）列阵备战。世宗担心敌军遁逃，遂命令己方迅速前进。他希望自己能有足够的时间集结整支军队，即便这并不可能，他还是决定冒险一战。如果北汉军队逼近他，那么局面将会变得极度危险。世宗不像刘崇那样可以依靠辽朝盟军，如果被切断与都城的联系，他将失去所有后援。[②]

高平之战（954 年 4 月 24 日）[③]

　　高平之战对后周（从短期看）和北宋（从长期看）都具有政治上的关键意义。几位主要将领的具体作为，对其自身、家庭和所属政权都产生了显著的影响，所以把他们尽可能精确地放回到战场上也就变得十分重要。刘崇最初计划将他的中军放在巴公原，张元徽率军在东，杨衮率契丹骑兵在西。但最后刘崇预估后周军队不需要辽军的协助，于是改变了这一布局，杨衮

的骑兵被调离战场。① 事实证明这是一个致命的错误。

刘词率领的后军没有跟上后周大军，这让后周在战场上面临敌众我寡的局面。尽管有这种不确定情况发生，但世宗毅然做出了决定。既然在战场上追赶敌军，那么一旦双方遭遇，除了守住阵脚、积极应战外别无选择。他命令白重赞、李重进率领左军在西，樊爱能、何徽领右军在东，向训、史彦超率领精骑在中间列阵。世宗跨马亲自到阵前督战，张永德在旁护卫。世宗近身的军队，毫无疑问都是效忠于他的殿前军。世宗把敌人拖入远离都城的重围之中，也切断了朝臣对他的权力影响。世宗鲁莽的性格将他带入了这种境地。战局变化是否会对他有利，仍有待观望。

张元徽带领一千骑兵冲向后周军右翼，北汉方面的进攻由此开启。双方开始交战，樊爱能和何徽却很快逃离战场，导致后周军右翼几乎完全崩溃。右翼的溃败暴露了其后的步兵，致使一千步兵向北汉解甲投降。张元徽没有趁势继续作战，反而围拢这些降兵，撤回北汉阵线，意欲向刘崇邀功请赏。尽管张元徽聪明地让这些敌军（虽然他们在名义上已经投降）手无寸铁地留在战场上，但这仍是一个代价高昂的错误。因为能够稳固局势的宝贵时间流失了。世宗看到己方处于危险之中，遂命令殿前军也冲锋作战。未来的宋太祖赵匡胤和张永德各领一军随世宗作战，经过几番厮杀终于打散了北汉军队，从两翼夹拢了战线。②

---

① 《资治通鉴》，卷二百九十一，第9504页。
② 《资治通鉴》，卷二百九十一，第9504—9505页；《旧五代史》，卷一百一十四，第1512—1513页；《新五代史》，卷十二，第118页。

　　刘崇派遣张元徽重返战场，很可能令其直奔世宗所在。但这次张元徽的运气没那么好，他的战马倒地，他也被后周兵所杀。张元徽的死冲散了北汉原本就开始动摇的士气，却鼓舞了后周军队的斗志。刘崇于是带着败军北逃。当时，杨衮也不愿出兵驰援，而是直接离开了战场。[①]

　　樊爱能和何徽带领数千骑兵南走，途中又抢掠了后周军辎重。世宗回到战场，试图令部将停止追击北汉军队，但部将们并不受命，因为信使并不确定哪位官员被杀[②]。世宗担忧，战场上仍有大量辽军存在，他们仍有机会轻易地反败为胜。此外还有大量的降卒等待处置。局势充满变数。

　　樊爱能和何徽遇上了正赶去与大军会合的后军统帅刘词。樊与何停止奔逃[③]，且毫不迟疑地告诉刘词后周已败。刘词则继续北上，这尤其显现出了他的忠诚和勇敢。天黑以后，刘词遭遇了刘崇及其从溃逃之兵里聚集起的一支万余人的军队[④]。刘词迎击北汉军队，此后北汉军队一直被后周军队追击，一路溃逃至高平。刘崇完全抛弃了他的军队，狼狈不堪地回到了北汉。[⑤]经过此次战事失败和遁逃，北汉再也没有推翻周世宗和后周政权的想法了。世宗最终赌赢了。

[①]《资治通鉴》，卷二百九十一，第9505—9506页。

[②]《资治通鉴》第9506页原文为："帝遣近臣及亲军校追谕止之（指樊、何二人），莫肯奉诏，使者或为军士所杀。"此处作者对史料的理解有误。——译者注

[③]《资治通鉴》第9506页原文为："爱能等止之。"意为樊、何二人劝阻刘词北上，而不是说他们自己停止奔逃，作者理解有误。——译者注

[④]《资治通鉴》第9506页原文为："阻涧而陈。"意指刘崇军队在水边列阵阻拦，作者理解有误。——译者注

[⑤]《资治通鉴》，卷二百九十一，9506—9507页。

余波和后续（954 年 5 月 3 日至 6 月 30 日）

高平之战的胜利带来了两个直接后果：樊爱能、何徽等七十余位侍卫亲军将领被处决[1]，后周军队攻入北汉[2]。这场处决使世宗巩固了自己的皇位，让他得以安插自己的亲信去掌控侍卫亲军。这也预示着殿前军的崛起与扩展。为了平衡侍卫亲军的地位，殿前军的征募工作被委托给了赵匡胤——六年后，他正是利用殿前军以及被任命为侍卫亲军统帅的前殿前军将领们取代了后周。因为在高平之战中作战英勇，赵匡胤被提拔为殿前都虞候。[3]

在政治上，高平之胜大大加强了世宗的权位，使他不必再依赖任何朝中大臣。面对那些坚定的和几乎一致的反对意见，他的巨大成功渐渐削弱了那些批评者的地位。他们对皇帝能够取胜缺乏信心，对军事问题缺少判断能力，这些都大大地减弱了他们在皇帝眼中的可靠性。这并不是说这些官员完全被边缘化了，而只是说现如今他们要向皇帝证明自身的价值，并与那些依靠忠诚和军事能力自动获得皇帝信赖的人竞争。一位相当稳重的皇帝——世宗暂时是这样的——会根据能力和可靠性来选任官员，而不是依靠他们表面上呈现的可信赖感。对世宗来说，最重要的是巩固自己的安全地位，以及推动战争胜利转变为政治权力。

---

① 《资治通鉴》，卷二百九十一，第9507页；《旧五代史》，卷一百一十四，第1514页；《新五代史》，卷十二，第118页。

② 《资治通鉴》，卷二百九十一，第9509页；《旧五代史》，卷一百一十四，第1516页。

③ 爱德蒙·沃西：*The Founding of Sung China*，第148—151页，特别是151页。官名的翻译均根据贺凯（Charles O. Hucker）：*A Dictionary of Official Titles in Imperial China*，Stanford：Stanford University Press，1985年。

军事重整

　　世宗在高平之战中的全胜，树立了他在武人心目中的合法地位。通过处决樊爱能、何徽等七十余位逃离战场或投降的侍卫亲军将领，世宗进一步巩固了自己的地位。一千多名后周步兵也因为投降而被处死，同样被处死的还有被俘的北汉军士。世宗处决遁逃将领的命令果断而坚决，一直下达到军队基层。[①]正是这些条件，为六年后的政变打下了根基。赵匡胤和他的密友们被迅速提拔至军队上层。同时，李重进与他的亲信们所建立的关系网络被打破了。赵匡胤及其密友只效忠于世宗，从而横亘在李重进及军队之间。

　　也许我们会觉得，世宗信任赵匡胤等新晋将领并不明智，但是世宗在位时，他们都对世宗尽忠尽职。然而，到959年时，为政变所做的准备已经非常完备了。只要时机一出现，他们就随时准备抓住。从长远来看，除刘崇外，最大的失败者就是李重进了。无论是依靠官阶还是与后周皇室的关系（他是郭威的外甥），他都有实力主导世宗幼子的朝政，或者在959年世宗死后代周自立。但他没有意识到，如果没有通过与部属的私人纽带去实际掌握军队，那么他在军事系统内的军阶和地位就都失去了意义。真正的权力要以军力来衡量，尽管李重进地位尊崇，但他没能建立起一支效忠于他个人的军队。为了方便理解高平之战后政治与军事权力的大幅转变，以及阐明这一转变背后的

---

① 《资治通鉴》，卷二百九十一，第9506—9507页；《旧五代史》，卷一百一十四，第1514页；《新五代史》，卷十二，第118页。

原因，我在下一部分将简明扼要地说明后周军队的组织结构。

后周军队

世宗所继承的军队，是唐代府兵制解体后经过两个世纪的混乱发展的产物。张其凡已为我们展现了五代时期这些变化的诸多细节，在此，我们仅需关注 954 年的帝国军队。[①] 最强大的军队是侍卫亲军，其中又分侍卫马军（又称龙捷军）两厢和侍卫步军（又称虎捷军）两厢。李重进担任侍卫亲军马步军都虞候，是职位最高的武官。指挥后周军队右翼、临阵脱逃的樊爱能和何徽分别是侍卫马军都指挥使和侍卫步军都指挥使。我在下表中列出了这一组织结构，并在各职位后用括号注明了任职将领。

侍卫亲军

都虞候（李重进）			
侍卫马军都指挥使（樊爱能）		侍卫步军都指挥使（何徽）	
左厢（李千）	右厢（田中）	左厢（疑被处死）	右厢（张顺）

侍卫亲军在 954 年世宗即位时，已经超越了它最初作为皇帝近卫军、保证中央军力强于地方军阀的功能，于是世宗又建立了"殿前军"这一几乎全新的体系来保护自己，并克服侍卫亲军的官军倾向。张永德在高平之战中负责护卫皇帝，正是他率领的殿前军在世宗需要时发挥了作用，带来了胜利。殿前军辖下共分六班（源自唐朝时的六军），规模不一：散员、散指挥使、

---

① 张其凡：《五代禁军初探》，广州：暨南大学出版社，1993 年。

内殿直、散都头、铁骑、控鹤。下表列出了殿前军的组织架构，括号中注明了时任将领。

殿前军

都指挥使（张永德）					
都虞候（韩令坤）					
散员 （李继勋）	内殿直 （慕容延钊）	铁骑 （？）	散指挥使 （？）	散都头 （？）	控鹤 （？）

　　毫不奇怪，世宗在高平之战后将殿前军诸将提拔到了更高级别的统帅位置。但也许更有趣的是，他把李千、田中、张顺等没有擅离战场的高级将领移出了侍卫亲军，外任各州防御使。他们的职位分别由殿前军将领韩令坤、赵弘殷、赵晁顶替。慕容延钊担任虎捷左厢都指挥使，使此次人员重新调配得以完成。世宗大量处决那些投降的后周士卒，这大大阻止了未来类似行为的发生。官员升转的模式也暗示着，相比于侍卫亲军的时任将领们，世宗更加信任殿前军诸将。侍卫亲军的那些时任将领被外放各州，从此没有了消息（至少就现存史料来看）。现在，真正的权力集中在中央，而非地方。这是一项重要的转变，与755年安史之乱以来的情况完全相反。

　　原来属于殿前军的那些将领，现在遍布两大军队体系的上层，这从根本上改变了侍卫亲军和殿前军的关系。此前，他们之间有相互独立的指挥系统，所以存在某种平衡。殿前军规模更小、更接近皇帝，是对规模更大的侍卫亲军的一种补充。而

现在，二者的指挥实际上统合于同一个统帅团体。世宗进一步
加强了殿前军的力量，他抽调侍卫亲军中的精锐进入殿前军，
加大了殿前军的规模，削弱了侍卫亲军的权力。除了李重进、
张永德和韩通，帝国军队的控制权现在掌握在一群对世宗个人
效忠的人手里。侍卫马军都指挥使和侍卫步军都指挥使的职位
暂时空缺，这更证明了世宗让他们担任地方将领，其实是为了
解除他们的职权。因为如果他要将他们留在侍卫亲军并适时提
拔，那么是存在合适的职位的。经过高平之战后的处决和提拔，
侍卫亲军的上层结构如下所示。

侍卫亲军

都虞候（李重进）			
侍卫马军都指挥使（空缺）		侍卫步军都指挥使（空缺）	
左厢（韩令坤）	右厢（赵弘殷）	左厢（慕容延钊）	右厢（赵晁）

虽然韩令坤曾任殿前都虞候，慕容延钊曾任散员都指挥使，
但他们转任侍卫亲军各厢的都指挥使仍是一种升迁。当时侍卫
亲军仍是帝国军队的主体，其领导层的地位仍然高于殿前军。
954 年，殿前都指挥使与侍卫马军都指挥使、侍卫步军都指挥使
成为平级。[1] 虽然侍卫马军、步军的都指挥使职位全部空缺，但
这只是战后的暂时状态。韩令坤很快就升为侍卫马军都指挥使。
我们尚不清楚，这一系列新的任命是为了压制还是为了提升李

---

① 张其凡：《五代禁军初探》，第33页。

重进的权力。同样不明确的是，李重进在选择自己的部属时发挥了什么作用(如果有的话)。虽然如今回溯去看，那些人并不效忠于他，但这在当日却并不是显而易见的。事实上，李重进是第一任殿前都指挥使(952年)，这是有关这一职位的最早记录。[1] 因此，李重进有可能期望他的原部属们效忠于他。如果是这样，那他就大错特错了。

张永德与后来那位政变者赵匡胤的关系相当奇怪。作为殿前都指挥使，他差不多是高平之战前地位最高的将领。他是许多人(包括赵匡胤)的统帅，后来也是如此。事实上，是张永德向世宗推荐了赵匡胤，张认为赵尤为值得提拔。当然，他的诸多部将的胜绩，一定也抬高了他的名望，特别是相比于李重进而言。然而，尽管张永德是郭威的女婿，但他很快向新兴的宋朝输诚，忠心耿耿直到真宗朝。他生前还因为尽忠尽责而被授予爵位。他从后周到北宋在政治上一直顺顺当当，这表明他是对黄袍加身了无兴趣，而不是昏聩无知或疏忽大意。通过支持更具野心的部属，他也在谋划着自己的命运。

重新调配军中统帅之后，世宗为了大力改善军力，又开始裁汰老弱，为殿前军征募新兵。这一举措又产生了双重影响：一支精锐之师的诞生和世宗政治地位的增强。后者不仅是由于世宗征召了效忠于他的新锐士卒，也是因为他将地方军队中的精锐力量集中到了中央。后来，宋朝将这一政策制度化为"强干弱枝"。无论这有什么直接效果，宋太祖在北宋初年还是采取了

---

[1] 脱脱：《宋史》，北京：中华书局，卷四百八十四，第13975页。

裁汰老弱的相似做法。①

这些军事举措背后大多都有政治意图。内部稳定和外部战力之间需要建立一种平衡，但是没有什么系统性的办法能够解决这个问题。政策与执行、制度与实际运作、伪装效忠与真诚效忠之间的鸿沟，使得每一项高层任命都有其自身的特殊情况。将领之间的忠诚与敌意，需要从建立战力强大且政治可靠的军队的角度去考虑。有时在军事行动中，怨恨会逐渐沸腾，造成仇杀。世宗需要创建一支强大而又忠诚的武力，这就让他迈出了那合理的一步，即提拔他最亲密、最信赖的将领们担任最高级别的统帅。但是，一旦迈出了这一步，一旦这些将领有机会获得领兵取胜带给他们的特权和军事威信，那么他们对世宗就不会那么忠顺了。随着他们继续获胜，或至少继续效忠于世宗，世宗就不得不进一步将其加以擢升。他们与世宗之间的关系是双向的，在上者要褒奖在下者的忠诚和胜绩，否则在下者就不会全心全意为在上者效力。这一点也可以验证后周皇室的倾覆。将士们拥戴赵匡胤做皇帝的原因之一很可能就是，年轻的后周皇帝不能对他们的功劳有所回馈。

对某些军事行为背后的许多政治动机，必须从其有利结果去估量。就裁军问题而言，世宗称这是为了提升军队实力、减轻百姓负担。他估计，至少有一半的士卒都不合格，不是太老就是太小。同时他还提到了高平之战，并指出那些不合格的士卒在战争中百无一用，最后是靠他亲自介入才赢得了那场战争。

---

① 马端临：《文献通考》，北京：中华书局，1991年，卷一百五十二，第1325页。

前面历朝未能精简兵员，是因为他们害怕伤及"人情"。① 惯于怀疑的读者可能会说，先前的皇帝们因为必须依靠自己的宿将们，所以不能要求他们精简兵员。世宗能够下决心对军队采取强硬手段，这反映了他在政治上的实力。爱德蒙·沃西认为，世宗极力将军事权力集中到皇帝手中，这为宋代的做法和制度奠定了基础。② 但是，我们却没有看到有关王朝政治问题的任何举措，而仅仅局限于军事问题。这不是因为政治问题没有那么重要，而是因为有许多政治问题都被放到了军事问题中。不过更准确地说，当时的政治问题和军事问题具有内在关联，因为军事权力和武人处在所有政治利害的核心。

进攻北汉 ③

刘崇第二次战败后逃回都城太原，杨衮也领兵北还。5 月 3 日，世宗开始大规模进攻北汉，先期派出的是没有参加高平之战的军队。后周的行动出人意料，军队很快就到了太原。④ 北汉军队先前在高平遭受重创，因此后周大军入境后攻城略地，未逢敌手。尽管从事实上讲，后周并没有做好包括围城战在内的持久战的准备，但是旗开得胜的势头让世宗下定决心，将这次军事行动转变为一场旨在消灭北汉的全面战争。军队的能力无法满足世宗争强好胜的预期，这成为后来的典型样态。

① 《文献通考》，卷一百五十二，第1325页；相似内容还可参见《资治通鉴》，卷二百九十二，第9519页。
② 沃西，*The Founding of Sung China*，第2—3页。
③ 龙沛："War and the Creation of the Northern Song State"，第91—94页。
④ 《资治通鉴》，卷二百九十一，第9508页。

由于缺乏战备,后周大将们一致反对扩大战争。[①] 从后面世宗禁止士卒劫掠的命令来看,参战士兵已然需要靠此来维持补给。这可以作为突袭部队的权宜之计,却不可能是面对长期攻城战的长久之策。然而,世宗还是像此前对待朝臣那样,不顾将领们的劝阻,准备扩大这次战争。首先,他从各处抽调力量,组成了一支"大军",其中绝大多数人都负责运输和挖掘。其次,他下令征集粮草,并从后周的十个州中征募新兵。[②] 后一道命令很可能是为了不引起当地百姓的反抗。我们不好判断这些命令的效果如何,但如果以 964 年赵匡胤进攻四川前对将士们的类似命令为标准(见第六章)来看,其效果几乎为零。

前线军队持续传回获胜的消息。6 月 6 日世宗到达太原时,后周大军已经完全包围了太原十四英里长的城墙,并占领了五座州城。[③] 世宗已经获得了一些新领地,又亲临太原观战,这对北汉形成了严重威胁。辽朝皇帝不会对此坐视不管。高平战败后,北汉如果再丢掉太原,那么辽朝南部边境的局势就会完全改变,这会直接威胁到辽帝国及其在华北乃至草原其他地区的影响力。遭此一失,辽朝的军事力量和政治信念都会直接受到怀疑,而辽朝皇帝是否适合继续统治也会成为一个问题。因此毫不意外,辽穆宗对后周的威胁迅速做出回应,他罢黜并关押杨衮,另派出两支骑兵救援北汉。

辽军并未选择与包围太原的后周军队正面冲撞,而是采用

---

① 《资治通鉴》,卷二百九十一,第 9509—9510 页。
② 《资治通鉴》,卷二百九十一,第 9510 页。
③ 《资治通鉴》,卷二百九十一,第 9513 页;卷二百九十二,第 9514 页。

了一种更为集中的方式，即威慑后周控制区的侧翼和边缘。第一支军队有数千骑兵，6月7日屯驻在忻州与代州之间。这支军队的出现妨碍了后周巩固新获得的领土，对后周的军事行动也是一个直接的威胁。后周立即着手驱赶辽人，但这支马步共计万人，又有三千援兵的后周大军伤亡惨重，在取得惨胜后不得不撤退。辽军折损了两千多人，但是有效地破坏了后周在太原围城之外扩大战果的企图。

后周在战场上的遇挫，让世宗唯余悲叹。太原围城没有丝毫成果，连绵的大雨和蔓延的疫病明白地预示着，后周不得不放弃这次进攻。局面恶化非常迅速，世宗终于在7月5日离开了太原。忻州之战和连续的大雨让军队的补给也变得没有可能。事实证明，世宗的那些将领说对了，这场战争并不可行。这和早前文官们的反对有显著的差别，高平之战的巨大成功已经证明了抵制那些反对意见是明智之举。954年7月30日，此时距离高平之胜已经过去了三个月，世宗回到都城，但他心中的尚武激情并没有因为太原之行而有丝毫减损。

后周重新统一全国的战略

尽管世宗围攻太原失败，但高平之战的胜绩显著地提高了他的政治地位，让他开始思考重新统一全国的可能性。[①] 世宗不断加强对侍卫亲军乃至整个军队的控制，这也让他去考虑，如何统领这样一支主力军队，才不至于担心他们会威胁到自己的

---

① 《资治通鉴》，卷二百九十二，第9524页；另见王钦若等编：《册府元龟》，卷一百零四，第29页a/b。

统治。他要官员们提出实现其目标的计划，955 年 4 月，他宣布王朴的计划最佳。

过去人们常常将这场战略论辩解释成"先南"和"先北"战略之间的不同选择，且脱离政治情境，仅仅从军事角度对此加以讨论。"先北"战略把解决北汉、辽和燕云十六州问题，放在了征服淮河以南和四川诸政权前面，"先南"战略则与之相反。一旦"先南"还是"先北"的问题得到解决，那么接下来就必须在此基础上制订详细的计划。

历史学者们之所以会错误地描写这场战略论辩，原因之一就是后周及宋朝最终都没能收复燕云十六州。这一失败始终萦绕着宋朝，直到 1127 年北方地区全部陷落的痛史遮盖了它（见第二章）。这样说也大差不差：对占领被宋代政治家称为"中国本部"（或许有更好的术语）中的一小块土地的强烈愿望，以及由此造成的对辽朝的怨恨，促成了那些使北方地区陷于金朝之手的政策。宋朝联合金朝，正是为了收复那片土地。恰恰是对那块土地的划分问题的后续争论，才让金朝攻入宋朝，夺取了都城开封。

我们的讨论似乎已经跑得太远了，但是后续的事件极为深刻地影响了史书中对后周与北宋战略的描写。王朴提出的和后来赵普向宋太祖提出的"先南"战略被视为一个错误，因为它阻碍了对燕云十六州的收复。没有任何有关战略论辩过程或未被采纳的方案的文字记录留下来，但是要猜测起来也不难。我们所掌握的这些战略提议，没有告诉我们多少十世纪后半期的人们在想些什么，却提示了我们十一世纪之后的历史学者们在回望十世纪后半期的事件时在想些什么。

总的来说，这项计划最重要的一面在于，当它描绘出战略目标、帝国建立、相关方略、消灭南方政权时，却丝毫没有涉及后周和宋朝军事行动的路线或步骤等内容。《资治通鉴》和《旧五代史》将其收录在内，似乎是想为周世宗和宋太祖杂乱无章而又机会主义式的战争进程增添一种导向性框架。另一种可能是——抑或二者兼有——王朴的奏章能被保留，仅仅是为了标记一下通过战争建造帝国的决断。不管是哪种情况，爱德蒙·沃西所说的"尽管周世宗很赞赏王朴的方案，但并没有严格遵照执行"都是不对的，这种说法混淆了总体战略、战略目标与军事行动本身之间的区别。① 最能显示出王朴的具体战略并不重要的是，世宗几乎在这份战略被提出的同时，决定去攻打后蜀最北部的四个州。尽管他后来转向南方，针对南唐展开了大规模的军事行动，但是世宗的下一步（也是生前最后一次）行动又是针对燕云十六州的——当时南唐、后蜀等南方政权皆未归顺。所以，虽然王朴的策略确实是一份"先南"战略，但沃西和当代大部分学者都已正确地指出，周世宗和宋太祖没有遵循这项战略。这两位皇帝在军事上都很成功，这是因为他们能在追求目标的同时保持战略上的灵活性。

尽管王朴描绘的蓝图和后周军事的实际进展并不一致，但是王朴的奏章中有些内容值得一提。第一，领土的丢失关系到王朝合法性的丢失。反过来说，一个合法的王朝应该占有或有

---

① 沃西，*The Founding of Sung China*，第17页。

能力重新获得处在争议中的领土。这就是后周四处作战的原因所在，也是燕云十六州之败常常萦绕于北宋朝堂的观念之源。第二，王朴正确地认识到，在统一战争期间，北汉和南唐都没有强大的军队对付后周。第三，他没有把燕云十六州算作辽帝国的领土，他觉得燕云十六州会归附后周，或至少攻打其地会被辽朝视为有限目标。也就是说，辽帝国不会将攻打燕云十六州看作对其本身的威胁，而仅仅是针对那片特定领土的军事冒险。这种假设完全是愚蠢的，而且大大低估了辽朝的实力和决心，更不用说这一地区对辽朝的经济价值了。第四，王朴聪明地提到了高平。高平之胜是世宗合法性的基石，世宗本人至少曾借此说明军事改革的合理之处。任何一位试图获得皇帝青睐的官员，都应该提到这件迄今为止皇帝最大的成就。提及此事还有另一个微妙的作用，那就是提醒皇帝他并不反对皇帝亲自参与战事，又或者他曾经表示反对，而借此坦白错误并请求皇帝的原谅。第五，同时也是最后一点，这封奏章试图将未来的所有战事都放到一个不那么具有排他性的军事计划中。

王朴的建议得到赞赏后不久，对南唐的战争也必须着手准备了——如果还没开始准备的话。他的建议的其他方面，如节省政府开支等，要么没有施行，要么就是没有留下记载。《资治通鉴》很可能是为了强调王朴的建议并不适用，紧接着在下一条就写道："上谋取秦、凤。"秦、凤是位于后蜀北境四州中的两个州。

西征后蜀（955 年 5 月 24 日至 12 月 30 日）[①]

955 年 3 月，世宗做出攻取秦州、成州、阶州、凤州这后蜀四州的决定，这一过程是有些复杂的。尽管史书清楚地记载了"秦州民夷"复归后周之"请"（有可能是虚构的），但这不可能是促使世宗派出军队的原因。[②] 他有许多的军事顾虑，所以不会轻易派遣他的忠诚之师离开开封。事实显示，尽管这次派出的军队规模相对较小，仅有数千人而非数万人，但是这次行动却慢慢地卷入了后周最重要的军事将领韩通、赵匡胤等人，且持续了六个月。

当战争陷入泥潭，世宗不得不派出自己最得力的一些将领。这一事实解释了事情在如何发展，也暗示着与先前出兵北汉时的某种一致性。世宗发动这场战事的目的，似乎是希望它能以最小的牺牲、最快的速度结束。但这好像不太可能，尽管我们无法完全忽略这次出征的原计划是一场突袭，只不过像讨伐北汉一样，但其进展超出了预想。这项军事举动引发了对后蜀的强烈敌意，但又没有撤回军队以保卫自身的核心区域，其唯一结果就是又开辟了一个需要付出长期、重大军事代价的前线。同时，世宗明显没有把这次出征视为一次大动作，因为他没有亲自参与，而之前的每次重大军事行动他都领兵亲征。

不管世宗的最初目的是什么，这次行动仍实现了几个目标，同时也再次强调了巩固已有成果的重要性。这次行动产生了三

---

① 龙沛："War and the Creation of the Northern Song State"，第 99—103 页。
② 《资治通鉴》，卷二百九十二，第 9524 页。

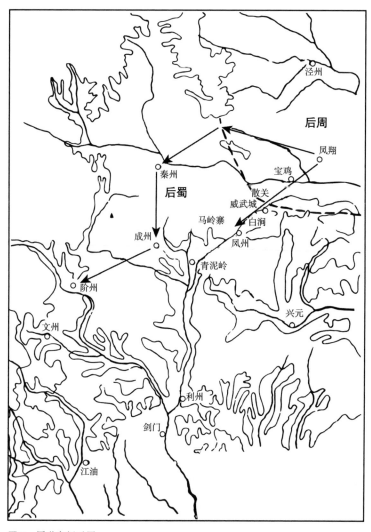

图 3　周世宗征后蜀

大作用：第一，它保持了对外扩张的姿态，使后周在高平之战后仍掌握着战略主动权；第二，在为进攻南唐的更大规模征服行动备战时，它将部分军队投入一个积极的目标中，保证了军队的昂扬斗志；第三，这场意想不到的进攻让后周的邻国都进入了防御状态，使世宗在战略上取得了一定程度的意外之效。世宗现在有了好几个攻击目标：后蜀、北汉、燕云十六州、南唐等。为了保护自己免受后周的下一步进攻，他们不得不构筑针对后周的坚固防线——除非他们能够整合各方军力共同抵抗后周，但他们显然不会。所以说，这次小规模军事冒险发挥了一些具有长远价值的重要作用，其价值比征服该地所能带来的经济或军事上的直接回报还要大。

但是，世宗所获得的成果也凸显了他一旦失败所要承受的损失。无论战争原本的军事或政治目标多么微不足道，但只要一开战，获胜就是最首要的任务。在一个新兴的、持扩张主义的王朝中，军事事务对一位皇帝的权力和地位意义重大。对一位依靠军事胜利来获得合法性和政治权力的统治者而言，小规模军事行动会产生复杂的后果。考虑到皇位的性质，世宗绝不能输掉任何一场战争。在最初的成功遇到各式各样的挫折时，这反过来又让世宗的战争具有了内在逻辑。从这个方面来看，西征后蜀只不过是进攻南唐的更大规模军事行动的一场预演。同年发生的征南唐事件，出现了许多意想不到的问题，迫使后周迅速调动一切资源，才取得了胜利。

尽管世宗直到955年5月才发起进攻，但是后蜀统治者在听闻秦州之"请"后就开始在边境备战了。[①] 世宗下令征讨后蜀北境之时，也恰是王朴提出他关于征服全国的大战略之时。西征大军很快就在 5 月攻下了后蜀的八个寨，6 月 27 日又在凤州东北的威武城与后蜀进行了一场非决定性战役。[②] 交战后不久，后蜀君主就联系北汉和南唐，试图共同抵抗后周，不过似乎没有什么结果。当时北汉可能无力与后周相抗，但是南唐的无所作为实在令人诧异。最简单的解释就是，当时后周要进攻南唐的意图还不够明显，以至于南唐朝廷毫无察觉。所以南唐朝廷大概把后周西征后蜀看作一个小事件，它既不会打断南唐今后开拓本国领土的举动，也显现不出什么深远意义。南唐朝廷因为不了解后周的长远打算，所以在政治和军事的情报信息解读上已经发生了严重错误；或者说他们有可能假定，征伐后蜀在某种程度上代表着对后周先前战略规划的否定。换句话说，西征后蜀有效地掩饰了世宗的战略目标。当年年末后周攻入时南唐边防的毫无准备不能证明这一点，而证实了以下两种情况：南唐朝廷缺乏情报，也不相信后周意欲进攻自己。南唐求助于辽朝同样是一场徒劳。所有这些都表明，十世纪中叶中国各个独立政权之间极其缺少外交协作，不存在各政权间关系的沟通平台和联系各个朝廷的外交纽带，各个政治行为主体间也不存在有关维护现状的明确共识。这种外交隔阂使得后周和北宋在征服南方和西部各政权时，未曾需要采用重大的外交手段去避免对方军事或政治上的联合抵抗。

① 《资治通鉴》，卷二百九十二，第 9524—9525 页。
② 《资治通鉴》，卷二百九十二，第 9528 页。

　　7月末，军队士气的低沉促使宰相建议世宗召回大军。自一个月前的威武城之战后，后周军队再也没能向前推进，后勤保障也很困难。在毫无战果的情况下被迫撤兵，这种局面令人懊恼，世宗于是派出他最信赖、最得力的将帅赵匡胤去前线视察。赵匡胤视察结束后回到朝廷，认为秦州和凤州是可以攻下的，并演示了攻城计划。[①]后蜀的战略是守在城墙之内，拒绝应战，由于后勤供给问题阻碍了后周的进一步进攻，所以这是一项很明智的选择。这让这场战争变成了消耗战，后蜀军队只要守在城中，依靠其补给就能取胜。对世宗来说，他在政治上经受不起一次远征，特别是一次失败的远征，所以他已在考虑撤兵了。他的主要精力已经转为准备进攻南唐。就此罢手总要好过被一场彻底的失败拖得军心涣散，更何况是在一场大动作之前。赵匡胤的报告推断，后蜀一定也面临着和后周一样的补给困难。后蜀的粮草供给越来越少，面对后周的存在，他们在战略上将会转为直接出击后周军队。后周所要等待的就是后蜀的直接出击。世宗听从了赵匡胤的建议，继续坚持着这场战争。

　　即便如此，世宗同意维持战事后过了近一个月才有了一些战果。威武城之战后的第一场重要战斗发生在8月末，后周军队击败了后蜀军队，或降或杀三百人。[②]后蜀的战略实际上仍是要进行一场消耗战，所以才试图直接切断后周的补给线。后蜀在9月中旬暂获小胜，但是在阻断后周粮道时暴露了自身，遭到了攻击。10月，后周的连续反攻让后蜀军队望风披靡，后蜀

①《资治通鉴》，卷二百九十二，第9529页。
②《资治通鉴》，卷二百九十二，第9529页。

统治者不得不于 11 月放弃四州，转而求和。[1]

此次出征的总体战略和过程，在后来后周和北宋的战争中又被有意或无意地复制了，也因此包含了更多的考量。虽然有关此次战争的史料没有记载大多数战斗细节，但是其整体轮廓已经足够我们从中得出一些结论。后蜀军队采用（或被迫采用）了依靠城墙和寨堡的防守战略。只要不失守，他们就可以取胜。所以后周军队被迫去攻取一个又一个寨堡。与此同时，后周军队又要维持自己的后勤供给，且不给敌方补充供给的机会。可能正是由于后勤问题，所以参战人数（特别是主力队伍）才特别少。比如，高平之战的参战兵力就远多于这次征蜀。如果我们假设后勤支援真的像看上去那样匮乏，那么人力资源也同样会很有限。在围城战或其他任何整体军事行动中，征集兵力都要付出一些其他代价。我们还必须记住，当年年末后周正在积蓄粮草、抽调兵马，准备发起针对南唐的大规模征讨。征蜀在当时并不是世宗最关切的问题所在。

随着后蜀放弃了一些领土给后周，那么无论后蜀军积蓄了多少补给，其自身的耐久期限都会变得很有限。这并不是说，后周完全切断了后蜀的再补给线路，但是从四川运输补给要比从后周领土运输补给困难多了。后蜀赌定，他们的粮草储备可以耗过后周的后勤系统。他们错得并不离谱。赵匡胤在报告中一定不仅指出这四州之地可以夺取，而且也值得夺取。后周恢复了决心，或许再多加些补给，就能打破平衡，使局势变得对

---

[1] 《资治通鉴》，卷二百九十二，第 9530—9533 页。

自己有利了。后蜀意识到，如果不采取一些措施，后勤供给就无法胜过后周。后勤而非城墙的厚度，才是问题的关键（后勤的限度使后周无法将兵力过久地集中于某地，以攻破多数寨堡的防线）。面对一个掌握战场、补给充足的对手，一座被围的城池不可能维持抵抗。最靠近后周地界的寨堡最先陷落，那是因为它们处在后蜀补给线的末梢，而处在后周补给线的前站。在战事前期，后周军队能够集中兵力逐个攻破寨堡。但随着战事发展，集中兵力变得越来越难，后蜀的寨堡也越来越分散。只有等到后蜀军队因为补给稀缺而逐渐涣散时，后周军队才有机会取得对后蜀军队的决定性胜利。

从参战人数和占领土地的规模来看，这并不算一场大型战争。但是它很重要，理由有三。第一，它为宋朝提供了一块台阶，后来宋朝仅用了六十六天就征服了后蜀。第二，世宗不愿意在外交上承认后蜀君主同为皇帝，这就清楚地表明，他想改变现状。而在目前，这仅仅导致了各政权间沟通机制的崩坏。要是后蜀君主不能以平等身份与后周君主沟通，那就意味着官方沟通机制已然完全失灵。后周的胜利还没有产生决定性效果，还不能保证对方在外交或政治上的归顺。第三，这场战争也显露了后周军队的若干劣势。在维护边防和备战南唐时，几乎没有多余的军队可以用于第二战场。最后这一点极为重要。从后周和北宋时期所有战事的结果来看，有限的或均衡的军事手段激发出了干城之将、骁勇善战、运筹帷幄等决定性因素。频仍的战争需要投入更多政治上的关注，以防止将领之间、官员之间、将领与官员之间的摩擦有损政府稳定性和军队战斗力。当成功的战争能够为数量庞大、充满野心的参战将士们提供充足的战利品时，这个问题解决起来就会稍微轻松一些。周世宗或宋太祖都没有遇上宋太宗所要面对的政治问题，因为太宗时王朝已经从频繁、贪婪的主动出击转变成了长期防守的状态。即便如此，一套稳固的、循序渐进的、官僚制的权力晋升体系的缺失——后来这让那些满怀壮志的人感到愤愤不平，并催生了一个更为稳定的政府——需要皇帝更为个人化、非系统化的政治关切。

最后，外交手段和政权间协商机制的缺失，使后周军队可以逐个击败自己的对手们。甚至可以称之为极不寻常的是，连辽朝似乎都无意介入任何抑制后周野心的外交协商工作。宋太祖后来为了能通过外交手段保护北部边境，以便腾出手来在别处用兵，积极地开展与辽朝的直接对话。不过，虽然宋太祖能够在事实上消灭邻国，但周世宗的战果却并不那么完美。此时，政权之间缺乏一套有效运行的外交机制就成了一个难题，这导致了没有外交约束的军事解决。

没有俘获、杀死地方统治者或完全占领整个国家，这样的战争结果受制于政权之间解释与谈判的影响。变化中的军事局势和变化中的政治需求之间的相互作用，在世宗讨伐南唐时又会再次呈现。一场目标有限的军事行动，即攻占敌方部分领土而不是消灭敌国，为在政治上就政权之间对话用语等看似微不足道的问题讨价还价留下了相当大的空间。但是，这种对用语的争论显示出了政治意志和军事手段之间变化着的关系。即便在战场上每次都失败，每位统治者直到最后被迫放弃抵抗前都还会坚持每一份主权。以征后蜀为例，后周的军事手段不足以实现政治解决，引发了对话上的破裂。相似的问题也使世宗对南唐的征讨变得更为复杂。

第四章 重建帝国

周世宗见诸将方面大耳者皆杀之。[1]

在次要的征蜀战争结束后，周世宗准备进攻南唐。这是征服在唐朝崩溃后形成的南方政权真正意义上的第一步，也是一个像汉、唐那样的全新的中华帝国统一的开始。但是，周世宗所奠基的帝国将不会继续由他的子孙统治。在战争进行过程中，那些被世宗提拔至军事系统最顶层的忠诚之将又不断升迁，他们的权力、威望及对军队的控制力也随世宗一起不断扩大。李重进在这场军事行动中同样很成功，但由于他缺少一群密友或一众能干的下属与自己共同进退，所以他的收获仅仅是个人意义上的。尽管李重进依然位高权重，但他在周太祖死后就失去了很大一块根基，那时他是帝国最高级的军事将领。

李重进也许知道，他不再拥有如从前那般的绝对优势，但

---

① 《宋史》卷三，第49页。

不必惊讶的是，他并未意识到对自己已然构成威胁的那种权力的性质。一群结义兄弟占据了帝国军队的最高层级，这无论在形式上还是实质上都是十世纪出现的全新现象。与之类似的群体以前也曾出现过，但没有什么实际影响力。这个群体新就新在，它在真实地发挥作用。李重进的权力模型和周世宗的非常相似：一个上级领导一群忠诚的下属。当然，在高平之战后，李重进的许多部将已经被驱除，但这种权力模型依然是合理的。如果世宗没有在959年去世，那么他从前的部属们可能就不会取代后周了。不过，部属们的权力通常由于他们对权力的内部争夺而受到控制。伴随着宋朝建国出现的，是一个忠实合作的群体所产生的势不可挡的政治和军事能力。

随周世宗高平之胜及其后征讨南唐获胜而涌现出的这些宋朝建国者们，他们如何获取权位，是很值得注意的。他们都不是地方军阀。他们都因为在不断交替的北方政权的中央军队中任职，或直接担任皇帝个人的扈从而步步晋升。后一种晋升途径至少到宋太宗一朝时仍然非常重要。就其本身而言，这至少显示，中央军队对那些满怀雄心壮志的人很有吸引力。考虑到自755年以来中央军队的组成一直具有很大的不确定性，这是一种重要的转变，它表明，中央政府机构（与统治它的王朝不同）变得越来越稳定。文人官僚可能在其狭窄的责任范围内有了一些行政上的影响力，但是他们不得不在政治上保持中立，或至少小心谨慎。军队是通往权力的一条危险但更有希望的途径，将领们通常关心个人晋升，而不是对统治家族的服务。周世宗通过擢升那些忠诚于他的人，暂时解决了控制军队的问题。世宗没有派遣这些人为他治理边缘的疆土，而是让他们留在中央，为他掌管中央军队。因为世宗认为，他不必让这些最忠诚的将领替他在外控制疆土，或者他无法在不颠覆当地原有治理者的脆弱支持的情况下安排他们，所以他真正创建了一支能开疆拓土的精干之师。

军事政治的平衡需要持续留意关注，并围绕着一些轴线发挥作用。即便中央在军事实力上超过任何一个地方军阀，但它仍不及所有军阀的联合。虽然地方军阀不太可能组成一个足够大的联盟去推翻世宗，但是世宗任何开始个别削弱他们的努力，都可能会引发他们对世宗统治的联合反抗。地方军阀以前要依靠中央政府内部的平衡力，比如军队内部的权力争夺，来控制针对他们本身的军事威胁。世宗如今成了他们的威胁，但如果他想要避免一下子激怒他们所有人，就需要一些合法的理由去攻击个别军阀。所有这些军阀在名义上都忠于后周朝廷，但实际上，他们具有不同程度的政治独立性。如果世宗准备利用自己的军事能力，就必须找到方法去增强对帝国疆域的政治控制。从概念上讲，这一方法极为简单，但实践起来却很难：他必须想出一种办法，慢慢收回地方军阀的政治特权，逼着他们要么让步要么公开反叛。但这种让步要求必须尽可能地小，从而让那些军阀都愿意退让，而不是冒险反叛或发起军事报复。过大的让步要求可能会让大批军阀都觉得反抗是值得的，因为普遍的反抗会让后周朝廷在军事上无力应对。那样的话，朝廷就不得不退让，从而伤害自身的政治威信。

一时间，世宗为寻求疆域内政治稳定所要做的政治演算太过复杂了。他或是担忧自己当时的军事力量，会让地方军阀对受到政治侵蚀的可能变得过于敏感；或是对当前的政治形势非常满意，渴望再现大唐帝国的荣耀。也有可能他完全忽略了自身位置的微妙之处，因为他的行动多次展现出，他更多的是从简单的野心或自负出发——幸好都有好的结果——而不是从风险计算出发。不管怎么说，公开讨论征服周边政权的计划，应该缓解了国内那些掌权者的忧虑，让他们看到，他们不在世宗的计划清单上。

对外战争还有其他好处，因为士卒和军事补给可以合理地从各地征发，于是就在削弱地方军阀的同时增强了中央政府的实力。成功地并入新征服的领土，也会将其置于中央政府的直接统治之下。中央军队一出现，任何根深蒂固的地方统治者都会由后周朝廷处置。他们会安安分分地真心服从后周，于是这就增加了后周政权的财政和政治资源。由此，世宗可以避免国内军事行动会造成的任何消极影响，同时获得军事实力带来的所有政治利益。他无须再那么依赖地方管理者们的脆弱支持，且给他们一个机会加入自己的事业。基于以上原因，南唐成为他首次尝试通过军事行动来让自己成为皇帝的最佳目标。

南唐是十世纪时南方最大、最富饶的政权，世宗可能不会以为通过一次行动就能毁灭或完全征服它。它很强大，所以不可能很快就被轻松地征服，这一点王朴的战略里也含蓄地承认了——他提出了征服南唐的"两步走"计划。就此而言，征南唐更接近于征后蜀，而不像高平之战后的征北汉。这种区别很重要，无论是从军事战略的角度还是政治的角度看。后周和北宋都能毫不费力地抵达北汉都城，但北汉却是北宋征服的最后一个政权。这显然是由于辽朝的支持，辽朝投入了大量的军事资源去保护其附庸，对抗这些军事行动的全部目标——消灭北汉政权。确切地说，对北汉的对策缺乏灵活性使得军事战略进展不顺。不同的是，世宗对南唐的行动显现出了相当大的政治灵活度，但这仅仅是因为他事实上没有提前决定好自己针对南唐的政治目标是什么。没有明确的政治目标，而只有大概的领土目标，也不存在一个适用于政权间事务谈判的既有外交体系，于是军事命运完全决定着世宗的需求和谈判的步伐。世宗最初的政治需求是不切实际的，那是基于一种错误的假设，即他一连串的战事胜利和南唐军队的虚弱，必然也能证明南唐政治上的挫败和虚弱。

但是南唐并未崩溃，其君主也并未屈服。尽管战事接连挫败，但南唐军队力量尚存，南唐政权仍然具有政治影响力。结束战争的困难，使得这次攻势的两个目标——领土上的和政治上的——形成了极大反差。领土解决的轮廓较易辨认，所以双方通过简单地检视对方军队的部署就展开了谈判。有关各方都很清楚控制某些战略要地的军事后果。例如，只要寿州仍坚持抵抗后周大军，那么后周在淮河以南的每一份战果就都会不稳定。双方可资利用的军事手段也相互抗衡，当然，这会受到错误执行和情报所造成的常见误解的影响。但尽管如此，这在谈判框架中依然极为重要。

相当清楚的是，世宗在展开这场军事行动时，并没有牢记其政治目标，他要么假定领土收益将会包含相应的政治收益，要么就是完全忽略了这个问题——后者似乎极有可能。世宗征蜀已被证明是一场无视政治和外交的轻率之举。但是，虽然与后蜀朝廷沟通机制的完全失效并未带来什么不便（毕竟那里路途遥远、孤悬一地），但南唐就完全是另一回事了。与征蜀的小型战争不同，征南唐所涉及的领土和军队都是体量庞大的。随着战争的推进，缔结某种条约是符合双方利益的，即使这一条约是临时的。双方都因为军事争斗而疲惫不堪，渴望一次喘息的机会，但因为没有任何既有外交机制可以用于谈判，所以不得不将一些临时的办法拼凑在一起。同时，世宗必须最终决定，他想要从一场有限的政治解决中得到什么。除了完全让步，什么是可以接受的？南唐统治者也面临相似的问题。不同于领土问题，他愿意为了和平做出多少政治让步？他会接受某种低于"皇帝"的头衔吗？

世宗的长远政治目标是统治一个像唐朝那样的帝国，他认为，一支足够强大的军队会让他实现这一目标。虽然他明白这样一个帝国只有通过漫长、持久且成功的军事行动才能构建，但他不明白，即便是成功的军事行动，也不能排除对政治和外交主动权的需要。世宗的问题不在于他忽略了从政治和行政上整合新征服的领土（其中诸多细节并不需要他直接参与），也不在于他忽视了自己极为关心的朝廷和军队中的个人政治，而在于他忽视了就敌对状态展开政权间谈判的关键性质。正因如此，他没有明确表达有限的、渐进的政治目标，如同有限的、渐进的领土目标。平心而论，领土目标多数时候由地理决定，并以一种容易理解、按部就班的关系推进至下一片土地。但在政治领域，情况与此并不相同。

考虑到世宗在这次淮南战争中是相当成功的，他不仅征服了大片领土，还迫使南唐做出了许多政治让步，有人可能会认为，他用军事局势来满足政治局势的做法是对的。但是，这种做法导致了一场时间更久、耗费更大的战争，并使他最终被迫意识到政治领域的重要性而实现了成功的了结。在这场军事行动中，世宗的战略有两次重要转变。他原本的战略是直接攫取土地。后周军队将渡过淮河，并尽可能地攻城略地。当淮南战争在寿州城的坚决抵抗中陷入僵局时，世宗重新考虑了战略，事实上撤离了战场。他重回战场时，带领着一支新建的水军，还有一项双管齐下的新战略：首先，集中兵力于寿州并最终将其占领，继而联合水陆大军控制淮河。这项战略的成功执行，使世宗清楚地认识到水军作战的能力，并使他第二次做出了战略调整。世宗没有集中兵力一个州一个州地攻占淮南地区，而是奋力发动后周水军，沿长江直逼南唐都城及余下领土。水军之力令南唐君主未经交战就将余下四州领土让给了后周。但是，这一威慑力量的内中空虚，因为世宗迅速接受南唐的和平条款而显露无遗。在经过长达十六个月有余的战事后，后周军队非常需要休整。

经过这场战事，世宗至少开始认识到两国交战中政治面向的重要性，以及与此相关的、旨在震慑对手做出让步的军事战略的必要性。他了解到，他是通过实质性的征战，才让南唐统治者不得不承认失败，或至少给了他一些他通过征服尚未控制的东西。最终，他能够让南唐统治者乖乖交出他尚未夺取的四州。这对未来的宋太祖来说，是一场生动的实例教学，或者至少可以说，他通过这些战事似乎懂得了这一点。单纯通过军事手段去征服，不仅耗时，而且代价高昂，同时也易于毁坏你试图夺取的事物的许多价值。一个人的军事和政治手段往往是有限的，所以用尽可能高效的方式去实现目标就很有必要。一位聪明的战略家，也能够在政治和军事手段之间游刃有余，利用一方去为另一方实现目标，或者有效利用一方去弥补另一方的不足。一个绝佳例证就是，宋太祖后来利用与辽朝的外交联系，缓解了宋朝北边的军事威胁，使他能抽调兵力用以对抗其他政权。但是我们很难说，世宗是否真的将这一经验牢记于心，或者他是否只是对水军的作战能力产生了兴趣。他的死结束了随后的对辽战争，故而他的战略没能完全显现——或者因此并不存在。

淮南战役（956 年 1 月至 957 年 4 月）①

956 年 1 月后周攻打南唐，最初在战略和战术上都造成了出人意料之感。鉴于后周战备的程度，我们可以发现，南唐朝廷在预估后周的威胁和收集情报上都极为迟钝。事实上，到 955 年为止，由于淮河在冬季水位下降从而易于通过，所以南唐一直定期派兵戍卫淮河；到了 955 年，由于被认为浪费资财、毫无必要，这项举措被取消。② 正当后周计划攻入南唐时，南唐领导层却疏于防御，这表明他们没有想到后周会在那个冬天来犯。

---

① 龙沛："War and the Creation of the Northern Song State"，第108—137页。
② 《资治通鉴》卷二百九十二，第9532页。

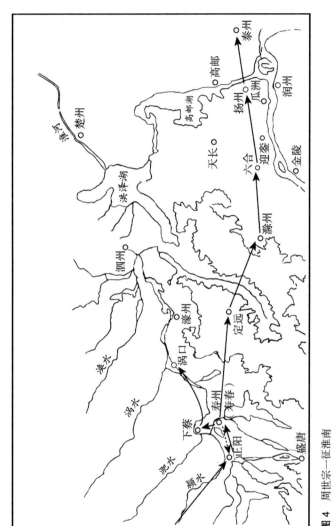

图 4 周世宗一征淮南

南唐防备的状况对世宗而言非常重要，他必须了解对方政策上的变化。他决定开始进攻——早于王朴的战略建议——是受到了这次机会的刺激，或者是他原本的意图，对此我们并不清楚。[①]

12月17日，世宗任命李谷为南征大军的指挥。原本的计划是想在南唐境内建立一座坚固的桥头堡，继而再通过惯常的陆地攻势，沿淮河南岸的城池向东推进。这一路径因两个问题而失败了：其一，后周攻不下寿州，则无法保护在南唐境内的桥头堡，这一目标最终花费了十五个月；其二，后周没有水军控制（或至少争夺）淮河，这就让南唐水军可以轻而易举地威胁后周连接后方的浮桥，也可以沿着淮河不断补给军队。

南唐朝廷在1月初听闻了这一动向，并意识到寿州是后周的初期目标之一，于是派遣两万军队赴寿州，三万军队赴定远。但赶在这些兵马到位之前，李谷大军就搭建浮桥，从寿州以西、淮河上游的正阳渡口渡过了淮河。李谷立即包围了寿州，自1月末至2月中旬，其部在寿州城附近赢得了多次小型战斗。随后，世宗决定亲征。[②] 但是，世宗一离开开封，两万精锐的南唐救兵就直抵寿州，同时而来的还有直扑正阳浮桥的数百艘战舰。李谷同时面临着战场上和切断与后方联系的威胁，加之世宗仍在路上，于是选择了撤回正阳、保卫浮桥。世宗听到李谷撤退的消息时正在途中，他不想放弃围攻寿州城，不过他的命令到得

---

① 司马光在关于南唐政策变化的部分暗示是前者，这看上去似乎是更可靠的理由。

② 《资治通鉴》卷二百九十二，第9533—9534页；《旧五代史》卷一百一十五，第1534—1536页；《新五代史》卷十二，第120页。《旧五代史》收录了世宗的诏令，陈述了他征讨南唐的理由。

太晚，没能阻止李谷撤退。

一听到后周军队撤退，南唐救兵就鲁莽地继续追击，纪律全无，队伍拉拉杂杂地绵延了上百英里。世宗尽管没能阻止李谷撤退，但他认识到，他可以利用李谷的撤退痛击混乱无序的南唐援军。李重进部驰赴正阳，渡过浮桥，首次相遇即给南唐军队以重创。南唐统帅身首异处，大批官兵被活捉，万余人被斩首，死尸绵延十余英里。3月5日，世宗到达正阳，李谷被降职，李重进取代李谷成为总指挥。①

3月7日，世宗来到寿州城下，征调周围数州数十万人围攻寿州。接着他又解决了浮桥的弱点，把它们移往东边十九英里外、下游的颖州下蔡镇，并派出赵匡胤部进击连舟于淮河之上、扎营于涂山之下的南唐军队。赵匡胤设伏诱敌，大败南唐军队，夺得了五十艘战舰。这些战舰是后周在保卫浮桥作战中获得的第一批战利品，它们连同其上的水军，后来成为后周水军的开端。②

南唐朝廷知悉世宗本人确已入境后，命令两名将领从滁州率数十万大军前往解寿州之围。世宗收到了有关这支援军的情报，在3月中旬命赵匡胤领数千兵马至滁州，击溃了这支援军。赵匡胤迅速出动，令南唐军队毫无防备，刚一相遇就击溃了对方。后周军队紧紧跟随南唐军队，进至通往滁州门户的通道上。

---

① 《资治通鉴》卷二百九十二，第9534—9536页；《旧五代史》卷一百一十六，第1539—1540页。

② 《资治通鉴》卷二百九十二，第9536—9537页；《旧五代史》卷一百一十六，第1540—1541页。

其后赵匡胤通过当地向导发现了一条山道，入夜后利用山道把军队领向了不设防的城门。赵匡胤部袭入城中，把南唐军队赶出了这座他们已经战败过的城池。[①]

后周最初的这些胜利，迫使南唐君主致信世宗，请求他停止进攻。这封由"唐皇帝"致"大周皇帝"的信，没有得到世宗的任何回应。[②] 这一外交尝试不仅是想建立联系（这是此前从未出现过的），同时也是为了试探世宗。后周皇帝此前可以说是默默无闻的，至他攻入南唐时为止，也不过才登基两年多一点。由于世宗的意图之前不为人知，所以他突然之间采取大规模的军事行动是让人极为震惊的。迄今为止，世宗的军事行动包括抵抗北汉的攻势，接着是一次失败的反击式攻势，还成功地兼并了一小片后蜀领土，尽管不太引人注目。如此看来，他到目前为止的军事履历都还算不上是在威胁现状。

南唐君主可能认为，后周当前的力量展现是为了获得某种政治上或领土上的蝇头小利。世宗的目的要比南唐统治者想象的大得多，他的军事手段同样如此。他无视就领土让步谈判的可能性，比如割让寿州（那会让他以最少的付出去接近他的长远目标，也会大大改善他在未来战争中的处境）。这在一定程度上是他急躁、雄心勃勃的个性特点造成的，也是因为他低估了南唐的（特别是寿州的）军事潜能。因此，从世宗的角度看，他没有理由那么早就回应南唐的外交提议。

对寿州的围攻仍在迅速推进。3月29日，城壕一隅溃决，

---

① 《资治通鉴》卷二百九十二，第9538页。
② 《旧五代史》卷一百一十六，第1542页。

壕水流入淝水。4月初，南唐第二支求和使团到达后周地界，并带着礼物、金银、数百头牛、两千斛酒以犒赏后周军队。这次周世宗决定稍微招待这些使臣，在向他们展示后周将士的武威之后，世宗提出南唐君主应该乖顺地投降，否则他将挥师征服南唐。南唐使臣们因世宗展露无遗的野心而感到吃惊，陷入了沉默。这样一种对既定局势的彻底否定令人震惊，特别是在对谈判保持开放姿态的时候，此后再从这样一种姿态退让将是令人难堪的。世宗可能是想简单明了地吓退南唐，逼他们在后周显露其征服那样一个大国的能力之前就放弃抵抗。但这对世宗来说并不完全是一种恐吓，因为尽管当时的军事形势很脆弱，但世宗想完全通过战力征服南唐——除非对方主动投降。这群使臣完全没有想到会得到这种答复，带着世宗的话匆匆离开了。①

整个4月，后周继续攻占南唐的寨堡、县城和州城。后周在战场上的局势明显好转，且俘获了南唐派往辽朝求助的使节，于是南唐君主又向世宗派出了第三支求和使团，表示承认周世宗是天命所归，愿意做后周统治下的一方诸侯。使团还献上了更多的金银和丝绸。世宗收下了礼物，却并未改变自己的军事计划。不过，这次后周留下了一位南唐使臣，以保证外交沟通的渠道畅通。②

由两位相对高级的官员所领衔的第三次沟通，清楚地回应了世宗宏大的帝国诉求，并做出了正式的但有限的政治让步，以换取战事终结。尽管世宗没有立即对这次出价做出回应，他

---

① 《资治通鉴》卷二百九十二，第9539—9540页。
② 《资治通鉴》卷二百九十二，第9541页；卷二百九十三，第9545—9546页。

可能觉得目前为时尚早，但是他并没有忽略谈判解决的可能性。他预想中的解决方案，我们不得而知。既然已经得到了有限的政治让步，使南唐认可他是天命所在，那么世宗可能想到，他可以步步为营地逼迫南唐统治者不仅在政治上让步，而且在领土上让步，甚至是完全投降。

　　尽管寿州仍在抵抗，但是世宗认为开战四个月后的军事局面对自己非常有利。后周军队取得了绝大多数胜利，世宗盼望寿州迅速陷落，南唐统治者提出条款。但是他并不理解孙晟（一位南唐使节）在一次由军事和政治议题所构成的谈判中作为敌方代表的功能。当4月末世宗派遣孙晟前往劝降寿州守将刘仁赡时，他发现孙晟在后周营中并不是为了自己的利益行事。孙晟告诫刘仁赡，他不能投降。世宗听闻孙晟所作所为后怒不可言，但孙晟指出，作为南唐高级官员，他不可以让一位下级官员背弃南唐。[1] 面对这样完全合理且令人钦佩的耿耿忠心，世宗怒气全无，但这并不是说他在政治上有多敏锐。对世宗来说幸运的是，后周的军力足够威慑到南唐。

　　南唐君主又派第二次求和使团的使领之一李德明，带着一份新的条件再次前往后周，其中包含了领土让步。只要周世宗停止军事行动，那么南唐君主除了会放弃自己的皇帝称号，还准备割让淮南地区（包括寿、濠、泗、楚、光、海六州，全部位于淮河南岸）给后周，并每年输送金帛百万作为补偿。[2] 这样的条件非常慷慨，想必有很多臣僚劝世宗接受。不必付出更多代

---

① 《资治通鉴》卷二百九十三，第9547—9548页。
② 《资治通鉴》卷二百九十三，第9548页。

价，他就能占有寿州以及一大块他尚未控制的区域，同时也能把自己放到一个在日后征唐时更有利的位置上。事实上，这项条件值得接受，仅需顺利地解寿州之围。

但是世宗认为，他已取得淮南地区的半数土地，并且每日捷报频传，所以他想要的不仅是已在掌控之内的，还包括在他掌控之外的。不管怎么说，这就是他面对南唐使团时摆出的姿态。有些情况确实如他所想，但另一方面也有些虚张声势。世宗明白，他在寿州城下止步不前，而且远离都城。一个更加谨慎、更具全局战略观的人，就会接受那项条件，宣告胜利，班师凯旋，回到开封。世宗则选择豪赌一场，希望用措辞严重的最后通牒，为自己带来比军事形势所能保证的更多的回报。或是出于自信，或是完全为了恐吓，世宗劝说南唐使团回去，让南唐君主在条件中加上江北地区（即长江以北、淮南地区以南的各州）。后周军力的强大给李德明留下了深刻的印象。

经世宗允许，这群南唐新任使臣在后周使节的陪同下返回金陵，把要求彻底投降的最后通牒带给了南唐君主。后周使臣也带了很多个人信件给南唐的大臣及将领，劝他们个人投降。至于李德明，他向南唐国君描述了后周军队的强盛，劝他把江北之地也让给后周。另一位大臣不同意李德明的看法，他恰恰认为不该割让更多土地给后周。李德明最后又以军事态势来反驳，不过未能说服对方。但是这有充分的理由，因为随后的战事将会显示，后周军队并不是李德明所认为的那样所向披靡。他的立场也过于轻率，似乎已经疏远了南唐君主。当李德明遭到卖国求利的弹劾时，怒不可遏的南唐君主下令将其斩首。[1] 于是，世宗的豪赌就此输了。虽然异常焦虑，但是南唐还没有惧怕到情愿屈服于后周皇帝的要求。而且，南唐军队很快就赢得了几场胜利，坚定了朝廷的决心。

南唐的首场胜利击败的不是后周军队，而是南面与后周遥相呼应的吴越军队。一支匆匆组建的南唐军队歼灭了围攻常州的吴越军队，斩首过万人。这支胜利之师旋即北赴寿州，于5月14日驱逐了泰州城外的后周军队，随后又继续奔赴扬州，驻扎在城西的蜀冈，这片高地威胁到了后周军队的退路。戍守扬州的后周军不得不弃城而走。[2] 短期之内，后周军未经战斗就放弃了两座州城，反映出他们对这片区域薄弱的控制能力。如果有组织精良的后唐军队在附近，那将会比明确试图围城的敌军更令人担忧。集中在一处的敌军易于被击溃，但是一支仅仅发挥威慑作用的军队，却可能造成严重后果。比如，因为扬州在被攻占前已经遭到毁坏，所以占领军需要花费时间和精力去寻求补给。它也没有多少储备能够经受一次围城。

对世宗而言，南唐军的这些进展来得不是时候。正当他在外交上豪赌时，他也意识到自己必须尽快回到开封。在亲自指挥近三个月的寿州之围宣告失败后，他不得不这样做，现状已足够糟糕，不能再多出一个崩溃的军事局面。恢复表面上的声势忽然变得很重要，这能掩饰他本人的撤离。张永德被迅速指派前往扬州恢复局势，带领军队重入扬州，赵匡胤被派往位于扬州西北四十四英里外的六合，在那里切断南唐军队的交通路

---

① 《资治通鉴》卷二百九十三，第9548—9549页。
② 《资治通鉴》卷二百九十三，第9549—9550页；卷二百九十三，第9552页。

线。即便是重新占领了扬州，稳住了后周的阵脚，寿州之围仍毫无进展。滂沱大雨使得后周营地水深数英尺[1]，补给日渐匮乏，伤亡日益严重，世宗必然意识到自己已经输了这场赌局。[2] 死去的李德明当然无法再回到后周，世宗能从自己深陷的围城战中抽身而出的时间也在一点点耗尽。5 月中旬，即在他向南唐发出最后通牒之后不到三周，他宣布寿州几乎已经沦陷，然后离开了。但是，围城和战争仍在继续，似乎还需要一年之久。

如今战争的焦点在于对扬州城的控制。5 月末，后周取得了两场胜利，第一场是小胜，第二场则是决定性的。赵匡胤领兵两千，痛击了两万南唐精兵，或杀或俘五千人，其余散兵败卒则被驱赶至长江中。这场战斗消灭了南唐最后的精锐。南唐君主得知扬州再次陷落后，便命令邻近地区派兵争夺。后周军击败了两路万余人的南唐军队，牢牢地控制住了扬州。[3]

扬州之战日渐激烈时，世宗前往涡口视察新造的渡淮浮桥。不过相比于浮桥，他更关心扬州战事，臣僚们不得不劝止他前往参战。后周皇帝已经离开都城太久，世宗及其朝臣都清楚，他们的军事局势越来越脆弱。事实上，就在他 6 月中旬启程回开封前不久，一支后周军队在南台江战败，千余人或被俘或被斩。世宗于 7 月初回到开封时，正值战场上的形势急转直下，他着意稳固都城的政治形势。至少在战事初期，他的政治豪赌已经输了，他只能拖延时间，等待战局重新变得对自己有利。

---

① 1 英尺约合 0.3 米。——译者注
② 《资治通鉴》卷二百九十三，第 9552 页。
③ 《资治通鉴》卷二百九十三，第 9553—9554 页。

世宗依靠军事胜利来恢复自己的政治运数，这很像他在高平的经历。

7月末，局势开始扭转，变得对南唐军队有利。刘仁赡7月21日从寿州突围，进攻了城南的后周大营。他率部攻击了毫无防备的士卒，杀数百人，并焚毁其武器。[1] 这次突围促使南唐君主相信，他们可以对抗后周的攻势，他进而命令更多的军队进入这一地区。数日间，这些南唐军队就重新夺回了三座州城。地方百姓也开始抵抗后周军队。随着战事的拖延，后周军的存在让生活变得越来越艰难，平民百姓组织了"白甲军"——顾名思义，即穿纸为甲。这些军队时常能够击败后周军，对南唐成功收复失地起到了很大作用。[2] 虽然没有大规模的后周军被打败，但是这些民兵能够击退小股后周军，阻碍了后周对战略要地周边地区的控制。

南唐援军开始慢慢占领寿州以南地区，他们驻扎于紫金山，并与寿州城以烽火相呼应。在后周一方，向训奏请以广陵之军会合其他军队合力攻打寿州。[3] 这实际上否定了世宗一直以来的战略，不过持续恶化的局势显然要求这么做。世宗严重低估了南唐军队，把自己的军队铺得太开，他没有先攻占寿州再继续推进，这让整场战事陷入危险。后周放弃了扬州和滁州，那里的军队也被调往寿州。[4]

尽管许多南唐将领想要直接进攻围困寿州的后周军，但是

---

[1]《资治通鉴》卷二百九十三，第9555页。

[2]《资治通鉴》卷二百九十三，第9558页。

[3] 此处原文中的"并力"一词实际上是广陵军合力、协力的意思，作者的理解似乎有误。——译者注

[4]《资治通鉴》卷二百九十三，第9558页。

总指挥宋齐丘下令采取防守姿态，不许擅自出击。另一支由李景达率领的五万人的南唐军也来到濠州，以支援（至少在道义上）试图解寿州之围的友军。许多将领对采取守策感到不满，不过宋齐丘认为，要彻底击败后周军是不切实际的，所以主动出击太过冒险。事实上，后周几乎赢得了所有与南唐的战争，所以在此前提下，南唐取胜的可能性是很小的。一种渐进式的方法，即包围后周军队，将会迫使后周依赖自下蔡浮桥输送来的补给，给形势已经开始好转的后周军队带来巨大的后勤压力。在南唐军事形势不断好转、后周军围攻寿州失利的情况下，双方的外交接触也中止了。

9月15日，后周最高将领之一张永德驻屯下蔡镇，强调了浮桥的关键性，并加强了防务。一支增援寿州的南唐水军试图用火船焚毁浮桥，但是风向突变，南唐军只好败退。张永德随即将一条长达千余英尺的铁缆横在河上距浮桥五十英尺的位置，以防止南唐舰船靠近。11月末，他又在下蔡击败了另一支南唐水军。这次南唐军反攻浮桥，张永德命令善泳者入夜后潜入南唐舰船之下，用铁链将其锚定于水底。南唐船只进退不得，张永德命令所部奋力进击，斩杀了大量敌军，击沉了许多敌船。[1]

即便是在战事进行过程中，世宗掌控军队的努力也从未间断。11月30日，他任命赵匡胤暂代张永德为殿前都指挥使，而张永德先前接替的是李重进。赵匡胤利用这次晋升机会，也荐举了自己的幕僚赵普，不过赵普的晋升不在军事系统内。提拔

---

[1]《资治通鉴》卷二百九十三，第9559页。

赵匡胤可能让张永德和李重进之间的争斗趋于鼎沸状态，此二人统率了大部分后周军队（他们也分别是后周开国皇帝郭威的女婿和外甥）。张永德曾秘密向皇帝进言，李重进不忠，不过世宗并不信。李重进有一日只身单骑来到张永德的下蔡大营，与张当面化解彼此的分歧。李疏解了张心中的忧虑，这让大家感到放心。南唐皇帝耳闻二人不和，遂用蜡丸秘密致信李重进，许以厚利，劝他反攻后周。李重进将此事奏报朝廷，这给南唐使臣孙晟的命运带来了深刻影响。①

孙晟随世宗来到开封，世宗待他非常慷慨，时常在朝会后召见他，与他一同饮酒，问询南唐诸事。孙晟断言："唐主畏陛下神武，事陛下无二心。"②孙晟夹在南唐朝廷与世宗之间，处境极为艰难。如我们所见，孙晟同样敏锐地知道，当李德明回到南唐，在朝中称叹后周军力强盛时，等待他的就是弹劾和处死。李德明被明确指控为卖国求利，这正是世宗在致书南唐君主及高官时所积极鼓动的。③一位身在后周的使臣，自然而然地会被更强烈地怀疑是受到了后周的支配。使臣还会被怀疑是间谍，"身在曹营心在汉"——他们当然两者都是。已然出使的使臣效忠于谁，这一直是个问题。当李重进上呈南唐皇帝许他厚礼、要他背弃后周的蜡丸时，孙晟的处境变得十分危险。

孙晟带来的与世宗讨论的军事和政治筹码，都是为了限制谈判的范围，预先排除了要南唐放弃全部领土的那种可能性。在孙

---

① 《资治通鉴》卷二百九十三，第9560页。
② 《资治通鉴》卷二百九十三，第9561页。
③ 《资治通鉴》卷二百九十三，第9548—9549页。

晟所试图建立的这一框架下，可以讨论的议题只有淮南、江北地区的领土让渡，以及涉及政权间正式条款的政治让步。孙晟实际上是在说，既然我们都知道你方不能在军事上征服我方，那么你方就应该接受我方提供的有限的政治和领土让步。这一立场的危险在于，政治让步的价值要依据对南唐一方信誉度的明确估量。如果没有这种信誉度，那么让步就是没有价值的，因此也不能代替领土让步。南唐君主致李重进的密信破坏了他的信誉度，清楚地显示出，他并非真心实意地认可自己所提出的投降条件，同时他也会积极利用后周内部的分裂，从政治上破坏后周政权。世宗对后一点极为敏感，因为那直接剑指他的统治核心。

大怒的世宗召来孙晟，要求他为先前错误的描述做一番解释。孙晟从容地否认自己说错，只求一死。当被问到南唐军事实情时，他也默不作答。尽管孙晟本身没有错误，但他已被抛入一种艰难的处境中。世宗拘禁了孙晟，曹翰试着从他口中得到一些有用的信息，不过未能奏效。于是，孙晟及一百多名使团从属人员皆被处死。孙晟临刑前向着南方（其国君的方向）跪拜，并说："臣谨以死报国。"[1]

处决孙晟及其随从一事，集中反映着战争与政治的关系。变动的军事局势造成了变动的政治和外交局势。各方要角靠着战场上的瞬息万变，趋近于一种更加稳定的关系，试图通过基于目前胜败以及预期胜败的政治谈判，来获取或保持尽可能多的政治和军事权力。这些要角利用，同时也受制于文武官员们

---

[1]《资治通鉴》卷二百九十三，第9560—9561页。

不断变化的私人忠诚；这些文武官员同样也在计算着他们个人的及政治上的利益。褒贬某种行为的文化价值观，进一步使这种混合状态变得复杂化。在某些情况下，唯一好的选择就是完全效忠于统治者并受死。孙晟剩余的那些随从的态度则不甚明了，他们被从这件不受其掌控的事件中排除出去了。

南唐仍想从辽朝获得援助，但是辽朝不愿意在军事上或外交上介入。考虑到之前后周与辽发生过军事冲突，辽朝的克制值得注意。实际上我们会发现，在979年宋太宗对辽战争失败之前，辽朝几乎没有大规模攻打过后周或北宋。辽朝的无所作为强有力地证明，其国策无意于阻止一个庞大的、稳定的中原王朝出现在它的南边。鉴于957年后周局势异常动荡，南唐与辽也有长期的封贡关系，后周与辽还曾数次交战，辽朝有充分的理由，且能轻而易举地在北面挫败世宗，并宣示自己的武威。辽穆宗一朝的无为之策，从很多角度来看都是短视的；因为世宗将会在959年攻辽，北宋也会给辽朝带来超过二十年（从979年至1005年）的困扰。不过，辽朝在947年被迫退出华北后，一直争取并维护着与南边邻国的和平外交关系，这种一致性是其军事与外交政策的基本内容。

虽然李重进上呈南唐密信展现出了自己的忠顺，但还是眼见自己的对手张永德被擢升为新设立的声威显赫的殿前都点检。[1]这并未从根本上改变后周军队统率权的分配情况，张永德仍掌管殿前军，李重进仍掌管侍卫亲军，不过张永德的级别却在李

---

[1]《资治通鉴》卷二百九十三，第9561页。

重进之上。李重进在侍卫亲军中的副手们也都是世宗的亲信，这削弱了他对中央军队的控制权，使他无法直接统率军队。即便世宗仍对他有一些信任，但他无疑正在被慢慢地夺去权力。一项对王朝稳固关系更加重大的议题，促使宰相们不断地请求世宗立皇子为王，不过皇帝并未同意。中国皇帝几乎都本能地反对确定继承人，这一举措会在朝中树立另一个效忠对象。但是，与南唐迁延日久的战事及世宗强化政府和军事控制的不懈努力，使得宰相们的请求显得尤为不合时宜。而且，当皇帝在外征战时，宰相们担心的可能是王朝的稳定性，但皇帝理所当然担心的却是继承人确立的情况下自身皇位的稳定性。正式确立继承人，会使得人们围绕着新的潜在权力中心争权夺势。这将会给身处战场、无法参与这种争夺但又渴求权力的将领们造成极大的恐慌。如此敏感的权力环境中的任何一个政治举动，都可能会动摇微妙的平衡关系。

当然，最大的政治因素仍是寿州之围，城中的粮草在十一个月后终于消耗殆尽。李景达受命增援解围，他于957年2月3日率领数万大军从濠州逆流而上，直赴寿州。南唐大军在紫金山安营扎寨，并开始修建一条通往寿州的通道，以便打破包围，恢复供给。当通道即将修至寿州时，李重进发起了正面进攻，重挫了南唐军队。李重进部斩杀了五千敌军，并夺下两寨。刘仁赡请求任命边镐负责守城，自己则亲自领兵决战，但是李景达不赞成，刘仁赡在愤怒和忧愁中病倒。①

---

① 《资治通鉴》卷二百九十三，第9563页。

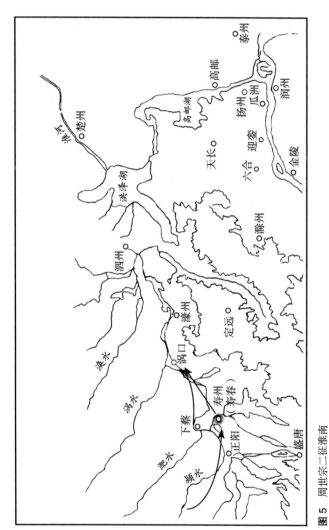

图 5 周世宗二征淮南

世宗返回

差不多在那时，世宗做了一次政策检讨。大多数谋臣都觉得南唐援军仍很强大，建议世宗停止战事。3月初，世宗仍无法做决定，于是派遣几位朝臣去征询在家养病的李谷的看法。让世宗大为高兴的是，李谷认为寿州很快就将陷落，并建议世宗亲赴战场鼓舞士气，以加快寿州的陷落。[①] 这非常像高平之战前的论辩，政治威信不足的世宗需要一位朝臣的提议为掩护，去做他想要做的事。这一次，他的政治处境因为毫无结果的战事受到了损害，他的军事判断力也遭到了严重的质疑。同样与高平之战前很相似的是，至少有一位官员愿意提出那种虽然得到世宗支持，但也可能导致惨败的建议。

3月21日，世宗离开都城再赴战场，并带着一支有数百艘战舰的水军。战事初起时，后周没有任何水军。战事的进展让世宗认识到，如果想攻下寿州，就需要补齐这块短板。他命令南唐降卒教后周军水战，同时在都城以西的汴水上建造战舰。南唐将领见到后周水军时，都大为震惊。[②]

世宗于4月初抵达寿州。4月5日黎明，他穿上甲胄，领兵至紫金山南，命令赵匡胤至山北（更接近寿州城）进攻南唐营寨。赵匡胤夺下营寨，或俘或杀三千余人。更重要的是，他还切断了通往寿州的通道，终结了南唐直接增援解围的尝试。世宗派出守军阻隔南唐其他各营，以围住南唐军队，他准备摧毁

---

① 《资治通鉴》卷二百九十三，第9563页。
② 《资治通鉴》卷二百九十三，第9564页。

整个紫金山营寨。一位南唐将领意识到一场大战即将到来,于是在 6 日夜举寨并万余人投降。次日,世宗占领了淮河北岸的一处要地,在南岸也部署了一支队伍,并让水军严阵以待。如此,他已完全准备好追击并歼灭他此次进攻想要驱逐的南唐军队。后周军攻下了所有南唐营寨,或杀或降万余人,还有许多南唐将领。南唐残军混乱不堪地沿着淮河往东撤退,遭到了世宗预先部署之军的突袭,并被追击了七十英里。在这次追击中,有接近四万南唐军士兵被杀、溺亡或被俘,有超过十万数的粮谷及大量战船被后周军夺取。次日,刘仁赡得到了援军溃败的消息,不禁扼腕叹息。[①]

寿州之围的最后一举发生在数日之后,紧接在世宗将浮桥移于镇淮军两城之间后。一支南唐水军前来攻击浮桥,遭到了伏击,解围的最后尝试遂告失败。李景达没有指挥余部撤退,而是径直逃回金陵。4 月 15 日,世宗下诏于刘仁赡,令其投降。19 日,后周军集结于寿州城北,等待刘仁赡的答复。刘仁赡那时已经病入膏肓,不能识人。21 日,他的部将替他拟写一封降表,献给后周。两天后,寿州正式投降,尽管刘仁赡本人已经病重,不能参与其事。世宗因刘仁赡英勇守城——从 956 年 1 月 25 日至 957 年 4 月 23 日共计十五个月——而对其大加赏赉。[②]寿州之围结束了,世宗于 5 月 14 日回到了开封。近一个月后的 6 月 11 日,南唐将领郭廷谓成功地截断了涡口的浮桥,但是寿

① 《资治通鉴》卷二百九十三,第 9565—9566 页。
② 《资治通鉴》卷二百九十三,第 9566—9567 页;《旧五代史》卷一百一十七,第 1556—1557 页。

州仍在后周掌控之中，河上的后周水军仍然发挥着作用。自此，这座浮桥失去了它曾有过的战略目标意义。

后周在淮南的立足点如今已经稳固，但是军队却筋疲力尽，急需休整。世宗转而致力于整编数千后蜀降卒和数万南唐降卒疏浚汴水，编纂新法典。他也采纳了官员们提出的一系列方法，去减少盗匪，发展农耕，普遍改善臣民的生活。我们很难去估算这些行政变化真正的影响范围与效果，这就使我们避免将其视为世宗凭借军事成功把统治权力伸向整个帝国的象征。我们能说的只是，不管这些举措效果如何，它们都是有自觉意识的皇威展示，预示着世宗不仅仅想做一位征服者。开展民政事务和军事重整六个月后，世宗又准备重返战场。

世宗第三次回到战场

11 月 13 日，世宗再度离开都城，进入战场。他的首要目标是濠州，到 11 月末，李重进已经攻破南城门，不过敌军仍坚持防卫。12 月初，世宗令水军攻击停泊在城北河边木栅栏内的数百艘南唐战船。后周水军拔去栅栏，焚毁了七十余艘战船，斩首两千余人。12 月 7 日，濠州守将致书世宗称："臣家在江南，今若遽降，恐为唐所种族，请先遣使诣金陵禀命，然后出降。"世宗同意了，或许他现在体会到了协议投降的价值。在等待金陵回复的过程中，后周水军在洞口击溃了一支有数百艘战船的南唐水军，斩杀五千余人，俘获两千余人。

由于濠州战事暂时搁置，世宗又赶往濠州下游六十英里外的泗州。赵匡胤首先攻打城南，焚毁城门，攻破水寨和月城（即

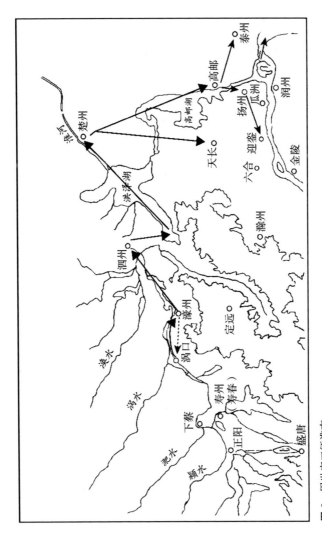

图 6 周世宗三征淮南

瓮城）。世宗于是登上月城城楼，以便督视大军攻城。十日后，守将举城投降。后周马军从洞口驱赶另一支有数百艘战舰的南唐水军，使其退守清河口。泗州靠近汴水入淮之处，占据泗州使世宗获得了淮河战线上的第二个重要据点。[1] 他于是下令从河上扫除南唐军。世宗亲自领兵从淮北向东推进，赵匡胤在淮南与其呼应，水军则自河中追击。后周军顺流奔赴楚州，于1月1日到达楚州西北，一路上彻底横扫了沿河的南唐军。他们夺取、烧毁、击沉了超过三百艘战船，斩杀或溺毙七千多人。南唐水军完全从淮河上消失了。

南唐朝廷让濠州守将不要指望援军，于是濠州投降了，后周得士卒万人、粮食数万斛。[2] 濠州兵力强盛，粮草充足，守将本可以像寿州的刘仁赡那样坚决抵抗，但是淮河沿线的局势自寿州陷落后已经彻底改变了。刘仁赡能够通过抵制世宗在淮河南岸建立稳固的立足点，来危及整个后周的攻势，而濠州的坚决抵抗则是没有什么战略价值的小烦恼，因为此时后周已经控制了周边大部分地区，并把南唐水军完全赶出淮河。同时我们也可以清楚地看到，南唐并无通过军事或外交手段解决眼前困局的打算。一旦南唐君主给世宗一个理由，要抛弃身在后周的外交使团，那么所有的外交往来都将终止。麻木无能的南唐如今消极地等待着战场上的军事结果。

世宗继续一点点地摧毁着南唐的防卫力量，并于1月2日渡过淮河，在楚州西北扎营。8日攻城，几乎一下子就攻克了月

---

① 《旧五代史》卷一百一十七，第1563页。
② 《资治通鉴》卷二百九十三，第9573—9575页。

城。不久，南唐撤离并焚毁了扬州城，后周则占领了海州。楚州于 2 月 16 日陷落，城中守军战至矢刃皆尽，千余人均服毒自尽，没有一人投降。他们的顽强抵抗令人钦佩，但是完全于事无补。世宗一面围攻楚州，一面又派出战船从淮河进入长江，一旦他完成这一步骤，那将会完全逼退南唐的长江防线，并威慑其都城金陵。但是由淮入江无陆路可通，唯一有条件连接这两条大河的水路是楚州西北的鹳河。对鹳河的初步勘察令人沮丧，因为其地势并不利于延伸河道连通淮河与长江。只有投入大量的时间和劳力，这项工程才能完成。世宗亲临察看，制订计划，从周边各州征集夫役，在十日之内就完成了河道工程。数百艘后周战船得以驶入长江。[1] 虽然这项惊人的壮举震动了南唐，但世宗并不打算在军事上利用这次机会，因为他的水军力量有限，且队伍拉得过长致使力量薄弱。不过这种可能性本身，以及接下来后周在江淮之间的不断胜利，使南唐君主不得不提出求和。

南唐君主提出将长江作为新的边界。世宗同意了，并赐书称南唐统治者为"江南国主"。4 月 8 日，南唐君主正式割让十四州给世宗，承诺每年输送十万金帛给后周，并接受了"唐国主"的称号。[2] 这些地区尚不足南唐领土的一半。

面对士气低落的南唐军，世宗愿意接受对方提出的解决方

---

[1] 《资治通鉴》卷二百九十三，第 9575—9576 页；卷二百九十四，第 9577—9578 页。《旧五代史》卷一百一十八，第 1567 页。

[2] 《资治通鉴》卷二百九十四，第 9580—9581 页；《旧五代史》卷一百一十八，第 1569—1570 页。

案，而不是进一步谈判，这显示出他对军事和政治的理解已经相当深入了。虽然后周取得了一连串胜利，并且在寿州陷落后休整了半年，但世宗知道自己的地位和军队没有他希望的那样强大。他用武力征服的那些州县，也不太可能产出很多财富来填满他日渐空虚的国库。最好的情况就是，他能够征调劳力和粮食到达战场支持军队。最坏则是，那些他尚未征服的地区会为了南唐而继续积极抵抗。世宗如今明白了，政治解决对他是有利的，最终能够让他从自己的努力中获益，包括财政上、军事上和政治上的利益。如今他也有机会真正将中央统治权加于新获得的领土，而从前他原有国土上的军阀们阻止他这么做。事实很有可能是，恰恰是这种发展，即开封中央政府实际掌控了中国最富庶的地区，使得军事和政治均势决定性地朝着北方地区倾斜。后周获得了只有一位新晋征服者才能拥有的那种控制权，使其能够不管不顾或直接颠覆既有的那种反对中央而不是服从中央的权力团块结构。世宗不知不觉中解决了一个长期困扰着十世纪上半叶所有王朝的问题——如何保证中央权力强于地方，从而真正统一帝国。

世宗也更深地体会到了水上运输和强大水军的价值。4月19日，他在长江上派兵巡察，又疏浚汴口，打通了一条由黄入淮的河道。加上先前连通淮河与长江的工程，如今这三条大河都连在了一起，就像唐朝时一样。这样一个广阔的交通网络的军事和经济效益非常明显，且相互交织。如果世宗在开战之前就能够理解，河流是障碍还是通途取决于有没有水军，那么他就会提早重视创建一支水军。很明显，这次压制南唐，以及在将来的战事中与之对抗，都离不开水上作战。将这些措施一一布置妥当后，世宗于 4 月 25 日返回开封。

5 月 12 日世宗到达开封后，就派张永德领兵到北边加强防务。[①] 据称，这是由于辽朝趁世宗南征之机攻入后周。乍看之下，这相当奇怪，因为没有任何文献记载辽军在后周征唐期间以任何方式进入后周境内。虽然说可能会有一些规模甚小的越境之举没有留下记载，不过这更像是为准备攻辽而找到的一个借口。5 月 31 日，即在世宗派遣张永德到北边后不久，后周就攻下了辽朝境内的束城。

接下来的几个月，世宗不仅继续解决征唐战事尚未了结的问题，还开始向北边施加压力，而且通过推动国内改革，来深植自己日渐提高的帝王形象。他已经花了很多心思去奖赏那些屡建战功的将领，选派其中很多人去治理新占领的州城，不过为今之计是把帝国统合到一套行政命令之下。7 月末，世宗颁布了一部新法典，继而开展了一次新的土地勘查。12 月，一批官员被派往巡视黄河以南各州，均平田租，淮南地区的民兵奉命解散，恢复农耕。这些宣示帝国控制的努力很困难，任务很艰巨，故而搜集任何信息都很耗时，直到 959 年 3 月 23 日，开封府的奏报才上呈朝廷。恢复田租的唯一土地数据都直接来自都城附近（即开封府），这不可能是人为伪造的。勘查之后，四万二千顷（1 顷约合 15.1 英亩[②]）"羡田"被加到了原先十万二千顷的土地数目中。皇帝又敕令，从中减去三万八千顷

① 《旧五代史》卷一百一十八，第 1572 页。
② 1 英亩约合 6.07 亩。——译者注

土地的租税。各州巡行官员返回开封后，又施行了类似的免税政策，不过没有留下任何数据。[1] 而更值得注意的是，这些官员仅被派往黄河以南的六十个州，即那些帝国军队刚刚到达或仍然驻留的地区。淮南战事需要从开封往南运送大量军队，这无疑有助于世宗在这些地区宣示帝国的控制权。这可能也影响了世宗对下一个目标的选择。

我们似乎可以预见到，世宗的下一个目标会是后蜀。他的第一步是利用已经归降的荆南君主高保融，通过外交途径获得政治让步，不过失败了。11 月 15 日，他正式决定攻蜀。同时，高保融再次致书后蜀君主，劝其向后周称臣。这次，蜀主会集了文武群臣共同商讨。文官们的主要疑问在于，武将们是否认为自己能够抵挡住后周的攻势。武将们纷纷表示他们可以，蜀主于是决定抵制后周的外交提议，并于 12 月 3 日致书传达此意。[2] 高保融知悉后周军队计划攻蜀后，请求让后周水军通过他辖内的三峡进军。后周水军出现于长江，以及通过高保融的荆南施加政治影响，这些从北面和东面揭示了后周攻蜀的可能性。

有人献计于后周征蜀大将李玉，称金州南面一百英里外的归安镇易于攻克。12 月末，李玉率领小股军队进入蜀境，次年 1 月被蜀军俘获并斩首，全军覆没。李玉的失败之举，以及全面的外交紧张，使蜀军进入了全面备战状态。后蜀召集了六万士卒，将其分屯于各路要隘。然而后周的攻势永远不会到来，最终还要留待宋朝。959 年的前几个月里，唯一的重大事件就是南

---

[1] 《资治通鉴》卷二百九十四，第9595页；《旧五代史》卷一百一十八，第1574页。
[2] 《资治通鉴》卷二百九十四，第9587页。

唐君主决定退入深宫。统治的压力对他来说实在是太大了。

3月，世宗似乎改变了攻蜀的想法，开始把主要精力放在进一步整修水运系统上。他下令疏浚汴水，导入陈州、颍州的漕河以连接陈、颍二州，又下令疏浚五丈渠，向东导入曹州、济州、梁山泊。[①] 他非常关注水运问题，同时又突然发动了一场对辽朝的战争。

燕云十六州之战（959年4月29日至7月27日）

在回顾这场战事之前，我们必须思考，为什么世宗要攻打燕云十六州而不是后蜀。尽管历史文献并没有告诉我们什么特别的理由，但有四个可能的原因。第一，后蜀军队已经有所警戒，此时进攻将会更加困难。第二，淮南大荒急需救济，使得从长江水路进攻更加困难。第三，攻辽是意外之举，世宗可能想要获得战略上的意外效果。第四，世宗想利用北征之机，向具有很大独立性的北部地区宣示他强大的控制权。但是，由于没有更深层的证据，我们无从知晓世宗为何会做出这个决定。

4月末，世宗宣布他将前往北边，命一路军队捍卫西山路，以防北汉由此向辽朝求援，又命韩通率一支水军清理道路，准备从水路进入辽境。韩通修复了受损的堤坝，开通了三十六个游口，使水路连通瀛州、莫州。5月26日，世宗到达边境，立即带领马步军数万人从沧州进入辽境。次日，辽朝的宁州举城投降。6月1日，世宗登船，先沿河向北数十里到独流口，又

_____

① 《资治通鉴》卷二百九十四，第9594—9595页；《旧五代史》卷一百一十九，第1580页。

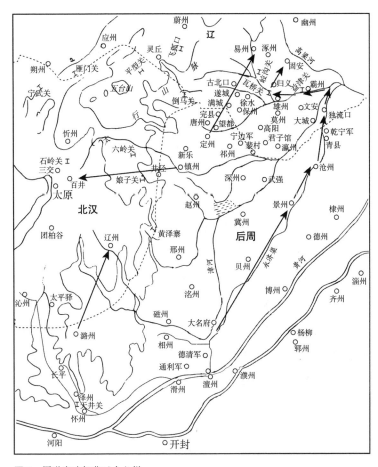

图7 周世宗攻打燕云十六州

往西到益津关，辽将又献城投降。由此向西，水路无法航行，于是世宗又上岸而行。6月7日，瓦桥关守将向后周先遣军队献城投降，次日莫州投降，9日瀛州投降。如此，后周完全征服了关南地区，包括三州十七县、一万八千三百六十户。①

次日，世宗大宴诸将，并起意攻取幽州，乃至十六州余下各州。令世宗不悦的是，诸将纷纷反对继续进军，他们认为世宗已经离京四十二天，且兵不血刃，辽军都聚集在幽州以北，后周军不宜深入。②从几个方面来看，这是一次奇怪的战争讨论，不仅是因为世宗在出征前没有与将领们谋划清楚，而且因为世宗完全不顾诸将的反对继续进军。世宗又一次——同时也是最后一次——不愿轻易获利就罢手，他想要争取更大的回报。他兵不血刃就拿下了关南地区，这实在是不世之功。他通过奇袭横扫辽军，在战略和战术上都实现了惊人的效果。虽然他摆出了征询诸将意见的姿态，但他早就决心继续前进。所以，这次大宴是为了获得诸将的支持，让他们公开提议继续进军幽州。不过，诸将反而提出了一些军事上堪忧的重要议题，让世宗大失所望。

世宗登上瓦桥附近的高山，俯视大军，并询问此处地名。当地人答复此地名为"病龙台"，是个不祥的预兆。世宗又察看了安阳水，命令建桥，当夜回到瓦桥后，他感到身体抱恙。后周军继续攻城略地，辽军开始调动兵马，但是世宗的病情持续

---

① 《资治通鉴》卷二百九十四，第9595—9597页；《旧五代史》卷一百一十九，第1580—1581页。
② 《资治通鉴》卷二百九十四，第9597页；《旧五代史》卷一百一十九，第1581页。

恶化，不得不于 6 月 16 日从瓦桥关回京。[1] 辽朝听说世宗南归后也就罢兵了。

世宗及其身边的臣僚必定都很清楚，他已病重难返，因为他慌乱地安排了一些晋升和赐封，以使大多数权臣效忠后周，巩固王朝实力。对他而言，相比于北边持续的战事，在死前找到可保王朝稳固长久的办法更加紧急。7 月 10 日一位公主的死，加重了这种厄运降临之感，尽管当天有捷报称后周攻克了北汉的十三个堡寨。世宗首先立魏王符彦卿之女符氏为皇后，立其长子宗训为梁王。从这两步中就可清楚地看到后周内部政治的微妙之处，以及对个人忠诚还是对王朝忠诚的问题。此前世宗不仅拒绝立太子以明确继承关系，而且也没有立皇后。即便是病重之际，他也没有正式指认他的皇子为法定继承人。但是他不得不做点什么，去打造一种对王朝的拥护，而不仅是对他个人的拥护，也就是说不能仅仅形成一批为了强烈的私人利益而维持后周政权的权势人物。

世宗给两位参知枢密院事范质、王溥及枢密使魏仁浦加了很多官衔，不过他们在维持后周政权上都没有发挥特别的作用。他们没有兵权，所以显得软弱无力。在武人方面，世宗擢升韩通为侍卫亲军副都指挥使，解除了张永德的殿前都点检职务，而代之以一系列行政官衔。张永德被解除军权，据称是因为一块两三英尺长的木板，上面刻着"点检做天子"五个字。赵匡胤代替了他的位置，让这个预言终于成真。爱德蒙·沃西对这个典

---

[1] 《资治通鉴》卷二百九十四，第9598页；《旧五代史》卷一百一十九，第1581页。

故多少有些怀疑，但同样没有找到对赵匡胤为何能"突然"取代张永德的其他解释。这种观点不幸地把张永德的职务变动，抽离出了其他人职务升转的大背景。让我们把那块易于制造的木板丢到一边，调开张永德、代之以赵匡胤肯定有其非常充分的理由。自高平之战开始，世宗就一直试图削弱李重进的权势，并通过提拔文武亲信来增强自身的权势。世宗曾用张永德来制衡李重进，而张永德在地位凌驾于李重进后，则有可能控制整个政府，因此世宗用他最信任的赵匡胤代替了张永德。同时，世宗又把另一名亲信韩通提拔为侍卫亲军副都指挥使，仅次于李重进。侍卫亲军的上层还有多位世宗的亲信，这有效地把李重进与他名义上统率的军队分隔开来。同时，张永德的行政地位在李之上，也能避免李重进掌控朝政。世宗擢升张永德，即便不能说是迷信和不幸的，但也不是解决奇怪的政治支柱问题的理性做法，而是他长期孤立李重进的最后一举。在这方面，他可以说是非常成功的，只不过受益者不是他的儿子。

959年7月27日，世宗离世，尚未满四十岁，留下一名幼子继承皇位。这样的机会并不是所有野心勃勃的将领都会放弃的。这不是一个是否问题，而是何人以及何时会攫取权力的问题。或许更重要的一个问题是，会由某些个人成功取代整个后周政权，还是由各个相互竞争的派别共同瓜分它。世宗留下的是一个急剧扩张并仍准备继续扩张的强盛帝国。他把疆域范围扩大了一倍，也积累了大量财富。如果他的死没有导致所有将领都赶回都城，那么他夺取燕云十六州的目标能否成功实现则尚不确定。最后的几项举措一开始都很好，只是在辽军动员起来后才遭遇失败。不管怎么说，关南地区一直在后周的掌控之中，后来为北宋继承，直到 1127 年为止。

后周的最后一幕：恭帝的小朝廷

世宗之子恭帝继承皇位时只有六岁。所以我们可以断定，他当时在以自己名义做出的诸多行政决策中没有任何影响。实际由谁做出决断我们不得而知，不过他们似乎都清楚，并继续推行着世宗的政治规划。恭帝继位后的一轮官员晋升，与世宗临终前的完全一致。除了李重进和韩通，军中统帅都是由一批曾效忠于世宗的人担任。在恭帝时期，李重进转任淮南节度使，此后去了扬州，韩通则成了侍卫亲军的最高将领。事实上，可能正是李重进去往扬州，为赵匡胤发动政变、推翻幼君创造了必要条件。

职位升迁并没有改变他们在军事统帅结构中的相对地位。李重进和韩通如从前一般，在这轮升迁后仍被孤立。二人似乎都没有意识到自己所处的窘境，也未曾试图与统治群体和解。李重进在扬州也许想过，要利用时机建立一个独立的权力根基，以取代他在中央军事结构中失去的权力。但是，鉴于他在北宋代周后的拙劣构想和反应，似乎命运沉浮已经让他狼狈不堪。周世宗让他的亲信们牢牢控制着后周的军事权力。他死后，他的亲信们依然维持着这种控制。

第五章　军队与宋朝的建立

尔谓天子为容易耶？

——宋太祖[1]

陈桥驿黄袍加身

960年1月30月，镇、定二州传来消息称辽军入寇，北汉军队自土门向东，与其会合。赵匡胤奉命领兵抵御来敌，次日慕容延钊带领前军率先出发。2月2日，赵匡胤也出兵了，都城中人心惶惶，布满了政变将至的流言。[2] 不管都中官员们对这种可能性有何暗示或猜疑，他们都无法阻止事情发生。军权都掌握在政变者手中，李重进身在遥远的扬州，除了韩通，无人能够立即起事回应。韩通不顾赵匡胤早先对他的警告，试图组织

<hr>

[1]《续长编》卷一，第30页；《宋史》卷三，第49页；司马光：《涑水记闻》卷一，第5—6页。
[2]《旧五代史》卷一百二，第1596—1597页；《续长编》卷一，第1页；《宋史》卷一，第3页。

兵力捍卫后周政权，他的死成为政变初期唯一的流血事件。

所有的历史文献都把这场政变描绘成由后周将领自发组织的，他们的主要期望是拥立一位老成持重、能体会他们卫国功劳的统治者。赵匡胤因此被推为皇帝，他起初坚决推辞，在部将们答允保证幼帝及太后安全、绝不劫掠都城后才选择接受。然而，政变显然是一次经过精心策划和认真执行的行动，没有包括赵匡胤（他自始至终积极参与）在内的所有高层军官的参与，政变就不可能顺利实现。从最基本的层面看，黄袍早已备好，要披到"受惊"的赵匡胤身上，这一事实明确提示了事件是经过预先准备的。

郭威则与之不同，至少从司马光的记述来看是如此。950年郭威取代后汉，是由官员和将士们忽然决定拥戴的，他们当时只得将一面黄旗裹到郭威身上。[1]欧阳修的《新五代史》和薛居正的《旧五代史》都没有提到黄旗。[2]司马光凸显了后周和宋朝之间明显的相似性，都是由一位高级军官在出征途中转过身来夺取政权。宋朝建国显然是一场精心谋划过的政变，甚至连这场政治戏剧所要用的合适的服装都早已备好。

后周代汉就发生在十年前，北宋代周很可能正是以这一众所周知的故事为蓝本的。关于司马光为何要如此明显地呈现两件事的相似之处，我仅提出两点并不周全的推测。其一，他这么做可能是为了表示，相比于宋，后周是个反面教材。两朝以同样的方式建立，宋稳固而长久，后周则相反。其二，他可能

---

① 《资治通鉴》卷二百八十九，第9447页。
② 《新五代史》卷十，第106页；《旧五代史》第103卷，第1376页。

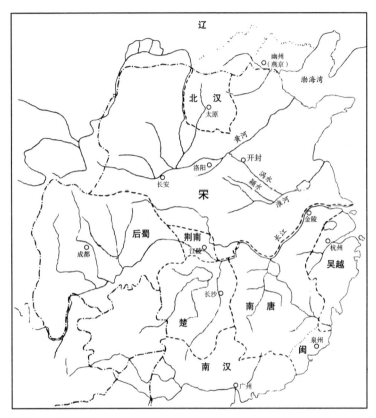

图8　960年形势图

是想表达，两次建国之举同样是预谋反叛，只不过宋的版本比后周要更精密细致。欧阳修只是简单地写道，郭威"反"汉，一如郭威简洁的行事。但如果郭威是"反"，那么赵匡胤就也是。当然，司马光和欧阳修（就此而言，薛居正亦同）都避免直接触及这种对宋朝开国者的定性描述，他们写到宋朝建立之时就戛然而止了。

赵匡胤——或许现在称之为宋太祖更合适——登基后不久，辽和北汉军队未遇宋军就全数退去。[1] 因为《辽史》中并未记载当时有此军事行动，而且突袭通常不会发生在冬季，于是我们似乎可以断定，先前的那条军报是为了政变而特意伪造的。韩通是对政变取得成功的最大直接威胁，当时被截杀于前往聚众抵抗的路上。李重进远在扬州，韩通已死，太祖及其同谋者（世宗原来的核心亲信）于是完全控制了都中兵马。这个集团由世宗组建，因为高平之战中的表现得到提拔，又因为是世宗统治的柱石而不断晋升。宋朝的建立，因而也就公开承认了这个集团对政府的主导权力。它在短期内就能成功，不仅是因为集团成员们的权位，也是因为集团的凝聚力和规模。成员间彼此忠诚的私人纽带连接了军政结构的制度缺陷，并为新王朝打造了稳定的窗口。

不过，虽然新建立的宋朝控制了京畿地区的军队（至少在名义上），但地方上的一些权力竞争者正跃跃欲试，想通过武力颠覆新的政治局势。最著名的政治失意者要数李重进，宋代统治集团在构建之初就排挤并挫败了他。世宗处理得很好，不过宋

---

① 《续长编》卷一，第8页。

太祖仍愿意用一种非暴力的方式，去解决李重进在新朝中的地位问题。李重进离任淮南节度使，而韩令坤接任马步军都指挥使，石守信则代替已故的韩通任副都指挥使。最初让李重进留在扬州的风险是微乎其微的，无非是他那里可能成为后周忠臣们的一个合法聚集地，但是留任他的益处却非常大。第一，只要他继续任职，就可以被撤职。第二，宋朝建国没有清洗像李重进这样被认为与宋朝建国者们相龃龉的人，这一事实会让那些忧虑自己前途命运的实权派们感到放心。第三，对中央政府来说，变故越少也就意味着动乱越少。

　　太祖用恰当的礼仪，为韩通办了一场隆重的葬礼，并尽力抚平宋朝代周带来的变动。事实上，军队和政府高层出现了一些非常细微而紧急的人员调整。除石守信在侍卫亲军系统内晋升外，韩令坤仍为马步军都虞候，张光翰任马军都指挥使，赵彦徽任步军都指挥使。殿前军方面，高怀德任殿前副都点检，张令铎任马步军都虞候，王审琦任殿前都指挥使。太祖原先担任的殿前都点检一职，由慕容延钊接任。[①]

侍卫亲军

都指挥使（李重进）	
副都指挥使（石守信）	
都虞候（韩令坤）	
马军都指挥使（张光翰）	步军都指挥使（赵彦徽）

[①]　所有官名的翻译均依据贺凯：*A Dictionary of Official Titles in Imperial China*。

殿前军

都点检（慕容延钊）
副都点检（高怀德）
都指挥使（王审琦）
马步军都虞候（张令铎）

从人物或者说人事角度看，宋朝建国是统治集团内部的一次更替，而不是一个集团代替另一个集团。比如周太后的父亲符彦卿，就几乎不受政变影响，因为他的另一个女儿嫁的是太祖之弟赵匡义。从官职层面上，也几乎察觉不到有何政治变动。有一些文官被提拔到朝堂上，不过他们也并没有取代宰相王溥、范质等原任官员。

新王朝中最重要的文官是赵普，他是太祖最亲近的谋臣，可能也是新王朝中仅次于太祖本人的实权人物。唯一能在权势上与之接近持平的是赵匡义，他们二人的权力斗争将是太祖朝最为重要的潜流。不过此时，他们在建立和巩固宋朝上的共同利益，要远远比他们个人的争权夺势更重要。然而在军事指挥上，李重进的持续存在是制度与实际权力分裂的唯一表现，在行政上，这种不协调更为严重。皇帝通过私人纽带赋予实际权力，正式的制度安排需要时间进行调整，才能真正反映这种关系。960年的所有制度安排当然只是临时性的，不过它们有助于深化一种印象——新王朝并没有什么变化。

虽然李重进是最有可能反对宋朝的，但他却不是唯一有可能给新政权制造麻烦的人。另外三位后周忠臣李筠、郭崇和袁彦，也都准备挽回后周的倾覆。这三人似乎都是真正的忠臣，他们并非后周皇室成员，却出于忠诚而付诸行动。作为后周皇室成员的李重进，在政变中私人利益也遭受了损失，所以他试图颠覆宋朝的任何举动都少了些忠心的意味，而带有更多为自己雪恨的目的。李筠最先起事，也最先被镇压，这使得郭崇和袁彦按兵未动。李重进也企图发难，不过也被迅速扑灭了。

太祖集团能够成功的关键在于，他们能够团结而对手不能团结。后周忠臣们未能整合他们的力量，汇成一次大规模的行动，致使他们被逐个击破。他们不能团结并非偶然，而是周世宗的政策造成的结果。世宗分解并削弱了不受他直接管辖的其他权力集团。这项孤立政策尤其以李重进为目标，以防他能够集结足够的军力发动一场政变。这项政策效果良好。其他的后周忠臣同样被彼此分离，也无条件组织某种关系网络，发展出威胁王朝的力量。

李重进试图与李筠一同起兵，但不幸的是，他派去联系李筠的人是翟守珣。翟守珣密报太祖，并透露了整个计划。太祖让翟守珣返回李重进身边，并要他劝说李重进推延起事日期。[①]翟守珣显然做到了，这使太祖得以在转到南边对付李重进之前先平定了北边的李筠。不过，这次失败的联合行动也有李重进自身的原因。首先，他过于谨慎，没有在李筠起兵时立即响应；其次，在李筠兵败后，他又鲁莽地下令进军。袁彦和郭崇都在

---

① 《续长编》卷一，第24页。

李筠兵败后明智地放弃了自己的反宋想法。太祖集团迅速果断的行动有效地起到了威慑作用，而对承认宋朝即能保持现有权位的默示也给到了甜头，这让像袁彦、郭崇那样最愤怒、最忠诚的人都选择了接受新政权。

李筠之乱（960 年 5 月 10 日至 7 月 15 日）[①]

960 年 5 月 10 日，宋太祖遣使向昭义节度使李筠通报了恭帝禅位的谕旨。李筠勉强接待了使臣，但他对宋朝代周的不悦却显而易见。尽管后来李筠向宋廷上呈了北汉君主给他的密信以示忠心，不过事实上，他一直在秣马厉兵。太祖提拔李筠之子到都中任官，但还是没能成功阻止这场叛乱。5 月 12 日，李筠密通北汉，并发兵攻占了效忠于太祖的泽州。[②] 在采取这一系列行动之前，他本可以放弃计划，并像其子及谋臣所建议的那样，尊奉太祖为皇帝。李筠尚未完全准备好就选择了起事，而且有直接证据表明，他的对手对此早有预料。

李筠的谋臣们反对起兵发难，不仅是因为他们相信宋朝享有天命，也是出于对军事与政治局势的现实考量。闾丘仲卿劝告李筠，即便是有北汉增援（闾丘认为这不太可能），直面宋军也非明智之举，倒不如退守太行山以西，封锁南北进军路线，再往东谋取洛阳。闾丘认为宋太祖会迅速而积极地回应李筠的叛乱，因为地方武将的谋反若不被迅速从根本上扑灭，将会威胁到帝国的完整统一。不过李筠并未采纳闾丘的计策，他认为

---

① 参见龙沛："War and the Creation of the Northern Song State"，第 142—147 页。
② 《续长编》卷一，第 12 页。

都中军队必会因为他是后周旧人而纷纷响应，而且他的本部兵马完全有能力取胜。①

5月15日，李筠起兵的消息传到了宋廷。宋军立即北上，于17日控制了北部要隘。李筠如今无法南下，他的求战心切为叛乱的迅速平定制造了一个机会，一个宋太祖不能错过的机会。29日，宋军阻断了李筠东渡黄河的进路。②

长期戍守边境使李筠对辽人的厌恶根深蒂固，所以在5月30日与北汉通使时，他就提出不要让辽军参与增援，这一偏见进一步破坏了他本已动摇的计划。北汉接受了李筠提出的要求，这再次提示我们，北汉君主也渴望摆脱辽朝的帮助去追求军事成就。与北汉君主的会面并不顺利。李筠因为北汉君主的仪卫过于简陋而大失所望，于是拒不讨论合作战略，并故意表现出对北汉宿敌后周的忠心耿耿。

李筠留长子守太平驿，亲率三万大军南出上党。6月1日，宋军在长平击败李筠，斩杀三千余人，并攻占大会寨。李筠的攻势已开始受挫，现在轮到宋太祖亲赴战场了。25日，宋军于泽州以南破敌三万余人，迫使李筠逃入泽州城中，同时其子退入潞州。27日，太祖亲临泽州城督战，但十天之后仍未攻下。太祖不想采用旷日持久的方式去消磨李筠牢固的防守态势，于是下令官军猛攻。这场战斗极为惨烈，太祖也亲率卫兵前赴增援。7月9日，太祖终于攻下泽州，李筠则投火自焚。北汉君主听闻李筠兵败后，返回了太原。13日，太祖进攻潞州，两日后，

---

① 《续长编》卷一，第13页。
② 《宋史》卷一，第6页。

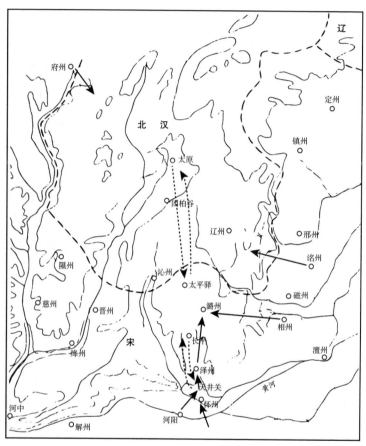

图 9　宋太祖平李筠之乱

李筠之子献城投降。①

　　李筠之败极其重要，而且这场战事几乎就要演变成太祖想要避免的那种漫长的战争。尽管李筠的战略并不周全，但是起初在战场上的几次败仗，自然而然地迫使他重新构筑坚固的防线。李筠一直未能转而采用一种持久消耗性质的战略，再加上泽州攻城战的殊死搏斗，这才让叛乱在给其他人造成可乘之机前就被平定了。不过，不论就李筠的犹豫不决而言，还是就太祖所统率的军队而言，这都是一场险胜。整个宋朝的命运都有赖于战场上的结果，李筠的踌躇不决和太祖的军队都起到了决定性作用。

　　太祖大宴诸将，大行赏赐，另外几名后周忠臣知悉李筠已败后，都决定最好还是承认宋朝。② 仅此一举，内部问题便将不会危及宋朝北边的安全。甚至南唐君主也认识到，他必须尊奉宋朝，并遣使向太祖平定李筠叛乱表示祝贺。李重进仍在南方，不过太祖毫不担心，并谋划着进攻北汉。他暗自问计于张永德，不过张永德表示反对，并指出北汉将士十分精锐，更有辽朝为其后盾。此时宜于贯彻的政策是，每年发兵袭扰北汉农事，并派出大量间谍。太祖接受提议，搁置了针对北汉的战事。③

　　在李筠叛乱和李重进叛乱之间的短暂间歇期，太祖处理了一些具有重大政治意义的宗室问题。9 月 10 日，太祖正式册封

---

① 《续长编》卷一，第14—18页。
② 《续长编》卷一，第19页。
③ 《续长编》卷一，第21页。

其妻为皇后，立长妹为燕国长公主。[①]当月末，又将燕国长公主嫁与殿前副都点检高怀德。[②]这是宋朝的第一桩政治联姻，开启了开国功勋将领与皇室通婚的连续过程。它预示着宋朝在960年年末李重进兵败后真正开始的内部政治稳定。

李重进之乱（960年10月15日至12月2日）[③]

当赵匡胤及其共谋者推翻后周王朝时，李重进正任淮南节度使，驻在扬州。李重进对此并不惊讶，他早已洞悉并忌惮赵匡胤的野心。李重进仍是一位实权人物，他的旧部遍布原属于后周的这片疆域，所以当他请求入京时，赵匡胤没有允准。假若他在手握实权且宋朝不稳时得到准许入朝，那么他可能会强迫太祖退位，由此巩固并永保自己的权力。如果可以避免，太祖并不想与李重进开战，但是他也想以一种优势地位来面对李重进。实际上，只有李重进甘愿接受不断的衰弱和边缘化，太祖才会接受他对新朝的承认。如若李重进不甘于接受自己被急剧削弱的地位，那么最好就攻灭他，从而消除对王朝稳固的一大威胁。

对李重进而言，太祖外交辞令般的婉拒只会令他更加不安。他开始召集亡命之徒，增筑扬州城墙，深挖城壕，谋划起兵。李重进本想响应李筠，一同起事，但太祖利用李重进派出的密使劝他稍事延缓。这位密使做到了，由此我们可以看出李重进令人吃惊的犹疑不决和战略上的糊涂无能。不需什么战略眼光

---

① 《续长编》卷一，第21页。
② 《续长编》卷一，第22页。
③ 龙沛："War and the Creation of the Northern Song State"，第147—150页。

也能看出，即便是南北两方同时发动但缺少合作的攻击，也会远远比不同时候的两次不同攻击对新朝造成的打击要大。

10月4日，太祖擢升李重进，事实上更增加了他的焦虑感，两天后又遣使安抚他。自李筠败亡到面对李重进的这三个月时间，太祖想必是先从北面撤军，继而休整兵马，再移师以备李重进叛乱。李重进原本倾向于回到开封，因而也就愿意承认宋朝的统治，但是他的谋士们表示反对。于是，他拘禁了太祖的使臣，加紧准备起事，并致书南唐国君求援。南唐国君将其上报给了宋廷。①

10月15日，李重进叛乱的消息传到了宋廷。宋军兵分数路，立即向扬州聚拢。11月11日，太祖召来赵普商讨局势，赵普指出，李重进孤立无援、粮草不足，建议太祖亲征。15日，太祖自都城乘舟向东南进发，29日在泗州登岸。进军途中，12月2日有军报称，扬州即将陷落。当夜，太祖抵达扬州，扬州随即被攻破。李重进把全家聚在一间屋子里，与家人一同赴火而亡。②

其后，太祖下令斩杀李重进亲信于扬州闹市，又广施谷米给扬州百姓，并赦免了李重进的家仆。如今，他可以开始筹划其他征服战争了，12月15日他对南唐使臣所采取的那种威胁姿态，即可证明这一点。他质问南唐与李重进的关系，并提及，他的将领们都希望他立即进军南唐。南唐使臣答道，太祖有能力征服南唐，不过此战风险很大，胜负未定，即便一切顺利，太祖也会折损数万士卒。太祖声称自己不过是在开玩笑，不过

---

① 《续长编》卷一，第24页。
② 《续长编》卷一，第27—28页。

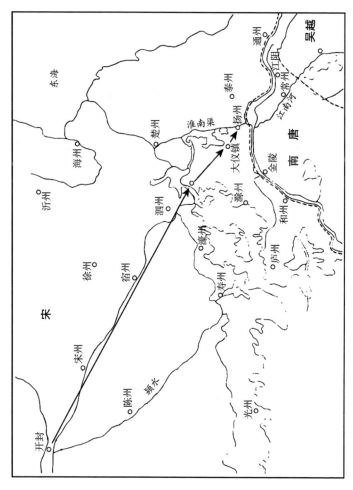

图 10 宋太祖平李重进之乱

他的目标已经定下了。如果这还不足以说明的话，太祖还命令军队在迎銮操习水战，这让南唐深惧不已。[①] 这位皇帝懂得利用恐吓的办法。

李重进的败亡，是自 954 年高平之战后由世宗开启并主要执行的一个过程的最后一步。世宗巧妙而精心地打造后周军队，逐渐把李重进移出了权力高层，而且这种方式让李重进直到大势已去才起兵叛乱。这个过程持续了六年，现在它成功了，并且在宋朝政府顶层形成了一个特殊的私人军事网络。宋朝的军事（实际上还有行政）依旧控制在世宗的亲信网络手中。宋太祖面临的任务，是要找到方法拆解这个他也置身其中的网络，或者说让它与军事和行政运作相脱节，同时避免引发危害新生政权的暴力冲突。这必将是要通过太祖与网络中每位成员的私人关系来开展的一个复杂而微妙的过程。这也通常被误解为一个非军事化的制度过程，但实则是一个将周世宗军事网络的权力，制度化为宋代皇室权力的私人化的政治过程。

杯酒释兵权 [②]

迫近的军事威胁一得到解决，宋太祖就转而思考帝国构建中三个相互关联的问题：建立持久的、内在的政治和军事稳定性；增加帝国的威严，从而也巩固他个人的威信；重建并恢复他掌控之地的经济。既然对如何安置结义兄弟的决定至少暂时解决了前两个问题，那么我们就很容易误把这三个问题当成一

① 《续长编》卷一，第28—29页。
② 参见龙沛："War and the Creation of the Northern Song State"，第151—152页。

个问题。我们同样很容易会把恢复经济和基础设施的巨大努力，算作外在于政治和军事议题的一个完全独立的类目。但是，王朝的力量和稳定不同于统治王朝的皇帝的权力和威信，根本性的经济整顿和大规模的基础设施计划，也需要并影响着政治和军事力量。这三个互不相同但又关系紧密的问题在宋初很难分解，当时太祖用个人将王朝具体化，经济政策似乎只是一个运转良好的政府的一般举措。但是在960年，政府并不存在"一般"机能，政治权力也不存在正规渠道。权力是个人的而非制度化的，其中包含了金钱和忠诚，以及个人可以借以承担职责的赤裸裸的武力。所以，太祖努力构造一个遵从其意志的正常运转的政府，也明确表现出想要独自占有所有金钱、忠诚和武力。

黄宽重和柳立言所描绘的太祖"更像一位精明的更新者而非创新者"，这有利于修正之前被普遍接受的"太祖是一位伟大的制度建设者"的观点。[①] 如果可以进一步说，则黄、柳二人对此观点的修正还不够深入。大多数情况下，太祖完全忽视了政府的正式结构，沿着阻力最小的路径去实现其政治和军事目标。有时这些路径与既存的正式结构相一致，有时却不是，但是作为开国皇帝，他的实际做法后来被正式化了。因此，从制度视角来看太祖，从根本上说是一种目的论。或许更重要的是，像"杯酒释兵权"——稳定了政府和军队内部的政治，加速提高了太祖作为皇帝的个人威严——这样的宋初重大政治事件，丝毫没

---

① 参见柳立言、黄宽重: *Founding and Consolidation of the Sung Dynasty under T'ai-tsu*(960–976)、*T'ai-tsung*(976–997)*and Chen-tsung*(997–1022)，见杜希德、史乐民编: *The Cambridge History of China*，第5卷，第一部分，第237页。

有改变行政和军事中的正式结构。[1]

太祖成功地建立了一个长久的王朝，其原因正如爱德蒙·沃西所说："太祖在政变之后，很机智地没有用一种会危害到自身权力的方式，去回报他的支持者们。"[2] 沃西的观点有理有据，因为尽管太祖回报了他的亲信们，但他却找到了一种能够稳固和加强自身权力的方式。他没有尽收他们的权力，而是剥夺了他们的军权。这是一个同那些彼此信任的人协商让步的渐进过程。

正是这份信任，使得宋太祖成为近两个世纪中第一位军事实力强于地方军阀的皇帝。他能拥有如此实力的原因，主要并不在于中央收回地方权力的某种制度演变，而在于手握中央军权的将领们之间的私人关系网络。像之前的很多篡位武将一样，太祖在政变后也以核心军权分赏他的旧部亲信。这造成了（或至少不能消除）动荡的重要根源，亦即武将本身。不过不同于之前很多新皇帝的是，太祖能够利用那些完全相同的私人联系，把他们从充满威胁的权位上移开。要他们放弃权位需要分两步：与皇室联姻，并转任京外各地的节度使。960 年 9 月，高怀德已经迎娶了太祖的长妹。961 年 4 月 18 日，慕容延钊、韩令坤分别卸任殿前都点检和马步军都指挥使，转任地方节度使。[3] 石守信接替韩令坤的位置，而慕容延钊的位置再未有人担任。

韩令坤、慕容延钊离任后，只剩下四人有能力威胁王朝，

---

[1] 聂崇岐是第一位指出"杯酒释兵权"重要意义的现代历史学家，见《论宋太祖收兵权》，初刊于《燕京学报》，1948 年第 34 期；后收录于《宋史丛考》，台北：华世出版社，1986 年，第 263—282 页，尤其是第 263—271 页。

[2] 沃西：*The Founding of Sung China*，第 106 页。

[3] 《续长编》卷二，第 42 页。

即石守信、王审琦、高怀德和张令铎。不过，高、王二人的职权也受到太祖之弟、殿前都虞候赵匡义的牵制。如果说威胁显而易见，那么解决之道则没那么容易。赵普曾反复劝说太祖解除他们的职权，不过太祖直到961年8月20日才积极应对。太祖的良久沉默，可以解释成历史编纂对皇帝剥夺忠臣之权所做的掩饰，但情况更有可能是，太祖与赵普的争论事实上与移除大将兵权的过程相始终。赵普急切地希望以更直接的方式快速行动，要求他们改任他职。太祖则倾向于更慢的节奏，他认为他应当劝服那些将领们放弃职权，而不是命令他们。他们二人都明白，太祖要想真正像个皇帝，唯一的办法就是让那些亲信离开朝堂。这些高层将领的离开移除了所有对君位的有力竞争者，从而稳固了政权，也扩大了君主与高官们之间的距离，从而大大提高了皇帝的威严。当时，中央军队的统帅们比任何文官都更有权势，对王朝而言当然也更加危险。调离这些将领，也是削弱所有官员相对于皇帝之地位的第一步。如果说贬低武将的力度比文官更大，那是因为武将们手上的权力更大。

赵普不断催促太祖早点解决问题，太祖最终还是认可并向他让步了，不过他用的是自己的办法。他大会亲信将领，并发表了一番理由充分的议论，要众将主动请辞。他指出，持续担任高层武官将会让他们成为密谋的中心，他们的部将将会寄希望于拥护他们称帝，从而让自己跟着晋升。这种不稳定性危害了他们对新王朝的投注。能让他们的投注永远保值的最佳方法，就是增强太祖的权力。既然对他们来说唯一的办法就是交出各自手中的军权，那么太祖将会通过联姻加强他们的私人纽带，从而给他们相当的补偿。太祖能够有此议论，是因为他深受信任，也是因为涉事诸人都觉得他对王朝威胁的判断是正确的。如果他们希望王朝能够长久（显然如此），太祖的解决之道就非常合情合理。次日，众将纷纷请辞官职。①

沃西认为，太祖的提议中暗示着如果拒绝则会遭受处置，不过这并不可能。太祖当时无法像赵普所反复建议的那样，直接命令那些将领弃权卸任，也没有足够的、独立的军力可以对付他们。早前慕容延钊和韩令坤离任，想必就是类似处理方式的结果，尽管当时的情况或许没有这么戏剧性。有些人怀疑这场酒宴的真实性，不过我们至少可以肯定，它是对真实事件的戏剧化改编。② 这从武将与皇室的联姻即可看出。王审琦之子王承衍娶了太祖长女，石守信之子石保吉娶了太祖次女，韩重赟（太祖的结义兄弟之一）之子韩崇业娶了太祖幼弟赵廷美之女，张令铎娶了赵匡义的三女，赵廷美娶的是张令铎之女。因此，

①《续长编》卷二，第49—50页；司马光：《涑水记闻》卷一，第6—7页。变化不是立即发生的，实际上石守信直到10月才放弃了马步军都指挥使的头衔，尽管这个头衔一段时间以来并无多少实权。殿前军方面，韩重赟一直担任都指挥使（三号人物）直到967年，不过他为人平庸，所以对王朝构不成威胁。有一张图表显示了军队指挥结构的空缺，见沃西：*The Founding of Sung China*，第167页。

② 徐规、方建新的看法与柳立言相反，认为这场酒宴从未发生过。他们认为，酒宴的故事是后来对去除中央和边地将领权位的过程的简单化。他们的观点基于如下几点认识：太祖和真宗的实录，及当时的国史中都没有记载此事；这一事件最早出现在十一世纪的文集中；太祖不可能在母亲去世后没过多久就举办酒宴；酒宴中有几位当事人当时不可能出现在都城；关于此事的记载版本众多；此事没有明确日期；司马光的记载有内在矛盾。见徐规、方建新：《"杯酒释兵权"说献疑》，《文史》第14辑，1982年7月，第113—116页，以及徐规对柳立言批评的回应，《再论"杯酒释兵权"》，《第二届宋史学术研讨会论文集》，台北：中国文化大学，1995年，第401—412页。柳立言对徐规第一篇文章的批评理据充分，徐对他的反驳并没有多大效果。见柳立言：《"杯酒释兵权"新说质疑》，《宋史研究集》第22辑，1992年3月，第1—20页。

操控军事权力的一个主要方式（甚至可能是王朝初期最重要的方式）就是与皇室通婚。与旧日兄弟之间的这种关系，对即位称帝后的赵匡胤具有重大的意义，因为它把周世宗的忠诚网络制度化，并凝结成了皇室宗亲关系。但未来的宋太宗却不是这个集团中人，即便他的兄长属于其中，他的岳父符彦卿也与世宗关系密切。换句话说，现在这些开国将领忠于宋朝，是因为他们是皇室一员，因为他们与太祖有着私人纽带。当这些将领去世，或者当太祖驾崩，他们的家人仍然属于皇室成员并会效忠朝廷，不过他们与太宗就没有私人纽带了。从功能上说，酒宴上的这场交易，是把宋王朝和某位皇帝个人分开的关键性的第一步。

太祖这场交易有一个不太明显的方面，那就是这些将领成为支撑王朝的预备力量。他们没有告老还乡，隐于乡野，了却余生，而是被派往重要地区任职。如此一来，他们就把宋朝的权力带出了都城与帝国军队直接环绕的地方。五代的统治者们也曾试图通过派遣可信赖的忠臣到地方任职，来实现对全域的掌控，但这些努力都失败了，因为这些忠臣常常不忠。所以说，太祖及其结义兄弟们的相互忠诚，对宋朝的成功十分关键。即便他一直是这个集团的领头羊，他也要截断军事系统的最高层，从而正式地提高自己的帝王威严，增强对军事的控制。这在不改变军队正式结构的情况下，持续地提升着宋朝皇帝的权威。

尽管那些将领从军队最高层离任，无疑是一起戏剧化的政治事件——虽然颇为细微，但重要性一点也不低——太祖仍延续着世宗的努力：重修华北水道，改善宋朝水军，增强士卒战力，维持法律与秩序。961 年 2 月 10 日，水道修复工程的规模开始扩大，旨在导闵水入蔡水，贯穿京师，到达寿春，从而连接淮河以保通航。太祖察看船坞，并命令疏浚五丈渠，从都城以北通达郓州。其目的在于改善东面的运输供给，虽然太祖宣称这是为了京师的整体利益，而不是他个人的利益。^① 这当然完全是一种狡猾的说明，想必是为了维护这些工程计划。开浚通往京师的水道，的确会极大地改善京师的经济民生，不过这样做也会让帝国财富更加集中在皇帝的手中。而且，通过打造这些中央政府管控下的商贸路线，太祖慢慢掌握了对经济实力的支配权，他向周围区域嵌入军事力量的能力也日渐增强。这就是这位皇帝为何对水运系统兴趣极大的原因。

工程继续进行，进一步从京师以西疏浚五丈渠通于汴河，又开凿了一条三十多英里长的沟渠，从京师城壕引二水流入汴河，再往东汇入五丈河，从而促进东北方向的运输补给。太祖亲临视察了工程。^② 值得注意的是，这位皇帝十分关心他是否有能力向东、向北运输补给，准确来说是那些易于遭受辽朝袭击的地区，以及许多长期留任戍边的将领们的家乡。这些沟渠的一个附属功能就是能够防卫骑兵，比如辽朝骑兵。河道沟渠一直是阻挡辽军最有效的工具之一，这种作用在宋辽边境以南和开封东部、东北部的相对开阔地带显得尤为重要。而且，不仅帝王的权力随着这些水道步步扩展，大量的劳役征派也将地方百姓纳入了中央政府官员的控制之下。

除了视察水军操练，以及延续或修改后周关于刑法和农耕

① 《续长编》卷二，第38—39页。
② 《续长编》卷二，第41页。

的各项法令，6月27日，太祖又下令全面考核京师及各地的所有士卒。骁勇善战者得到晋升，老弱怯懦者则被裁汰。[1] 次年12月9日，太祖又重复了这一做法，不过这次集中于改善殿前军和侍卫亲军的战力，并裁减人数。[2] 但是，这一政策的军事和经济价值非常突出，以至于掩盖了其政治价值。太祖实际上是从根本上重新整编了军队，打破了旧的渗透在层级之中的权力关系，使后周军蜕变成了大宋军。这一次，他依然没有明显地改变军事上的制度结构，仅仅调整了人员的职位。他首先去除了他的结义兄弟们的军事统辖权，接着把各地最精锐的士兵调入京中，并裁汰老弱，最后又削减了帝国军队的人数。这些是他加强控制军队、提高战斗能力、降低军事开支的同一过程的不同步骤。但这是一个缓慢的过程，每一步都需要有足够的政治实力去实行。不过，经过每一步的成功，太祖的政治和军事实力都得到了增强，地方上文武权臣的实力则减弱了。最终看来，太祖巩固宋朝的这样一个政治过程，是靠军事来完成的。

太祖没有太宗那么鲁莽，当意识到存在很多战争无法解决的内部问题时，太祖没有急不可耐地转向对外战争。他的首次征战要等到他即位三年多以后，在讨论太祖后来的军事胜利及整个王朝的成功时，这一事实常常被忽略。即便是这次针对楚和荆南等小国的征战，也不过是他961年、962年持续观察局势所发现的一个近便的临时目标。但从很多方面来说，这就是太

---

① 《续长编》卷二，第45页。
② 《续长编》卷三，第74页。

祖战略气质的特征。

　　太祖极为灵活，也相当有耐心，他更喜欢等待良机，而不是强行闯入不利局面。他还倾向于简洁、猛烈的军事行动，以收战略上的出奇效果，并且在对手能够做出反应之前就收兵。这种倾向可能源于他对辽朝在北边的威胁态势有着深切的认知，但是政治上的利害关系在任何军事行动中都同样重要。从政治或军事的角度说，太祖在宋朝初年承受不起任何战争失利。所以毫不奇怪的是，他静候数年才采取军事行动，并把最难打的战争留待将来。

　　对太祖而言，政治权力和军事权力事实上没有什么分别。这是他作为统治者的权力，因为他在任一领域内的频繁成功，将会同时增加他在两个领域里的权力。但是这也会成为一项弱点，因为在任一领域内的失败，也将会同时削弱他在两个领域里的权力。太祖想必极为清楚，战争总是有风险的，不过它可能带来的回报也非常丰厚。或许周世宗原本在政治和军事上都太虚弱了，只有靠战争获胜的巨大回报，才能有效地改善他作为皇帝的处境。太祖坐上皇位时，本就有卓著的军事功勋来支撑他的皇威。不过他缺少政治成就，所以需要在这方面证明自己的能力。这也能解释他在非军事领域内的努力，后来这一点得到了士人历史学者们的强调。他在军事上的敏锐和他对军事的关切自不待言，或至少可以说，不必过多强调。需要讨论的是他对非军事领域的兴趣。但即便是那些可以被视作他热爱文化的事例（例如他要求将领们多多读书），可能也并没有多大意义。①

历史学者们对宋太祖文化上的偏向特别严重，因为他们迫切需要将宋太祖与之前那些当上皇帝的武将们区分开来。这是一项危险之举，迫使我们不得不在两种形象之间做出细微的区分，一种比前任皇帝们做得更好，一种与前任皇帝们有诸多不同。除非像传统中国的历史学者那样假定，长寿王朝的建立者与短命王朝的建立者明显不同，否则要做出这种区分就不太可能。尽管太祖小心谨慎地走向战争，但他对征战的兴趣与十世纪的其他人没有多少差别。

征楚和荆南（963年2月1日至4月6日）②

楚政权和荆南政权一南一北，隔长江相望。荆南有峡州、归州、荆州三州，其中荆州是都城，距开封六百三十英里。荆州是天下通衢，战略要地。③楚有十州之地，包括今天湖南的大部分地区，都城在潭州（今长沙）。尽管与宋朝的其他征服战争相比，征楚、荆南之战规模很小，不过它显现出了十世纪政权间政治生活的一些有趣方面，这些方面在别处仍将反复出现。值得关注的还有慕容延钊的再次出现，他是太祖的好友，960年从禁军统帅调任地方节度使。楚和荆南都是小国，看似惊奇的是，它们能在诸国竞逐的十世纪中延续下来，甚至在宋军到来

① 《续长编》卷三，第62页。
② 龙沛："War and the Creation of the Northern Song State"，第156—160页。
③ 见王赓武的论文："The Middle Yangtze in Tang Politics"，收录于芮沃寿（Arthur F. Wright）和杜希德编：*Perspectives on the Tang*，New Haven and London：Yale University Press，1973年，第193—235页。

时谋划抵抗。即使面对比自己远为强大的对手，它们还是延续下来并发起抵抗，尽管从荆南的例子看，这种抵抗更多是理论上的。这表明，就算诸如一个统一的中华帝国是"自然生成"的帝国意识形态后来被加于这场征服战争，但在十世纪时，即使是小国的统治者和政治家们也没有这种观念，也不会将此作为重要理由而放弃他们的主权。是且仅是武力，导致了帝国的"自然"统一。没有武力支持的意识形态是无力的。随着宋朝战争的进行，这种方式会反反复复地再现。每个朝廷都反抗被兼并，直至它们再也无法稳住自己的军事阵脚。

考虑到宋军相对于楚和荆南的压倒性优势，太祖直到963年才征服它们就似乎显得很奇怪。慕容延钊的再次领兵，可能提供了部分答案。即便到了963年，太祖仍未能如他所愿稳固地控制军队，他需要一位可以完全信赖且有能力的统帅来运筹。他不得不征召一位旧友来承担这项任务。这说明，在963年，太祖并未完全准备好要开始征服战争，但楚国的政治混乱和荆南相似的虚弱无力，是一个不容错过的大好机会。两国的统治者都已经向宋廷称臣，并作为宋王朝体系的一部分接受封号，获得晋升。高保融死后，其弟高保勖于961年10月15日接任荆南节度使。宋朝认为，高保勖很有才干，却放纵而堕落。他的荒诞行为过于放肆，触怒了百姓和士卒，太祖对此情况不会感到太过不悦。①

楚国在周行逢的治理下，局面相对良好，直到周于962年

①《续长编》卷三，第53—54页。

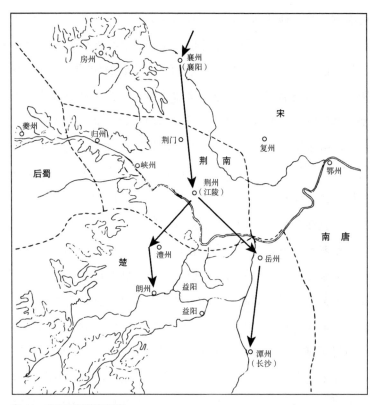

图 11　宋太祖征楚和荆南

10 月病倒。弥留之际，周行逢警示文武官员，张文表在他死后必然造反，只留下两种选择。杨师璠会讨伐他，如果失败，那就归附宋朝。周行逢死后，把政权交给了他十一岁的儿子周保权。[①] 如其所料，张文表反叛并夺取了都城，周保权和朝臣则将周行逢下葬。[②] 周保权遂命令杨师璠率军抵御张文表，又遣使向宋朝和南唐求援。12 月 31 日，宋廷任命周保权为武平节度使，以表示在政治上支持。[③] 同时在荆南，高保勖于 962 年 12 月 19 日去世，幼弟高继冲掌国。[④]

利于征服的政治局势已经成熟，太祖的侦察情报也显示，荆南军队虽然严整有序，但只有三万人。并且，荆南为了讨好周围大国而征收高额赋税，使得百姓生活日艰。合计起来，征服将会轻而易举。太祖找到机会运用春秋时期的"假道灭虢"之策，借道荆南伐楚，同时一并拿下荆南。

第一路宋军于 2 月 1 日开拔，表面上是去平定楚国的张文表叛乱。如太祖所指出的，这必然需要先经过荆南。宋军请求准许借道荆南地界，并供给粮草。高继冲及谋臣们对这一要求非常警惕，因为他们与太祖等人一样，对"假道灭虢"之策十分熟悉。他们给宋军的请求打了一个折扣，答应在边境线外三十五英里处为宋军提供补给，但是不允许宋军取道荆南。宋将李处耘遂再次请求借道和粮草补给。面对无谓的抵抗抑或是投降的

---

① 《续长编》卷三，第 72 页。
② 《续长编》卷三，第 73 页。
③ 《续长编》卷三，第 76 页。
④ 《续长编》卷三，第 75 页。

选择，高继冲随即派遣使臣携酒肉犒劳宋军。与此同时，张文表于 2 月 23 日兵败被擒，次日遭到处决。[①]

3 月 7 日，宋军距离江陵还有三十五英里，慕容延钊于此宴请高继冲的使臣。当他们专心于宴饮之时，数千轻骑兵则驰赴江陵。高继冲知道大军已在城外，只能相迎。荆南遂率三州、十七县、十四万二千三百户归附了宋朝。[②]

兵不血刃地占领荆南使宋军满怀期待，以为楚国也会同样不战而降。像荆南一样，楚国朝廷也犹豫不决，进退失据。宋朝的意图很明显，抵抗的可能后果同样明显，但是楚国一些朝臣并不愿意束手投降。慕容延钊遣使前去安抚楚国，不过无人接纳。楚人断桥沉船，伐木塞路。3 月 26 日，太祖向周保权及其将校发出最后通牒，不过被忽视了。慕容延钊于是分兵几路，攻打岳州。宋军在三江口重挫楚国水军，获得超过七百艘战船，斩首四千余人，并占领了岳州。[③]

4 月初，楚军屈服了，在澧州城外望风溃散。宋将李处耘随后展开了一场心理战，从俘获的大量楚军中挑出数十个体胖者，令麾下分而食之；既而释放了一些目睹此景的俘虏，让他们进入朗州。楚军听说宋军啖食俘虏后，吓得纵火烧城，纷纷

---

① 《续长编》卷三，第77页；卷四，第82页、第84—85页。为了让事件的顺序能够说得通，我把擒获并处决张文表放到了高继冲与其谋臣们的讨论之后。尽管这场讨论的日期被记载为3月1日，但是其中两次提及张文表，这就暗示着当时他依然势力强大。这场讨论一定发生在2月23日、24日张文表之死被记载之前。考虑到距离因素以及张文表对此事件的重要性，我认为，他被公开处决的消息传至荆南朝廷用时不可能超过五天。

② 《续长编》卷四，第85页。

③ 《续长编》卷四，第85—86页。

窜逃。周保权很快被抓获了，战事随之结束。宋朝得到了楚国十四州、九万七千三百八十户。[1]

同样重要的还有，宋朝如今在长江南岸有了一块立足之地。它还控制了后蜀进入中国其他地域的所有进路，有了进攻南汉的明确路线，进一步包围了南唐。整场战事流血极少，给宋廷带来的开支也极小。水军再次证明了它的效用，虽然有关其战斗的确切细节很少被提及。从太祖的角度来看，这几乎就是一场理想的战争，迅速、果断、代价低廉。他能够把己方的压倒性优势更集中于外交联系，利用政治虚弱和动乱让敌国屈服，逐渐破坏对方的战斗意志。既然现在征服战争已经开始，问题就成了下一次是哪里，以及什么时候。

"先南"战略的神话[2]

对宋朝统一中国的历史撰述中有一个很奇怪的方面，那就是反复地提到"先南后北"战略。王朴在周世宗时期提出的这一"战略"或者说计划（见第三章），也应该被看作这一编史语境的一部分。后周和宋之间紧密的延续性，或对或错地导致人们将十世纪中后期的统一战争描绘成了一场周-宋征服。并且，如果人员、制度和动力都相同，那么它们也必然执行着相同的征服计划。以司马光和李焘为代表的十一、十二世纪的历史学者们，为这种"总体蓝图"的观念所吸引，原因有二：第一，这为描述十世纪中国的统一战争提供了一个框架；第二，这为宋朝

---

[1] 《续长编》卷四，第86—87页。

[2] 参见龙沛："War and the Creation of the Northern Song State"，第153—155页。

最终未能从辽朝手中收复燕云十六州提供了一种解释。

　　但正如我们所见，周世宗虽然公开认可了王朴的"先南"战略，却在实际战事安排中径直忽略了它。宋朝的情况也与之类似。当然，司马光和李焘都没有想要把这段征服历史简化为一个简短的片段。毕竟，他们为许多事件提供了史源，让我们得以看到"先南"战略并未得到贯彻执行，但是后来的史学著作却过度抬高了这项战略规划的分量。与建立王朝的那场政变一样，太祖确定"先南"战略也被写成或发展成了一个精妙的神话。这与事实显然不符——太祖在位期间始终考虑向北边用兵，他实际上的战事安排也没有依照"先南"计划。支持"先南"战略的最著名典故就是"雪夜访赵普"，在这个故事中，太祖、赵普及未来的太宗决定宋朝将先征服南方，再转向北方。[①]在1999年的一篇出色的论文中，梁伟基令人信服地把这次会面的时间确定在965年或966年，并指出宋朝的战略（如果有的话）是"先北"。梁伟基更倾向于965年，我则认为更有可能是966年。[②]

　　梁伟基的论文总结了近年的一些优秀研究著作，也反映出他对相关基本史料的精熟，为我们理解这个问题提供了重要的细微差别。他的论文中（其他所有人的观点中也都有）存在的唯

[①]《续长编》卷九，第204—205页。

[②] 梁伟基：《先南征，后北伐：宋初统一全国的唯一战略（960—976）？》，*Journal of Chinese Studies*，1999年第8期，第73—100页。这则典故最早记载于邵伯温1132年编撰的《闻见录》。爱德蒙·沃西认为这场讨论的时间介于962年（或963年）与968年之间。李焘认为是前者，他采用倒叙的方式，把这个经过重要修改的故事放到了962年夏天来讲，这说明"与宋初就制定并同意'先南'战略的说法不同，太祖在完全平定南方之前就发动了对北汉的攻击"。见沃西：*The Founding of Sung China*，第90页。与李焘不同，邵伯温以及《续资治通鉴》的编者毕沅（1730—1797）把故事的时间定在968年。

一瑕疵就是，他预设太祖有过一个征服中国的计划。也就是说，此前所有对宋朝征服战争的讨论，都是试图去解释这个政府计划是怎样的，而不是试图去证明某种计划实际上是存在的。持"先南"说的人总是不得不去面对这样一个问题，即太祖曾多次进攻北汉，这从本质上说明，这些人的观点是基于宋代的军事成功，而不是宋代的军事行动。对他们来说，"雪夜访赵普"的故事为"先南"战略提供了权威论据，而不顾它与事实的矛盾之处。

梁伟基的"先北"说更有说服力，它更加符合事实，但也必然偶尔预设一个计划的存在，从而为自己的观点加持。比如他称，太祖反复商讨进攻北汉，这表明太祖有一个一贯的、既存的先削弱北汉的计划。不过，既然他的想法总是遭到反对，那么为何他仅仅是偶尔才接受这些意见呢？而且，灭北汉也能达到我们假定他试图要完成的目标，即消除宋朝受南北夹攻的可能性，那么他为何要等到攻打南唐呢？毕竟，南唐与辽朝有着长期的外交关系。

关于太祖时期的宋朝征服战争，还有一种似乎更加可信，但稍显混乱的解释，那就是不存在任何计划。清晰的目标当然存在，那就是要征服尽可能多的疆域，不过任何规定好的目标序列则似乎都不太可能存在。正如我已经指出的，对楚和荆南的突然进攻就是一次意外之机。政治事件的发生，让太祖感到不能错过这样一个机会。据此，太祖对北汉的密切关注也很好理解，因为北汉是唯一经常袭扰宋朝的政权。另一方面则不必顾虑南唐，因为南唐没有任何积极的军事举动。这一没有计划的征服过程的第二个因素就是，太祖不断发动外交攻势，以和平手段战胜周边政权。虽然这些企图必然有武力支撑，但也不完全是狡诈之举。太祖只有在发起军事行动时才会施展外交手段，正如梁伟基恰当地指出的，他在974年曾与辽朝互派使节。他利用渐进的外交努力，去战胜其他政权的统治者，也用同样的方式对付国内的实权派。我们应当谨慎一点，不要把宋廷与"国内""国外"政治体之间政治关系的差别看得过大。同任何征服者都一样，太祖是为和平而来。也就是说，他更喜欢人们和平地臣服于他。而不是说，太祖因为知道暴力手段耗时费力又有风险就规避它。

太祖反复与谋臣们商议进攻北汉，是宋帝国形成过程中的一个部分。其中不仅包含了军事行动，也包括政治和制度变迁。要找到一个既有的、理性的、系统的改革太祖所接管的政府的计划，纯属徒劳；同样，要找到一幅军事征服蓝图的努力，也必定失败。我们无法找到一个非常符合实际情况、无须附带大量说明的计划，原因就是根本不存在这样一个计划。尽管一份蓝图能帮助历史学者们简化并解释复杂混乱的历史事件，但它对当日的历史行为主体而言却毫无价值。要让一个严格的计划产生价值，除非制定这个计划所根据的国内外政治军事局势在计划和执行过程中没有任何变化。即使该条件成立，这个被同意的计划还须是最优秀、最聪慧的头脑经过深思熟虑的结果，因而也优于任何个人的判断。如果没有如此无人匹敌的智慧和静态的地缘政治环境，那么太祖还是选择灵活应变更为有利。

太祖对目标的选择，反映了他在战略上的灵活性。他面对着两个相互竞争的军事需求，一是以最小的代价获取疆土，二是保持自身政权的稳定。北汉被认为是最难征服的政权，不过它也是给宋朝带来军事问题最多的政权。北汉的袭扰对太祖来说是一个严重的政治问题，因为只要北汉的袭扰持续不断，太祖就不得不留出一大笔军事资源，给那些在任履职的边将。太祖非常有限的军事资源，是我们对整个征服过程的解释的最后一部分。太祖没有足够的兵力和忠诚可用的战将，可以让他同时投入不止一场大战。因此，他的军事行动总在扩张和稳定的两极之间摇摆。尽管征服北汉会接合那两个顾虑，因而对太祖颇具吸引力，但对北汉是最难打下的目标的评估却完全正确。因为太祖灵活应变，所以征服其他政权的顺序无疑是从最易到最难——荆南与楚、后蜀、南汉、南唐，最后到了太宗时，才拿下了北汉。太祖顺着一条阻力最小的路线，未必是他想要这样，而是他不得不这样。每当他想要偏离这一顺序，都失败了。

即使如此，太祖屡次攻打北汉受挫也并非全无益处。北汉的每一次袭扰都是对宋朝政权的一次挑战，所以必须面对。南方政权威胁不了宋朝，而北汉可以，这就是为何太祖总是亲自领兵攻打北汉，而把南方战事交给将领们。对宋王朝的挑战，也就是对太祖本人的挑战，通过作战，太祖重新宣示着他作为统治者的军事资格。所以，太祖可以承受军事上的失利，因为他仍可以从政治上获益，他的将领或士卒们都不能指责他逐渐衰弱。当然，这只是因为他的其他战事进展顺利，才得以成立。

太祖屡次进攻北汉的另一个有益结果就是，北汉逐渐衰落了。宋朝在经济和军事上都变得日益强大，而北汉则几乎无力再承受农业损失和士兵流散。太宗所面对并在 979 年所征服的这个北汉，已经不再是 960 年与宋朝对峙的那个北汉。同样的道理，太祖的攻势迫使北汉采取守势，并损耗了它进攻宋朝的能力。这是一场跷跷板式的斗争，宋朝逐渐占据了上风。辽朝通过援助，一直想让战场局势向有利于北汉的方向倾斜，不过这也无法完全补救北汉境内同时遭受的损失。

前面对宋朝征服战争的描述，以及对存在战争计划之观点的批驳，应该把我们的关注点转移到实际事件和太祖的决策过程上来。太祖从未停止思索接下来应该如何，也从未忽视新出现的有利于既定进攻顺序的机会。这种临时性的方式并不是他战略观念上的缺陷，反而是一种极佳的长处。就此而言，将此与他关于统治与官僚的处理方式做个对比是有益的。太祖有意让官僚体系保持无序，保持着唐朝遗留下来但已无效的结构，把责任分散到临时性机构，从不划清政府内部的行政指挥系统。由此，他使自己成为行政运转必不可缺之人，并阻止了官员权力的任何合理增加。任何人所拥有的权力，都不会超过皇帝本人认为适合分配给他的限度，且这种权力总是无须改变管理制度就可以被随时拿走。一个理性的、体系化的政府，会以制约皇帝权力的方式赋予某些官员权力，并使之合法化。不确定性和一定程度的低效率，对皇帝是有益的。同样，战略决策上的不确定性和灵活性，对皇帝也是有益的。借用一个现代术语来说，战略模糊让所有邻国都猜不透。在这种不确定的局势中，太祖的潜在对手不会有招惹他的动机，以冀不会遭受太祖的攻击。这给了太祖战略主动权，也让他有了在政治、外交、军事上纵横擘画的空间。

北汉不会心悦诚服地把战略主动权让给宋朝，它能采取这种立场完全是因为有辽朝的支持。但尽管辽朝积极地保护北汉，却始终不会选择限制宋朝的扩张。想一想南唐未能成功联合那些受宋朝威胁的政权（虽然这样的联合有明显的好处），我们就不应该惊讶于辽朝在此事上的沉默不言。不过，这会让我们不恰当地以为辽朝举措不当，而看不到它执行的是一贯的政策，其中一个方面就是对宋朝向南扩张的矛盾心态。在接下来有关太宗和真宗的章节里，我会更全面地讨论这个问题。但在论述太祖更大规模的征服战争之前，更重要的是要挑明，我接受柳立言和蓝克利（Christian Lamouroux）的观点，即辽朝在 947 年以后无意于征服中原。① 如他们二位所言，不仅宋朝没有认识到这一点，而且辽朝也积极地想要让他们相信完全相反的情况。如果宋朝相信辽朝有准备、有意愿且非常有可能征服中原，那么这在外交谈判上将会对辽方有利。

接下来的两章对宋太祖为创造帝国在军事上和政治上的所作所为的叙述，将和之前的叙述有本质的差别，我们将摒弃那种认为存在某种征服战争规划的观点。摒弃这种观点的第一步，就是前面两章中对周世宗征战的叙述，显示出他并未遵循他公开赞同过的"先南"战略。第二步要思考最近一些确定并讨论

①　柳立言："Waging War for Peace ? The Peace Accord Between the Song and the Liao in AD 1005"，见方德万（Hans Van de Ven）编：*Warfare in Chinese History*，Leiden：Brill，2000 年，第 180—221 页；蓝克利："Geography and Politics：The Song-Liao Border Dispute of 1074/75"，见达素彬、普塔克编：*China and Her Neighbors*，第 1—28 页。

宋朝初年类似的"先南"战略的学术研究成果。因为以往普遍认为这项计划的提出是在 962 年或 963 年，在叙述中，这个时间要稍微早于它实际上发生的 965 年或 966 年，故而要早于而不是晚于下一章所描述的征后蜀之战。除了重新确定这次战略提议的时间，最近的学术研究还有力地指出，并不存在什么统一国家的"先南"计划。我既不同意"先南"说，也不同意"先北"说。最后我要指出，事实上并不存在一个统一中国的通盘计划。这是下一章我会讨论的内容，它描述了南北之间的两次摇摆，在此期间朝中的政治斗争也在发展。

第六章　个人政治和征服战争

963 年对楚和荆南的征服，仅仅是宋军征战频繁期的开端。7 月末，宋朝对北汉发起了一系列逐渐扩大的攻势，次年达到高潮，发展成一场大规模战争，共有十二万军队集结在辽州附近。宋朝获胜了，尽管北汉仍然偶尔袭扰，但是大规模的军事活动暂时没有了。964 年 12 月，太祖把精力放到了后蜀上，并在隆冬指挥了一场旨在击垮后蜀的闪电战。这是一场在战略上和战术上都很高超的战争，两个月内就实现了目标。但在最初的成功之后，局势就恶化成了一场迁延累日的压制行动，直到 967 年才得以解决。968 年，太祖重新回到了北汉问题上，并领兵亲征。尽管这次攻势对北汉造成了极其严重的打击，并包围太原长达四个月，但太祖未能实现目标，不得不在次年撤走了他人疲马乏的军队。970 年，轮到了南汉。次年南汉灭亡，宋朝征服战争的中期阶段随之结束。北汉政权虽然被击垮，但仍在辽朝的支持下苟延残喘，南方则仅剩下南唐。

有部分宋军从 963 年到 971 年一直参与战事，但是年复一年地发动数十万人参战，似乎并没有耗尽宋朝的资源。如果我们考虑到前现代的经济和供给体系，就会意识到这极不寻常。更显著的是，无论在人数还是在效率上，宋军的实力在这几年间日益增强。太祖虽然有意忽略官僚体系的制度准则，但一直很注重加强军队的指挥系统和军纪的执行。事实上，这对太祖来说非常重要，以至于征蜀期间他在后方战线上转变太快，激起了一场叛乱。这一失策使这场战事拖延了两年，并在迁延之中拖累了整个王朝的军事态势。从这方面来看，官僚行政问题显然不及军事问题重要。军事问题威胁着王朝的存在，不得不立即解决。

但是，随着帝国的扩张和权力越来越集中于中央，朝中关于如何分配胜利果实的政治斗争也越来越激烈。这场斗争有三位主要参与者，即太祖、其弟赵匡义以及赵普。显然，这并不是一场简单的三角斗争，因为增强太祖的权力也符合赵匡义和赵普的利益，且太祖的权力也是他们二人权力的来源。太祖的利益同样受到牵制，一方面他必须在赵匡义和赵普以及其他权力人物之间平衡他们二人的权力，另一方面他又必须增强这两位忠实护卫者的实力。太祖时期赵匡义和赵普二人的政争遍及各种各样的官场争斗，蒋复璁已为我们做了清楚的呈现。[①] 这些持续不断的政治争斗的零散迹象，想必是更广泛的政治战争的微小部分。既然政治战争与军队和战事关系密切，我便历时性

① 蒋复璁：《宋太祖时太宗与赵普的政争》，《史学汇刊》1973年第5期，第1—14页。尽管文中所有的注释用的都是基本史料，但是我对该问题重要性的认识完全来自这篇论文。

地处理它，将这些事件放到对宋朝征战的更大范围的历时叙述中，而不是将其抽离出来共时性地看待。尽管这种方法强调了太祖时期战争和政治的联系，但是它也让政治的方面更加难以囊括，政治方面比单纯的军事方面更微妙、更复杂。所以，对权力斗争的基本原则做些讨论，对其结果和后果做些概括是必要的。

太祖的政治权力几乎就是他的军事权力，但对赵匡义和赵普而言，事实却并非如此。实际上，在赵匡义当上皇帝之前，军事权力对他的政治运势都没有实质影响。即便他花费心力去增加对重要将领和军队的影响力，并在不同时期到军中担任要职，事实仍是如此。在那些情况下，赵匡义的权力大多是政治权力，尤其是当他不再担任军职时，因为他的政治权力并不依赖于军事成就。也就是说，他的权力不会因为军事行为而有所损益，而仅仅受到政治运势的影响。就赵普而言，他完全是一位政治人物，他得到宠信是因为他的忠心耿耿、才堪大任和足智多谋。他的军事计划和谋略在多大程度上奏效，他就能在多大程度上通过军事手段增加政治权力。二人的政治依存关系，在他们与其他诸人——尤其是太祖和赵匡义的弟弟赵匡美（也叫赵廷美）以及太祖之子——的共同晋升中，被反复揭示出来。他们不会因为特定的活动而单独得到奖赏，而仅仅在更大范围的恩惠之举中才得以晋升。他们是宋朝政权中仅次于皇帝的重要成员，但是他们却不代表这个体系内部的任何支持者，比如军队。忠诚就是他们的力量，但也是他们的弱点，因为他们完全依附于皇帝。

这种斗争的潜规则，显然排除了对众多当事人的身体暴力，这实际上将会成为宋朝帝国政治的特征。我们将会看到，这并不排除一些走卒的暴力或死亡，但是它确实认可斗争中一定程度的文明礼貌。权力机构或者将被征服的领土，意味着政府或军队中的职位。得到或失去这些职位，取决于工作表现以及对工作表现的感知。由于科举考试在太祖朝几乎还没有发挥作用，所以填补职位通常是靠举荐。实际上，赵匡义和赵普领导着两个相互竞争的庇护网络，他们以此执行着管理帝国的任务。这也会限制他们二人，因为他们不能举荐无能之人去担任行政职务，并期望他们久留其位。事实上，推荐不能胜任之人将会降低自己在皇帝心中的地位。所以，他们不断地寻求既能干又忠心的人，给予他们支持。但他们所作所为的最大限制就是太祖本人，太祖清楚所有人的权力增长情况，且保持着疑心。在权力之路上每前进一步，都容易让人显得不忠，且要承担被罢官或降职的风险。而且，太祖好像也不是唯一一个知道他们这种斗争关系的人。992年赵普去世时，后来的皇帝赵匡义就提到了他们之间的分歧，称之为"众人所知"。①

赵匡义继任皇帝，证明他在与赵普的竞争中获胜了，不过我在第八章中将说明，政治胜利实际上是他能成功的先决条件。赵匡义的继位还显示出，人们所下的赌注可以多么不同，因为赵匡义有机会成为皇帝，而赵普则不能。他们二人在太祖朝一直竞逐权力，但同时也都放眼未来。北宋没有哪位皇帝的立储，

---

① 《续长编》卷三十三，第737页。

能够免于官员们激烈、反复的催促。像太祖这样的政治强人从未立过储。立储会造成一个新的效忠核心，这是皇帝们不愿看到的。赵普效忠于太祖，由此也就效忠于太祖所象征的宋王朝。他是太祖的幕僚，或许也是赵宋皇室的幕僚，不过后一点确实太过抽象了。随着王朝越来越稳固，制度越来越健全，太祖个人对于王朝的象征性就会越来越淡薄。于是，把对王朝和皇帝的忠诚与对特定个人的忠诚分开，也就有了可能。太祖不愿立储，显然是想尽量维持众人对他个人的忠心，而不是要将此发展成王朝的制度。这给了赵匡义机会，要是太祖立自己的儿子为储君的话，那么赵匡义要想成为皇帝就基本无望了。

在太祖朝，赵匡义几乎无力阻止侄儿和弟弟们的晋升。他们对赵匡义的野心来说都是威胁，丝毫不令人惊讶的是，他们在赵匡义登基数年之内全都过世了。但赵普不仅依然活着，而且实际上还曾短暂地回到中枢。他返回朝堂支持赵匡义的合法地位，因为他有这样的超群才干，能够辅佐这个从前把他挤出权力中心的人。从根本上说，这是一场长期的政治斗争，也是一种发生在忠诚和目标频繁汇集的背景下的长期政治关系。

从一开始，政治斗争就明显带有强烈的个人性质。963年，太祖不顾赵普再三的激烈反对，决定对符彦卿委以军中重任。赵普截下了任命诏书，按而不发，并请求面见太祖。他首先让皇帝以为他并非是来讨论符彦卿一事的，而是谈了一些其他事情，后来，他才拿出任命符彦卿的诏书。太祖觉得赵普的做法有些过火，他对符彦卿的怀疑毫无依据："卿苦疑彦卿，何也？朕待彦卿至厚，彦卿岂能负朕耶？"赵普反问："陛下何以能负周世宗？"赵普的答复有力地解决了这个问题。[1] 鉴于太祖的政策在于削弱指挥使和节度使们的权力，他对符彦卿委以重任的意图确实如爱德蒙·沃西所说，是令人费解的。但是，如果我们看到符彦卿是赵匡义的岳父，且赵匡义刚刚从殿前都虞候迁任开封尹，那么此事就稍微好懂一些了。赵匡义试图把一些效忠于他的人安插进军事指挥系统，从而保持他在军中的影响力。赵普的做法则限制了赵匡义势力的扩展。

蒋复璁将此事解释为赵匡义与赵普政治斗争的一个部分，这毫无疑问是正确的。但是，考虑到赵普用以限制赵匡义意图的间接手段，此事也凸显了要理解许多典故轶事之深层意义的困难。爱德蒙·沃西准确地发现，太祖任用符彦卿的意愿与其总体上的制度性人事政策并不符合。[2] 但是，其他一些可能与那些政策相矛盾的问题，也屡现于稳固政权的过程。太祖仍然需要填满政府和军队中的那些空缺，而主要的办法就是通过举荐。尽管太祖一定也意识到了这个问题，但是赵普却不能公然以符彦卿是赵匡义党羽为由而反对任用他。赵普只能表示，虽然皇帝极其优待符彦卿，但符仍有可能不忠，所以不应该再让他担任军中要职。太祖最害怕的，同时也是他最想避免的问题，就是将领的不忠。矛盾的是，这个问题在他让那些忠心的结义兄弟们离任以保护他的君位后，变得更加严重了。他把最忠诚的支持者们调到了预备位置，以此在皇帝和军中大将之间划下了一道鸿沟。接下来的征服战争中得到提拔的将领们，将会填补

---

[1] 《续长编》卷四，第83—84页。
[2] 沃西：*The Founding of Sung China*，第179页。

这道鸿沟。

第二拨文臣武将就任的方式各有不同，不过他们在职责上有很多重叠。有一次，太祖正寻求能堪"大任"的官员，赵普所推荐的一位非军人出身的人选向皇帝保证，他已披甲戴盔奔赴战场。又有一次，皇帝指出，将领们应该多读书。作为一个从未设想以科举考试作为征召人才主要方式的人，太祖显然更加关注军事事务。他想要提升武人的能力，而不是用非军人出身的人去代替他们。这很重要，不仅是因为他掌控军队的意图常常被误解为是要实现政权的非军事化，而且还因为这解释了为何赵匡义和赵普会活跃于政治领域。当太祖想要征服海内、掌控军队时，赵匡义正在争取对政权的政治控制。两人都成功了，但是赵匡义成为皇帝并想要掌控军队时，他会遭遇严重的困难。

随着主要将领们不仅被提拔到军队高层，同时也被提拔到枢密院高层，军事和行政的轨辙开始汇合。这让那些具有潜在威胁的人在进入官僚体系之时失去了对军队的实际控制。所以，这些人在被厚待的同时也被削弱了。第一批经历这种官僚化的将领们，成为宋朝建国的主要领导力量。他们通过战争登上了权位，获得了勋爵，并与皇室联姻，直至一个完全成熟的文官体系出现，来限制他们的发展。当我们回到这些战事本身便可以看到，王全斌、曹彬二人的履历尤为突出，能够很好地反映战争机遇对势力、等级、特权等因素的政治分化。

第一次进攻北汉（963 年 7 月 30 日至 964 年 3 月 16 日）[①]

963 年 7 月 30 日，宋军成功地袭击了北汉，俘虏了数千人。不久，北汉一群中层官员谋反。尽管这场谋反在 8 月 21 日被平定，却刺激了宋朝。29 日起，宋朝加强了攻势，首先攻打北汉的乐平县，守将几乎立即率领一千八百人归降。北汉救兵屡战皆败，乐平遂为宋军控制。这引发了瀑布效应，至 9 月 7 日，北汉共有十八个寨归降宋朝。一路辽军半信半疑地前来为北汉解压，但一遇到宋军就退却了。[②]

辽军的撤离有些奇怪，暗示着他们对其盟友的支持力度正变得越来越小。太祖凭借其直觉或是理智，感到眼下正是进攻政治上被孤立的北汉的时机，于是在 12 月 15 日发起了进一步进攻。即便没有辽朝的支持，这场步调混乱的进攻看起来也是无效的，宋将纷纷撤退重整。随意的袭扰不能用作真正的进攻战略。宋方制定了一项新计划，1 月 14 日，有两路大军被分别派往攻取晋州和潞州，又有第三路大军发往辽州、石州地区，牵制北汉军队。[③] 1 月 24 日，王明向皇帝献阵图。[④] 他提议攻打

---

① 龙沛："War and the Creation of the Northern Song State"，第 161—163 页。

② 《续长编》卷四，第 97—106 页。

③ 《续长编》卷四，第 112 页。

④ 玛西亚·巴特勒（Marcia Butler）在对现存阵图的广泛讨论中，称之为"作战队形图解"。巴特勒认为："有指示性文字描述的阵图，吸收、组织了来自仪式书中的各种占卜之术，让军队能够通过跨越诸如时、空、自然等现象的边界，而与超自然力量结合在一起。在其宇宙观中，这些图示按照普遍法则在运转。" - Marcia Butler, *Reflections of a Military Medium: Ritual and Magic in Eleventh and Twelfth Century Chinese Military Manuals*，康奈尔大学博士学位论文，2007 年，第 110 页。在宋朝，设计并进献阵图作为战争主张的一部分，成为某种时尚。在此背景下，我们需要更为开阔地将其理解为某种战争计划。

幽州，这是打开燕云十六州的一把钥匙。要是能联系到正在进行的战事，我们就不会对这样的事感到惊奇了。太祖奖赏了他，不过并未采取什么行动。[①]王明显然没有理解当时促使皇帝积极对北汉用兵的地缘政治局势。太祖是想在辽朝不大可能参与的情况下消灭北汉。进攻燕云十六州将会引发与辽朝更大规模的战争。即便如此，太祖将会亲自北上的传言仍然散布了出来。

在宋朝发起猛攻时，2月14日，北汉统治者收到了辽朝皇帝的一封信，给他带来了很大的震动。辽朝皇帝表达了对北汉统治者的总体不满，认为现任统治者的父亲更加温顺听话，凡事先与辽朝商量再行动，现在的统治者行事则更加独立。辽朝皇帝还对北汉介入李筠事件的结果很不满意。北汉统治者立即派出数位使臣前往辽朝，试图修复裂痕。[②]辽朝皇帝把握全局，把自己的训示放大到了最大效果。北汉统治者如今面临宋朝的紧急威胁，别无他法，只能修正如前。

既然要求得到满足，那么辽朝的支持很快就到来了，时为964年年初，宋军正攻打辽州。一支宋军在城下击溃了北汉援军，迫使其守将投降。宋军占领城池没多久，一支六万人的辽、北汉马步联军就赶到了，逼迫宋军放弃城池。宋方重整人马，调来援军，集结了六万人的力量，于3月16日在辽州城下大破辽、北汉联军。[③]但即使有此大胜，宋军还是没能解救平晋军。

辽、北汉联军的失败，解决了接下来两年里辽州的状态问

---

① 《续长编》卷四，第112页。
② 《续长编》卷四，第113—114页。
③ 《续长编》卷五，第121页。

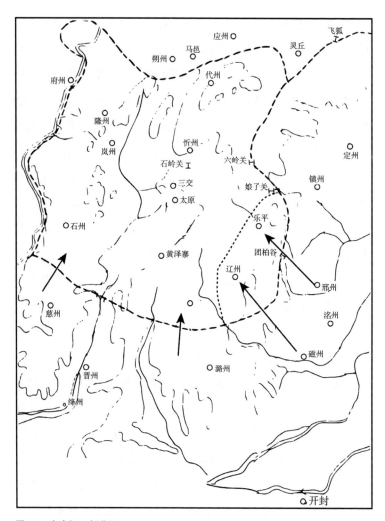

图 12　宋太祖一征北汉

题，但这绝不是边境冲突的终结。现在辽朝更加全心扶植其盟友，所以宋朝想要相对轻松地击败北汉已经没有可能。即使有辽州之胜，辽朝的援助还是有效地抵消了宋朝的部分努力。北汉虽然通过与辽朝重新联合而巩固了自身的安全，但是也经受着宋朝攻击造成的严重损失。因此，三方在战略或战术层面上各有得失，陷入了一场僵局。但是，辽朝所致力于恢复的那种平衡，绝不是战争之前的那种状态。北汉已经向后退却，辽军也落败于战场。到目前为止，辽朝仅仅想要维持宋和北汉的局势。它既没有试图夺回宋朝获得的战果，也不想击溃或削弱（更不必说消灭）宋朝。直到 979 年宋太宗直接征辽为止，这都将会是辽朝的一项长期国策。

辽方一般都会回应宋方的举动，正如 963 年 2 月 9 日，辽军破坏了宋军增固益津关的企图，但他们不会用主动出击的方式去阻止宋的扩张。[1] 如此做，一定程度上是为了留下和平共存的可能性，另一方面则是因为目光短浅——有了 947 年仓促撤离中原的经历，辽军不愿再与中原武力对抗。辽朝没有与南唐结盟共同制约后周，于是就错过了在从前的唐帝国边界之内维持权力平衡的机会。无须大智大慧应该也能意识到，一个庞大而稳定的帝国与辽帝国南北为邻，最终必将会对辽帝国构成威胁。从很多方面来看，宋太祖能够自主地行事、选择战事的次序和进展从而创造宋帝国，可能正是因为辽朝政策的失败。辽朝不愿意或不能够制定出一个更广阔的外交和军事政策，仅仅限于

---

① 脱脱编：《宋史》，北京：中华书局，卷六，第77页。

努力维持南部边界，这为宋太祖的皇图霸业创造了必要的前提条件。辽朝的政策虽然是维持南部边界的和平，但太祖却无意于放弃消灭北汉的意图。要是成功，他将会消除边界上唯一的一支侵略性力量；要是失败，边界也不过是恢复如前。当然，太祖并不确定辽朝在宋军占领该地时是否会来犯，也不确定消灭北汉的企图是否会引来辽军大规模的反击。

辽朝在后周和宋初时期的消极反应令人不解。辽朝短期和长期的军事、政治政策，都是该时期政治史、军事史、制度史的核心。然而，我们对辽朝动机和想法的了解是有限的。就辽朝对后周和北宋的消极政策而言，史料所能支持的唯一答案就是，辽穆宗（951—968年在位）实际上是个懒惰、残暴的酒鬼，丝毫不关心国事。《辽史》和《契丹国志》记载他多次连日纵酒狂欢，下令处死甚至有时亲自杀害朝廷官员，为了打猎就停止朝会。[1] 但是，这些特征即便被证明大体属实，也未必说明穆宗是一个坏皇帝，特别是在外交政策方面。历史上满是像他这样的男男女女，都有极佳的能力制定合理的（无论怎么定义）政策，即便没有执行。但就截至968年的辽朝而言，似乎他们对宋朝军事行动的贫血反应，是中枢毫无决断的结果。不像辽圣宗从十世纪九十年代到1005年反复做的那样，穆宗从未亲赴战场。他最大的两次军事动员（954年和964年）都惨淡收场，他也无法通过打开外交关系，去施行针对宋朝的政治政策。宋辽间正式外交关系的建立，还要留待穆宗的继承者。或许这也说明，

---

[1] 《辽史》和《契丹国志》中这些事件的简编，可见程光裕：《宋太宗对辽战争考》，台北：台湾商务印书馆，1970年，第5—9页。

宋太祖迟迟不与辽朝开通外交关系，是因为他意识到，辽穆宗不是一个可以信赖的、能够发挥作用的对话者。战争和政治都不是单方面的活动。

整个964年，北部边境上持续紧张，而政治活动也在迅速发展。值得注意的是，政府高层的重要提拔还扩展到了赵普和赵匡义之外。太祖和赵匡义的幼弟赵光美（即前文提到的赵匡美），还有太祖十七岁的儿子赵德昭都得到了提拔。实际上，赵匡义和赵光美几乎总是一起得到提拔，只不过赵匡义因为年长而稍微有些优先。赵匡义继续担任开封尹的重要职位，并兼同平章事、中书令；赵光美任山南西道节度使，兼同平章事。赵德昭没有受封为王，而是担任了较为次要的贵州防御使，这是为了让他保持谦恭。[1] 这些对皇室成员的任命没有显示出特别的偏爱，它们所反映的是家庭内部的年龄和身份，而不是谁会继承太祖的皇位。

在皇室以外，赵普的超群位置也发生着改变。他依然是朝中最有权势的官员，964年，除原本担任的枢密使外，他又兼任门下侍郎、平章事（同平章事的简称）、集贤院大学士、宣徽使[2]。他的好友李崇矩也得到了提拔，不过太祖仍然没有设立正式的宰相。太祖最后接受赵匡义以同平章事之衔，实际署理宰相之职。[3] 这一层一层的官衔反映出了赵普与皇帝的亲密程度，

---

[1] 《续长编》卷五，第127页。
[2] 据《续资治通鉴长编》第119页，赵普并未担任宣徽使，时任宣徽使是李崇矩。——译者注
[3] 《续长编》卷五，第119页。

同时也显示，964年宋朝的官僚制度仍具有很大的流动性。也就是说，赵普与太祖的关系，可能比仅仅有限承认君臣间长期私人关系的政府结构所乐意容纳的关系要更为亲近。同时，太祖认为至少要给政府一种官员间权力制衡的表象。所以，他设立了参知政事的职位，任用薛居正和吕余庆。这个职位几乎没有实权，但是此举似乎预示着，皇帝当时开始考虑提拔次级官员来削弱赵普的权力。① 相似的情况还有，军事系统中一批新兴将领得到提拔，代替了太祖结义兄弟们的职位。

　　尽管占据964年政坛的那些名字和职位的清单令人困惑，但是对其简要浏览一番非常重要，原因有二。第一，它显示出，太祖最亲密的宗室成员（两位弟弟及长子），都在朝中有了与其家庭地位相称的职位，特别是赵德昭没有如一般预想的那样封王，他的地位仍在他的叔叔们之下。这并不是要惩罚德昭，而是一种锻炼。第二，它表明，政治和军事领域间的这些相似举措，都是因为太祖要努力填补因宋初缺乏忠臣干将而造成的人事缺口，这个问题一直困扰着太祖。为了创建一个长久的政权，他必须确保政权建立在一个运转良好的政府的基础上，而不是依赖某些个人。这一要求常常与他对保持自身的不可或缺性，以及确保军队和政府由直接效忠于他的人掌管的需要相冲突。这些冲突的结果就是种种矛盾对立。从设立参知政事来看，太祖提拔了两人，填充了赵普与其余行政官员之间的巨大豁口，

① 《续长编》卷五，第125—126页。李焘对设立新职位和提拔薛居正的讨论，围绕着太祖当时是否想要削弱赵普权力的问题展开。另可见张其凡：《宋初政治探研》，广州：暨南大学出版社，1995年，第32—34页。

同时又没有从根本上改变权力平衡。在征蜀之后我们将会看到，太祖又面临着相似的利益冲突，并运用相似的矛盾方式解决了问题。

宋朝征后蜀（964 年 12 月 8 日至 965 年 2 月 11 日）[①]

964 年 12 月的第一周，蜀主派出的两位密使到达了宋廷。但是，他们所携带的密信原本并不是给宋太祖的。信中内容是提议北汉统治者一同攻击宋朝。除了战争借口，这两位密使还告诉了太祖在进军后蜀时所要克服的地理形势和防御力量。太祖立刻调集马步军六万人，兵分两路进讨后蜀，一路从北面南下，一路自东面从长江溯江而上。太祖集结大军的速度以及他所任用的战将都强有力地表明，当后蜀密使到达宋廷时，他已准备好要对北汉进一步用兵。军队的人数（六万人），也非常像年初在辽州进攻北汉、辽联军时的军队规模。[②] 我们几乎可以肯定，太祖已经做好准备进攻北汉，或者抵御北汉、辽联军对宋的合击。

但是，后蜀密使所带来的还不光是军事情报，他们来到宋廷而不是前往北汉，这就清楚地显现了后蜀政治上的孤立。它一直寻求合攻宋朝，但是始终未能实现。因此，像年初时候的北汉一样，后蜀也是一个可以在其他政权能够做出反应之前就除去的目标。事实上，现在的关键在于，太祖要在后蜀和北汉能够形成某种联合之前就采取行动。他使出手中的必要力量攻

---

① 参见龙沛："War and the Creation of the Northern Song State"，第164—173 页。
② 《续长编》卷五，第134—135 页。

击其中一方，但他无法同时攻击两个目标。军事逻辑要求集中全力攻击单个目标，以求迅速取胜。北汉差不多是最难以应付的目标。即便没有辽朝的援助，北汉也是一个强大的对手，如今北汉与辽的关系再度紧密，北汉变得更加难以消灭了。后蜀则可能容易对付一些，尽管进入后蜀的两条受限的路线——一条是通过北面的栈道，另一条是从东面溯江而上——似乎有着令人生畏的自然防护。基于此，太祖决定不顾自然阻力，抓住良机向后蜀发动了冬季攻势。

太祖的决定展现出了非凡的战略才华，将领们则负责实行精湛的战术。整个 964 年，太祖都在静观北汉和辽将会做什么。到了 12 月，他明白了他们不会发起一场大的攻势。于是，他决定趁其他敌人沉寂之时，派出他唯一的一支打击力量进攻后蜀。一场突然的冬季攻势，将会让他所有的敌人（后蜀、北汉和辽）都猝不及防。当他最强大的对手辽朝得知这场战争时，冬季的来临已经让大举调兵变得不可能。辽朝更喜欢在秋季作战，那时他们的马匹经过春夏的牧养，正是最肥壮的时候。他们至少要等到夏季，才会发动大规模战争。另外，太祖从那些使臣那里得知，后蜀对这次攻势也毫无防备。

964 年 12 月 8 日，太祖发布命令，为两路大军做出部署，一路沿长江而上，另一路从北面取道南下。他公开宣布，行军过程中任何焚屋、扰民、掘墓的人都将受到军法（比民法更加严厉）处置，并且为蜀主在开封附近准备了一座大宅第。次日，太祖宴赏出征将士。在分完奖赏、晓谕作战计划后，皇帝对众将说："凡克城寨，止藉其器甲、刍粮，悉以钱帛分给战士，吾所

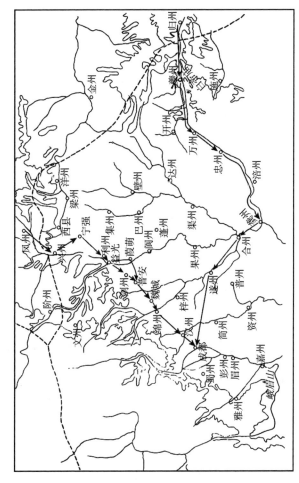

图 13　宋太祖征后蜀

欲得者，其土地耳。"① 如此，他便同那些有点抵触他的禁止扰民
命令的官员们有了私人约定。

长江战线

　　长江一路大军于 965 年 2 月初开始行动，攻下了数十座后
蜀寨堡和镔江上的浮桥。宋军水陆联合作战，不断击退后蜀军
队，斩杀、俘获后蜀水手及士卒一万两千余人，夺取战船两百
余艘。后蜀军不得不退守白帝庙，进一步西上。② 一位蜀将自城
中出战，旋即败走。宋军紧追不舍，突破白帝庙城墙，占领了
该城。③ 长江一路大军继续前进，没有遭遇重大阻击，到达夔州
后听闻蜀主已经向另一路宋军投降了。长江一路统帅刘光义将
当地府库中的钱帛分赏士卒，并放任（或者说容忍）将士屠戮劫
掠百姓。只有副帅曹彬禁止部下肆意屠戮。④ 曹彬军纪严明，这
使他后来在征南唐时被任命为宋军主帅（见第七章），也让他声
望渐隆，能与皇室结成牢固的姻亲关系。

北路战线

　　北路军统帅王全斌的首要任务是打通去往剑门的交通线，
而剑门是后蜀军防卫的关键地点。为此，自 965 年 1 月 24 日起，
他就开始系统性地捣毁守卫剑门入口的后蜀寨堡，稳步地逼退

---

① 曾瑞龙对这段话的注引有些错误，这段话在《续长编》卷五第 135 页，而非
　卷六第 146—149 页。*War and Peace in Northern Sung China*，第 66 页。
② 《续长编》卷五，第 137 页。
③ 《续长编》卷五，第 137—138 页。
④ 《续长编》卷六，第 145 页。

蜀军。随着步步进军，他夺取了大量的军事补给，包括在占领兴州后得到四十余万斛军粮，在西县击溃蜀军后又得到三十余万斛军粮。蜀军撤退之时，破坏了连接险峻山路的索桥和栈道。这仅仅让宋军主力暂时拖延，一些先遣分队迅速占据并修复了这些道路。

经过一系列胜利后，王全斌于 2 月 4 日进入利州，获得了蜀军留下的八十万斛军粮。① 蜀军继续退保剑门。在一次作战会议上，王全斌提出了剑门地形优势的难题，该地一直以易守难攻闻名于世。幸运的是，有一名蜀军降卒知道一条可以绕过大山到剑门后方的路线。一队宋军经过这条险路，击退了守卫河口的蜀军，从后方攻打剑门。宋军主力同时从正面攻城，蜀军震动，弃城而逃。王全斌于是占领剑州，斩杀蜀军万余人。蜀主不久就投降了。② 这场战事共持续六十六天（自宋将离开开封之日算起），将四十六州、二百四十县、五十三万四千二百九十户百姓收入了宋朝版图。

王全斌于 965 年 3 月 1 日率部进入后蜀都城成都。刘光义的长江一路军数日后也到达了。一时间，太祖似乎赌赢了。宋军用如此短的时间就征服了后蜀，在冬季最寒冷的时候克服了可怖的自然险阻，相当轻松地扫除了蜀军。但现在，五代时期所征募和训练的军队的黑暗一面就要显现出来了。

---

① 《续长编》卷五，第 138 页。
② 《续长编》卷六，第 143—144 页。

成都乱局

两路宋军都进驻成都，但战争的结束才是城中百姓不幸的开始。尽管曹彬屡屡提议班师回朝，但其他将领都急不可耐地趁机劫掠蜀地百姓。更加糟糕的是，城中的宋军没有一个统一的指挥系统。任何决定都要由所有将领共同商讨，才能得到批准。由于他们无法达成共识，而且大多数人更喜欢宴乐，所以哪怕是一点小事都无法解决。这些将领们唯一做成的事，就是把蜀主送往了开封。①

四川的秩序崩溃，很快就从一个小问题变成了一场大动乱。虽然有两位宋朝文官分别在成都和梓州恢复了秩序，但整体局势仍持续恶化。成都城外的宋军依然虐待平民百姓，大量名义上被遣散的后蜀士卒依然聚屯一处。像所有五代时期的军队一样，他们都是专业士卒，如今战争结束，他们就无事可做。被宋朝征服后，他们前途暗淡，或许他们所能期待的最好结果就是被编入宋军。但是宋朝似乎对他们放任自流，而当时胜利的宋军则在劫掠后蜀。但是，当有一队蜀军发动叛乱并劫掠绵州附属一县时，情况变得危急了。这支军队很快打下了从前后蜀的文州，并拥戴原后蜀将领全师雄为帅。叛军自称"兴国军"，聚众万余人②。

全师雄数次溃败于宋军之手，不过又重整力量，成功夺取了彭州。于是，成都附近十县的蜀军纷纷摆脱宋朝的控制，响

---

① 《续长编》卷六，第147—148页。
② 据《续长编》第150页，应为十余万人。——译者注

应全师雄。全师雄自称"兴蜀大王"，开府任官，派出将领控制了响应叛乱的各县。宋军后来想逼迫全师雄就范，不过失败了。全师雄把叛乱引向南方，沿着长江设置寨堡，并宣布要攻打成都。当时他占据了十七州之地，开封与成都不通音信达一个多月。王全斌与诸将害怕自己被困于成都，他们尤其担心驻屯在成都城南教场的三万蜀军会响应叛乱。为了消除被城外叛军和城内蜀军夹攻的可能性，王全斌于5月4日下令屠杀了城中的两万七千蜀军。[1]

与此同时，太祖开始采取措施应对宋军虐待四川百姓的问题。他不顾臣僚的顾虑，警告不得再有类似事件发生，并于京中斩杀了一名作恶者。不过，太祖的人道主义之举显得不合时宜，与蜀中宋军的期望形成了矛盾。正当局势变得对全师雄不利时，太祖整肃军纪的努力却使他正面对的叛乱更加严重。在两次重大失利后，反叛军完全溃败，全师雄被迫转为防守。余下的叛军分散守卫州县，仍在坚持反抗。

不幸的是，有部分宋军于夏末秋初在嘉州起而反叛。[2] 这场叛乱从表面上看是源自某个个人，但是反叛者与全师雄的一位部将联合成五万大军，控制了普州。由于这些军队的胡作非为促使宋太祖颁行更加严厉的军纪，所以叛乱的突然发生看似是这些新的约束条规的结果。这是太祖管理军队时一项严重的，也是罕见的过失。四川有超过四分之一的地方都在叛军手中。

宋军很快又重新占领了嘉州，斩杀了数万叛军，但是没能

---

[1] 《续长编》卷六，第150—152页。我没有计入死里逃生的那三千蜀军。
[2] 此次叛乱的大致日期可参见李焘的记载，见《续长编》卷六，第162页。

俘虏其上层领导。仍有数万叛军逍遥法外，宋军花费了很长时间修筑寨堡，控制山路，限制叛军移动，同时又击败并俘虏了一些小股叛军，局势逐渐得到控制。[①] 不过，其他一些忠于全师雄的叛军直到 966 年依然活跃，特别是在宋军曾经发动叛乱的西川地区。[②]

　　叛乱明显得到了控制。二十七名头领被送往开封，太祖亲自诘问其叛乱情形，并将其一一定罪。965 年 10 月 17 日，他们被斩杀于各城门外，其中一人尤为凶残，则被灭族。不过，太祖不忍心对叛乱的普通士卒施加重刑，他感到其中许多人是被胁迫的。如果算上这些普通士卒，则要处决的人数将达数万之众，这显示出叛乱的范围之大。太祖没有诉诸暴力流血，而是免去了他们的罪责。[③] 总之，在蜀主投降已二十个月之后，叛乱终于结束了。

余波

　　王全斌知道，蜀地的最终平定并不是一项纯粹的胜利。不过他也不觉得这是一场完全的失败，或者他的任何举措本身会遭受惩罚。但是他很担忧朝中人士攻击他，破坏他觉得自己通过取胜所积累的良好声望。显然，他未曾觉得其军队的残忍与随后的叛乱有关联，即便他想到过，他也认为这两件事的起因与结果都是战争的不幸但又自然的一部分。可能在他看来，宋

---

① 《续长编》卷六，第 161—163 页。
② 《续长编》卷七，第 166—167 页。
③ 《续长编》卷七，第 178 页。

军的叛乱不是他的错误，而是太祖实行新的军纪或者下层士卒个人仇怨的结果。王全斌所关心的是，朝廷如何看待他的举措。他清楚地知道，将领在战争进行中常常会遭受非议。王全斌考虑称病，从而返回开封，但是被劝止了。他的担忧是有理由的。大量的原后蜀官员和百姓已开始控诉其他宋将掳掠妇女儿童，抢夺珠宝丝绸。

不过由于宋军将领们最近的战绩，太祖不想把他们移交司法官员审判，所以他命令中书门下解决此事。这一做法显示了这项议题的政治属性。高级别的得力将领对王朝的军事和政治命运至关重要，必须恰当地处理。后来的调查确认，他们掠夺了大量的金银财物，擅用职权克扣分发给军中士卒和官员的衣物饷银，滥杀降军。这些都是重大罪过，不过太祖特地叫停了对他们的宣判。

北路宋军的三位主帅遭到降职，并从战场上调任其他闲职。而长江一路宋军的将领们均得到晋升，特别是曹彬。这对太祖而言是一项重大损失，因为他失去了三位忠诚的得力干将为他效力。太祖显然很重视加强军纪，以至于他愿意做出牺牲。与此同时，他不得不从整体上安抚军队，让忠心的追随者们免遭严刑惩罚。总之，这是当时特定的政治局势所要求的一种权宜之计。到了暮年，太祖又恢复了这些遭到贬谪的将领们的地位，并给予了丰厚的赏赐。他向王全斌解释，为了重建法纪，他不得不惩罚他们。①

---

① 《宋史》卷二百五十五，第8924页。

前面的章节曾讨论过，雪夜访赵普发生在 965 年或 966 年冬天的某时。它晚于征蜀，但不早于后续叛乱的解决。那场叛乱让太祖所有的重大军事行动都推迟了两年。或者如梁伟基所说在预料到叛乱将平息之时，或者如我所认为的在叛乱刚刚平定之时，太祖已在考虑，下一步将要去哪里。他倾向于再向北汉发起一次攻势，不过赵普建议再次南下。但是，他们的商谈并没有涉及与北汉和辽朝持续存在的边境问题。

或许是想要掩护川地仍未结束的征蜀战争，太祖于 965 年4 月 28 日下令边将攻入北汉。这促使北汉和辽发动了一连串的小规模侵袭。北汉不能利用宋朝在原先蜀国境内面临的问题，去给对方制造麻烦。事实似乎是，到了 965 年，北汉已经不再能够单独对宋朝构成严重挑战。但是，即便北汉已经不再能威胁到宋政权的存在，它也仍是一个持续存在的问题。并且，北汉如果与辽或南方政权结盟，就总是有可能成为一种更严重的威胁。不过太祖仍然要忍耐，因为他还需要时间提高宋军的整体素质（征蜀战争暴露出了宋军的某些缺陷），强化控制他所拥有的土地，整合新近征服的疆土。

征蜀战争及蜀地叛乱尚未结束时，太祖就已开始将先前的蜀军编入宋军，于 965 年 4 月末组建了三支新军。[1] 又于 5 月19 日改换了另外两支蜀军的名号，并将其编入宋军。[2] 8 月 29日，太祖命令各地官员挑选英勇士卒，登记姓名，以填补中央禁军的缺额。他甚至特别拣选并派出了一批体格健硕的士兵，

---

[1] 《续长编》卷六，第 150 页。
[2] 《续长编》卷六，第 153 页。

以作为各地挑选的标准（后来用度量身高标准的木梃代替）。太祖亲自检验测试这些被征募到京中的士卒。到 9 月 29 日，太祖的侍卫亲军已经有了万余新军。[1]

在等待的过程中，太祖在北方连续安排了十四位边将，防御辽、北汉以及西面游牧民族的侵袭。967 年的这项部署，让他打破了两种需求之间的某些平衡，其一是高度警觉、凶狠善战的边境防御部队，其二是防止任何将领权力过大，与军队联系过深。这批将领被赋予了极大的自由行动权，他们在位多年，并被允许与军队士卒形成亲密的纽带关系——虽然其中得到这种允许的人相当少。他们的家人都生活在京城。当他们来到宋廷，太祖总是极为热情地接待，只要他们继续获胜并维护边境安全，太祖就可以忽视他们的越轨行为。故而，太祖在等待机会之时，总是能够对北方的对手们施加持久的压力。

第二次进攻北汉（968 年 9 月 10 日至 969 年 7 月 3 日）[2]

968 年秋天，机会似乎来了，目标又是北汉。这一年，北汉君主刘钧去世，引发了相当大的政治动荡。[3] 9 月 10 日，太祖命军队驻屯于潞州，准备进攻北汉。10 月初，刘钧的外甥刘继元继位。[4] 刘继元继承君位之时，宋军已经开始行动了。毫不意外，他初为北汉君主的一项举措就是请求辽朝增援。宋军很快

---

① 《续长编》卷六，第 156—157 页。
② 参见龙沛："War and the Creation of the Northern Song State"，第 174—184 页。
③ 《宋史》卷二，第 27 页。
④ 《续长编》卷九，第 206—207 页。

到达北汉国都太原城下。11 月中旬，太祖致书北汉君主及四十位大臣，要求他们投降。①

这场战争的最初阶段完全是由宋军先锋展开的，他们确实不辱使命。宋军先锋所向披靡，轻而易举地扫清了与之对抗的北汉军队，打开了通往太原的路线，并包围了太原。北汉一方显然处于劣势，因为先前宋朝攻入后所留下的任何边防力量，都无法进行有效抵抗。太原成为北汉抵抗的前线。然而，太原城的防守给了北汉政权充足的时间请求辽朝调动援军，辽军于12 月中旬开赴太原。辽军大举进犯晋州、绛州时，围攻太原的宋军不得不撤退了。② 不过，辽军的介入和宋军的退兵重整，并没有让太祖放弃自己的军事计划。宋军先锋的攻击目的之一，就是让辽方如预想中那样做出回应，迫使他们在初冬时节匆匆调兵。辽军的战马在冬季日渐虚弱，这不仅削弱了辽军在战场上的作战能力，而且当更大规模的宋军回到战场时，这也限制了辽军增兵添将的能力。所以，当导致攻打北汉的内部政治环境可能变得不那么有利之时，军事局势却在冬季日渐改善。

969 年 2 月中旬，太祖集结了此次进攻的主要兵力，于 26 日派往太原。3 月 7 日，太祖本人也离开京城，赶赴太原。他料想到辽军会攻击镇州、定州以支援北汉，于是在此设伏应对。③ 非常意外的是，宋军此次攻打北汉恰逢辽穆宗遇刺身亡，时在 969年 3 月 12 日，穆宗年仅三十九岁。④ 太祖何时发觉了辽廷的这一

---

① 《续长编》卷九，第210页。
② 《续长编》卷九，第212页。
③ 《续长编》卷十，第216—217页。
④ 《辽史》卷七，第87页。

变故并不可知，不过这似乎没有对这场战争的过程造成影响。

3月28日，连绵大雨让太祖停滞于潞州。太祖在那里听闻军事后勤系统处于一片混乱之中，马车阻塞了城市街道。他正要惩处潞州负责粮草的转运使，但被赵普拦下了。赵普说："六师方至，而转运使获罪，敌人闻之，必谓储偫不充，非所以威远之道，但当择治剧者莅此州耳。"次日，太祖选任了一个更加能干的人负责潞州的粮草转运，问题很快就解决了。①

这件事揭示了战争中有趣的心理方面，因为政治上和军事上对各项问题的计算，都必定基于不断变化的可靠信息。北汉是否投降——不仅包括君主投降，也包括北汉境内各个将领、各支军队的投降——取决于他们对宋朝形势的看法。同样，辽朝是否决定派出军队，或者他们考虑与宋军抗衡是否可行，这些也都基于他们对宋军强大程度的了解。在纯粹的军事算计之外，某种形式的谈判也非常有可能发生，这也要基于敌方所认识到的军队部署情况和宋朝君主的决心。这种局面后来在1004—1005年的澶渊城下表现得最具戏剧性。

随着宋军主力的前进，北汉在通往太原大道上的团柏谷阵地变得不可坚守。3月19日，该处守将撤退，北汉君主旋即因为太原失去屏障而罢黜了他们。宋军如入无人之境，进抵太原城下并包围了城池。②4月4日，太祖离开潞州，三天后到达太原。12日，他检阅了军队，又下令修筑一道长长的土城，以及一座跨越汾河的桥。太祖从周边地区征集了数万劳力，继而

① 《续长编》卷十，第217页。
② 《续长编》卷十，第218页。

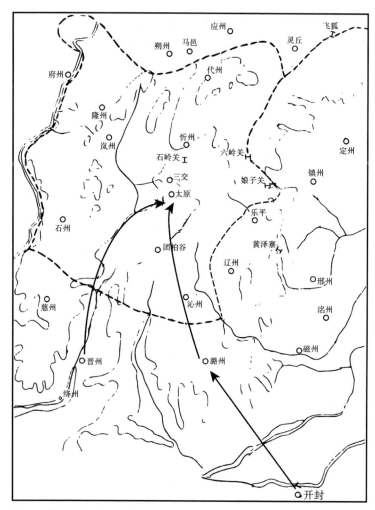

应州　　　　　　飞狐

朔州　马邑　　　　灵丘

府州　　　　　代州

隆州

岚州　　　忻州

石岭关　　六岭关

三交　　　娘子关　镇州　定州

太原

石州　　　乐平

团柏谷　　黄泽寨

慈州　　沁州　辽州　邢州

洺州

晋州　　潞州　磁州

绛州

开封

图 14　宋太祖二征北汉

又开始修建一座连接汾河的长堤。他并未选择集中兵力直接攻击太原，而是计划水淹城池。同时，宋军加强了对太原的控制，以军事工事环环围绕该城。不断有北汉军队殊死战斗，试图突围，但都被击退了。①

一直有北汉将领和官员带着他们的部属或其辖区投降宋朝。969 年 4 月末，一支辽军主力被击溃，5 月 20 日，另一支主力也同样落败。5 月 26 日，太祖的堤坝得以完工，并引注汾水冲灌太原。宋军如今用小船载着大型弓弩，进攻太原。6 月 19 日，大水在外城城墙上打开了一个缺口，宋军火速击退了试图在缺口设障的北汉守军。北汉接着时来运转，城中积草顺流而去，落入了缺口。宋军的弓弩无法穿透这层屏障，北汉军队于是从里面堵塞了缺口。然而，自城西突围而出、想要破坏宋军围城器具的一支北汉军队却遭到反击，损失了数万兵力。②

尽管宋军连连获胜，太原依然久攻不下。围城对宋军生出不利影响，既包括损兵折将，也包括疫病流行。太祖拒绝了那种以精锐之师做最后一击的呼声。与此同时，另一支辽朝援军也奔向了太原。6 月 23 日，太祖终于同意解除围城，班师回朝。③ 如果最终取胜会让其军队变得虚弱不堪，那么太祖是不会选择孤注一掷地消灭北汉的。太祖十分理性且谨慎，他能够接受这场战事的失利。北汉遭受重创，太祖又进一步采取措施去削弱它。除了在夏秋时节频繁袭扰，破坏农事，宋朝还增筑关

① 《续长编》卷十，第219—220页。
② 《续长编》卷十，第220—222页。
③ 《续长编》卷十，第224—225页。

隘，限制北汉和辽朝军队的活动，又强制性地把太原地区数万户百姓迁到了宋朝境内。

969 年 7 月 3 日，太祖离开太原。北汉在围困中损耗严重，以至于不得不依赖宋军撤走时丢弃的储备。北汉共得粟三十万，绢数万。[1] 相比于宋朝转移走的士卒和百姓而言，这些就显得微不足道了。讽刺的是，太原的城墙在大水退去后坍塌了。一位辽朝使臣叹道："王师之引水浸城也，知其一而不知其二。若知先浸而后涸，则并人无噍类矣。"尽管宋军撤退了，此次围城却深深撼动了北汉的领导层。太原的防守显然很空虚，外围州县所能给予的支持也很微小，辽朝也不愿意调动大军来对抗宋朝。一位将领敦请北汉君主让他攻击正驻扎在太原城外的辽朝援军，然后归降宋朝。他指出，他们可以抢占数万匹马，并以这次攻击作为投降的良好基础。北汉君主没有同意他的计划，数日之后辽军就北还了。[2]

这次进攻北汉共计十个月，其中大部分时间，太祖都身在战场。这清楚地表明了太祖灭亡北汉的决心。而且实在足够讽刺的是，太祖耗时最长的这场战事实际上是失败的。不是吗？太祖虽然没有能成功征服北汉，但是宋军几乎赢得了每一场战役，并两次取得了对辽朝的决定性胜利。宋朝的后勤实力完全能够保证继续围城，与太原城内日渐恶化的局面形成了强烈的反差。最终，是疾病和恶劣的天气状况，而非北汉或辽朝，迫使宋军撤退了。

---

[1]《续长编》卷十，第226页。
[2]《续长编》卷十，第228页。

太祖能够承受得起这场失利，这不光表明他在军事上并没有被击败，而且也显示了宋政权的政治实力和稳定性。这还证明，这场战争的确对北汉造成了相当大的打击，这从宋军已经取得的丰富战果上就可看出。太祖并不是空手而归的。他获得了疆土，进一步削弱了北汉；测验了辽朝对其附庸的支持及限度所在；为了战场上的军事补给，他又扩大了中央政府对数十个州县的控制；最后，他还展现了宋军的军事实力——击败哪怕最强大的对手的能力，及在战场上一连数月保持战力的能力。相比于此前的任何战争，这次作战就后勤补给和对手而言，都可算作更为艰难的军事行动。在征服南唐以前，宋军都不会再遇到这样的一场考验。

太祖在政治战线上的进展更加细微，但也并不那么模糊。虽然太祖小心翼翼地打消了让符彦卿担任中央禁军将领的想法，但符的存在仍是一件令人担忧的事。969 年 1 月 31 日，太祖召唤符彦卿等十二人至飞龙院，赠与他们名马。早先，符彦卿和石守信、高怀德、王审琦、冯继业等人都从各自的军事驻地被征召到了京城。这成了"杯酒释兵权"之后的第二步——先前那些被遣出京城以增强皇威的权臣们，如今又被召回京城，以巩固皇帝在地方上的权力。

虽然太祖的结义兄弟们都理解并接受这种做法，但符彦卿起初却不。他管理大名已逾十年，并不希望离开驻地，滞留京城太久。2 月 21 日，他请求回到驻地，但遭到拒绝。[1] 太祖的

---

[1] 《续长编》卷十，第215—216页。

手段并不直接，但很残酷。当符彦卿任命留守的贪婪部属们接手他的势力基础时，太祖没有要求他交出职权，而单单是不允许他离开京城。9 月 5 日，符彦卿终于意识到他不可能再回到驻地，于是开始打算举荐一位官员代替他。一位可能在地方上制造麻烦的权臣，就这样"自愿"向宋朝政府直接交出了自己的权力。969 年 12 月 7 日的一场酒宴上，太祖让五位节度使都自愿请求交权卸任。[1]

太祖一方面逐渐削平独据一方的实权派，另一方面又继续以非凡的手段笼络和支持边将。他派人入辽境迎回了董遵诲身在幽州的母亲，于是赢得了他永远的忠心。[2]当李谦溥毫无保留地支持他被怀疑私通北汉的部下时，太祖也就赦免了那位部将。有官员奏称，郭进的宅邸使用半圆形截面的筒瓦，违反了朝廷针对官府、庙宇及高官宅邸的禁奢法规，太祖因其妄言而惩戒了这位官员。[3]郭进已经守卫边境安全长达十年。在那些大的功绩面前，这些小的违规行为都不值一提。[4]

同时，太祖又有可能对忠诚的将领非常怀疑。966 年，他几乎因为有关韩重赟私募亲兵的指控，就要惩治这位殿前都指挥使。赵普劝阻太祖称，如果作为将领不能拥有亲兵，那么就不会有人愿意为皇帝领兵。韩重赟十分感激赵普，不过赵普拒绝会见他。事实上，这可能是赵普和赵匡义之间又一轮的政治斗

---

① 《续长编》卷十，第 233 页。
② 《续长编》卷九，第 203—204 页。
③ "筒瓦"条，见北京市文物研究所编：《中国古代建筑词典》，北京：中国书店，1992 年，第 112 页。感谢 Tracy Miller 提供给我这份参考资料。
④ 《续长编》卷十一，第 248—249 页。

争，尽管韩重赟并非赵普的拥护者，但是这显示了太祖对高级将领有多么大的疑心。[①] 不过，他有理由担忧将士们的忠诚度。969 年 11 月 26 日夜，太祖扑灭了一场由一个军官集团组织的政变。[②] 于是，他禁止京中百姓储藏武器也就不足为奇了。[③] 太祖试图在增强军队实力的同时，强化自己对军队的控制力度，而不是如一些人所说的让政权非军事化。这种尝试并不总是尽如人意，但那些实际存在的威胁到宋朝的内外忧患必须得到解决。

太祖在政府中的一个迫切需求，仍是干练的行政官僚。然而，选任官员的正规体制尚未建立起来，而科举考试中的偏私现象也让太祖对其态度摇摆不定——如果说不是完全反对的话。968 年 4 月 10 日，十位通过各种考试的士人的名字被进呈给皇帝。次日，名单上的第六人、陶谷（903—970）之子陶邴进宫面谢太祖，太祖说道："闻谷不能训子，邴安得登第？"他下令重新举行考试，但是陶邴再次登第，这让太祖感到，考试很像一个容易发展党羽的恩荫系统。[④] 然而，皇帝选拔官员却可以是非常专断的。他提拔卢多逊（934—985），最初是因为他有历史学者和图书馆员的才能。[⑤] 不过卢相当能干，在第二次征讨北汉时，太祖就任用他为知太原行府事。[⑥] 但后来卢多逊在与一位南唐使

---

① 《续长编》卷八，第 190 页。
② 《续长编》卷十，第 232—233 页。
③ 《续长编》卷十一，第 246 页。
④ 《续长编》卷九，第 200 页。
⑤ 《续长编》卷九，第 201—202 页。
⑥ 《续长编》卷十，第 219 页。

团成员交谈后说出的南唐无人之论[1]，则显得目光短浅。[2] 最后，卢转而加入了赵匡义阵营，赵匡义利用他，以太祖宠臣的身份打击赵普。所以说，太祖的选官办法同样有派系主义的倾向。

征南汉（970 年 10 月 3 日至 971 年 3 月 22 日）[3]

从 969 年 7 月直到次年秋天，太祖都在等待下一次军事机会。有可能的军事目标目前已经缩小为北汉、辽朝控制的燕云十六州、南汉以及南唐。辽朝领导层近期发生了变动，当下并不是北伐的好时机，北部边境较为平静。南唐仍然算是一个大国，它与宋朝保持着极为分明的尊卑关系。相形之下，南汉则断然拒绝了宋朝通过南唐所转达的提议。太祖没有等到什么好的机会，但还是在 970 年 9 月决定征伐南汉。南汉并没有任何挑衅行为，宋朝也没有什么理由，所以这场征伐可能是太祖最为赤裸的一次武力展现。10 月 3 日，太祖任命潘美为帅，又令各州兵马聚集到贺州城下。[4]

10 月 21 日，潘美初战告捷，斩杀南汉军万余人，并攻克了富州。南汉战备非常贫乏。由于皇室的大量内斗，南汉大多数将领都遭到弹劾和处决，军权都掌握在一些宦官手中。南汉境内的城墙要塞年久失修，战船破败，军械盔甲不堪使用，军队也长期领不到薪俸。

---

[1] 据《续长编》第 227 页，卢多逊说的是"孰谓江南无人"，意思是说南唐是有人才的。作者此处对史料理解有误。——译者注
[2]《续长编》卷十，第 227 页。
[3] 参见龙沛："War and the Creation of the Northern Song State"，第 185—191 页。
[4]《续长编》卷十一，第 249 页。

宋朝的攻势震动了南汉朝廷，等到南汉君臣完全弄清当前的情况时，宋军已经包围了贺州城。南汉君主召集所有官员共同商讨局势。众人都举荐潘崇彻担任主帅，对抗宋军。潘此前曾被罢免，现在仍然心怀不满，因而以目疾为由力辞不受。南汉君主大怒，说："何须崇彻？伍彦柔独无方略耶？"于是，他令伍彦柔领兵解救贺州。情况很快就能说明，为何南汉朝臣们都举荐潘崇彻而不是伍彦柔。10月22日夜，伍彦柔遭到伏击，并被枭首。宋军继而向贺州守军们炫耀伍的头颅，沉重地打击了城中守军的士气。很快，宋军又突袭贺州，填平城壕，直抵城门，逼得城中守军开门投降。[1]

贺州位于南汉都城广州的上游。贺江畅通，宋军可以很快到达南汉都城。局势危急，迫使南汉君主不得不起用他所讨厌的潘崇彻。潘受命统率三万人马，在贺江口摆出守势，但并不进击宋军。与此同时，宋军兵分两路，一路向西，一路向东。潘崇彻到达贺江时，西路军也已经抵达昭州和西江。潘崇彻仅仅驻屯于此，以防止宋军沿贺江或西江而下，但对东路宋军却无计可施。一旦东路宋军到达韶州和北江，同样可以很快地沿江而下，直抵南汉都城。不过，只要西路宋军一直待在贺江或西江上游，那么潘崇彻也就按兵不动。西路宋军成了整个战局的一个重要威胁因素。

970年11月24日，西路宋军攻破开建寨，接着又在昭州、桂州守将弃城后连克二州。东路宋军攻克了连州，当时，南汉

---

[1]《续长编》卷十一，第250页。

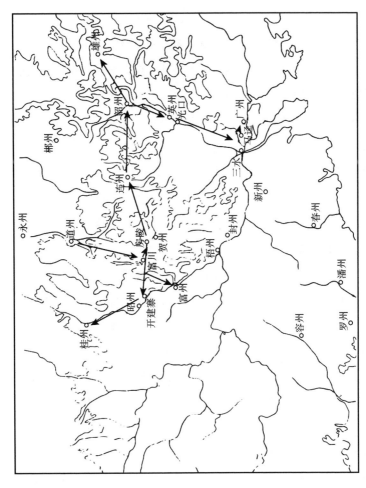

图 15 宋太祖征南汉

君主命令桂、连二州在宋军到达之前徙民撤退，以冀宋军在占领昭、桂、连、贺诸州后就收兵。不过，这种愿望只是徒劳。

971 年 1 月 20 日，东路宋军即将抵达韶州时，遭遇了驻屯在莲花峰下的十余万南汉军，他们挡住了通往都城的道路。南汉军在阵前摆出战象，以增强军威，每头战象上都搭载了十余人。宋军用弩箭集中射击战象，战象奔逃回南汉军阵，践踏无数，战象上的士卒也都被抛下。宋军继续追击已经溃不成军的南汉军队，摧毁其残余势力。不久，韶州也被攻下了。①

南汉文武官员们向君主提出了许多相互矛盾的对策。有些人觉得应该投降了，另一些人觉得还可以继续坚守。南汉君主决定在都城以东的马迳筑壕，部署六万军队对抗宋军。南汉朝廷内部关于如何应对宋朝攻势的矛盾看法还提醒我们，宋朝的征服在当时并未被视作不可避免的。南汉朝臣们也没有看清，中国重归一统是一种自然趋势，他们也会乐见其成。

971 年 2 月，东路宋军攻克了英州和雄州，迫使潘崇彻投降。宋军沿北江向前推进，让潘的位置显得无关紧要。当宋军到达泷头时，南汉君主遣使前来求和了。泷头地势险要，是一块战略要地。潘美担心遭遇埋伏，遂以使臣作为人质，以求迅速通过这片险地。2 月 25 日，宋军又抵达了距马迳三英里的栅口。次日，潘美进抵双女山，俯瞰南汉壕堑。守军和壕堑是宋军和南汉都城之间最后的屏障。②

南汉将领们日夜祈求神佑，他们唯一的计划就是守住战壕。

---

① 《续长编》卷十一，第252—254页。
② 《续长编》卷十二，第258—259页。

就在此时，南汉君主决定去国。他用十余艘船载着金银珠宝和妃嫔，打算逃到海上。但就在他要出发时，却发现内侍和卫兵已经驾着他的船离开了。他终于害怕了，于是写信请求归降宋朝。潘美派遣信使将信送给太祖，并继续着战事。971年3月3日，南汉军据水列阵，决心死战。宋军渡河击溃了南汉军，南汉残部纷纷奔逃四散。

潘美发现敌方的防线是以竹木编织而成，遂派出五千士卒，每人手执两支火把，悄悄接近。暮色中，他们纷纷点燃火把，扔进壕堑。忽然吹来一阵大风，腾起了烟尘。南汉军队彻底溃败了，宫中几位大臣遂放火烧了仓库和宫殿，希望宋军会因为南汉财富的蒸发而撤兵。当夜，一切都被毁灭了。

次日，宋军到达白田。南汉君主着素服出降。潘美对这场胜利的书面报告，直到3月22日才送到开封。南汉的灭亡使宋朝得到了六十州、二百一十四县，以及十七万两千二百六十三户人口。①

征服了南汉，太祖就又回到了胜利之路上，这在征北汉失利后尤为重要。但是，获胜之后不可避免的一个结果，就是战略灵活性的日益缺失。既然太祖想要尽一切可能避免与辽朝直接对抗，那么实际说来，如今只剩下两个目标可供选择——北汉和南唐。

---

① 《续长编》卷十二，第259—261页。

第七章　分割战争和政治

　　从 971 年 3 月到 974 年 10 月，太祖完全忙于治理自己的帝国。但这并不完全是他的自愿选择，因为暴雨导致黄河灾害频发，对南汉领土的行政管理也困难重重。这个极速扩张的政权，严重缺乏可信的、能干的官员。更糟糕的是，新近征服的南汉距离开封太过遥远，此外，未能真正融入宋朝的后蜀也同样如此。花时间巩固这些最新的战果至关重要。北汉继续制造了一些破坏性的侵袭活动，宋朝也以牙还牙。不过辽朝则完全沉寂，这为创造某种化解矛盾的方法提供了可能性。至于南唐，太祖希望用不断增强的外交压力去诱使对方不战而降。时运依然眷顾着太祖。

　　赵普与赵匡义之间的政治斗争也达到了高潮，这对王朝的未来产生了深远影响。赵普尽管有着过人的政治智慧，但是他也没有完全看清赵匡义所持有的资本。要是赵普能够看清，那么他必然会试着说服太祖，正式立自己的儿子为皇位继承人。这种努力可能会失败，因为太祖政治上太过强势，绝不会答应这种请求。但赵普可能会像他常常做到的那样，找到一种方式说服太祖。随着政权趋于稳定，虽然有些失败的政变，但现如今，争夺朝中的权力变得比向外扩张王朝权力重要得多。这些胸怀大略者现在可以少花些精力为王朝考虑，而多花些心思为自己考虑了。特别是对赵匡义而言，局势现在变成了夺取王朝未来的一场斗争。这是赵普的盲区，他的至高权力实际上使他个人在未来没有了任何晋升的可能。毕竟，他并非皇室成员，至多就是成为皇帝的近臣。如果赵普想得到更多，就必须取代宋朝政权，而这相当困难、不切实际，况且赵普也没有这种兴趣。不过另一方面，赵匡义却同皇帝关系紧密，他可以幻想实现那个最终目标——成为皇帝。

既然王朝生存的压力逐渐变小，那么王朝如何发展、权力如何分配，以及从长远来看，权力如何转让并保持合法性的问题，就摆到了眼前。显然，太祖对这些问题并没有太多考虑，他也不允许讨论这些问题——那会让他分心，也会分化臣子们对他的忠心。不过，赵匡义却利用了兄长的疏漏去攫取君位，待他成为皇帝后，他很注重权力运作的组织和制度，从而保证自身的合法地位。不过这都是将来的事，在十世纪七十年代初，赵匡义最重要的目标就是解除赵普的权力。因为，虽然太祖依靠巨大的军事声望来巩固自己的合法地位和政治权力，但赵匡义却仅仅是个政治人物。他在该领域中的主要对头就是赵普。

正是在此时，我们开始看到即将发生的战争与政治的分隔日渐形成，尽管这一过程的完成是在赵匡义之子、宋朝第三位君主宋真宗时期。种种困难（其中最重要的是自己不能胜任）使赵匡义在王朝形成期无法充当军事角色，而不得不仅仅在政治领域追求他的权力野心。太祖统合了军事和政治两方面的权力，赵匡义的权力基础却仅仅在政治方面，虽然他也付出努力，想要增强自己对军队的影响力，但大多都失败了。不过，当军事活动的最激烈时期行将结束时，军事领域的扩张也开始达到其极限，而政治领域的远景才刚刚展开。换句话说，战争变得越来越不重要，而政治变得越来越重要。这可能也解释了，为何赵普疏忽于赵匡义威胁的严重性，太祖同样如此。这两人对建立宋帝国都太专注，也太重视，以至于未能看清新的权力游戏的概要。

赵普的忠诚与智慧，使他在政权之中占据了稳定的地位，不过太祖却是个极为多疑的人。正如王全斌所意识到的，虽然忠诚可能会让人免于血仇，却不能保证一位文官或武将的权力地位。971 年，赵玭（921—978）有一次面见太祖时攻击赵普从事木材生意，而这是官方明令禁止的。太祖大怒，并让官员们决定此事该如何处罚。不过，百官都覆陈，赵玭对赵普的诽谤毫无根据。于是，赵玭遭到责打，并被贬黜到了京外。蒋复璁指出，尽管这场攻击表面上是由私人恩怨所触发的，但它对赵普的地位却造成了影响。[①] 它还表明，即便是像赵普这样至关重要、广受信任又忠心耿耿的人，哪怕只是一点犯罪的线索，还是很容易让太祖生气并带来惩罚。

但或许对赵普最重要、最经常的抨击来自卢多逊。卢多逊

---

① 蒋复璁：《宋太祖时太宗与赵普的政争》，第 5 页。

经常向太祖批评赵普的缺点，尽管我并不同意王夫之（1619—1692）的看法，他认为卢这么做是想要维护已故皇太后（太祖和赵匡义的生母）要赵匡义继位的遗命。[①] 我会在第八章中更加详细地处理这一议题，不过现在有几点值得关注。第一，卢多逊攻击赵普最明显的动机，就是增加他个人的权力。显然，想要在官僚体制中得到晋升，唯一的方法就是首先赶走你上面的人。赵普长期担任宰相，自然是任何有野心的官员的阻碍。第二，同样明显的是，赵匡义当然会乐见对赵普的任何攻击。卢多逊的批评也就有了双重作用，一是移除他自身晋升道路上的障碍，二是赢得朝中最具权势的人物的赏识。尽管他可能并不期盼赵匡义做皇帝，但他却明白，他自身的权力之路完全包含于这个政治领域。在这方面，卢多逊最终成为宋朝第一位完全因朝廷政治而荣、而死的宰相。第三，卢多逊并不是赵匡义的人，他也不属于任何派别。他的权力完全来源于太祖，是他与皇帝保持亲近的结果。所以，他在官僚体制内部没有支持基础，他在个人晋升之外也没有什么发展动机。

卢多逊的批评以及赵匡义的攻击之举，最后都被证明对赵普的下台没有那么大的直接重要性，这都比不上赵普自身的举动，以及太祖对朝中任何权势人物根本上的不放心。964 年，有三位宰相致仕，赵普于是成了唯一的宰相。不久，太祖就恢复了参知政事这一官职，使其为宰相之副。[②] 这一官职原本并无

---

① 王夫之：《宋论》，北京：中华书局，1964 年，第 32 页。

② 《续长编》卷五，第 125—126 页。引自张其凡：《宋初政治探研》，第 33 页等处，及贺凯：*A Dictionary of Official Titles in Imperial China*，第 517 页。

多少实际意义，直到 972 年为止都没有重大职责，这从太祖最初选派薛居正和吕余庆担任该职也可以清楚地看出。973 年 7 月 22 日，情况发生了变化。太祖开始疑忌赵普的权势，于是命令薛、吕二人同赵普一起商量政事。[①] 早前，赵普之子娶枢密使李崇矩之女为妻，这让太祖很不满。这场婚姻勾连起了文武官员之间的分隔状态，即便赵、李二人已是多年好友。

但我们不要以为，太祖已经完全不再信任他的这位忠实的幕僚。虽然皇帝担忧宰相的权力在某些方面能与他本人抗衡，不过他们之间的关系要复杂得多，他们之间的信任也很深厚。太祖从建国之初就让赵普管理政府，但在十多年后，如果还继续维持这种临时性办法，显然是不合适的。直到 973 年赵普被罢免为止，宋朝政府的基本运作都像是太祖家庭的放大版，政府由其最信任的幕僚负责适当地运行。虽然卢多逊和赵批都因为攻击赵普而留名于史，但当日的许多朝臣都对赵普长期任职、大权在握感到不满。在命薛居正、吕余庆与赵普共同议政的八天后，太祖就正式将这一做法制度化，以分割赵普的权力。从这层意义上说，太祖既是在促成政府的非个人化，又是在提拔一批新官僚，就像他提拔一批新将领一样。

太祖最终在 973 年 9 月 22 日完全罢黜了赵普。赵普在离别之际，向太祖做了自我批评，这份文字有助于我们了解赵普与皇帝及皇室的关系，并且向我们说明了赵普自认为的罢黜原因："外人谓臣轻议皇弟开封尹，皇弟忠孝全德，岂有间然？"[②] 赵普

---

① 《续长编》卷十四，第303页。
② 《续长编》卷十四，第306—307页。

显然觉得，他对赵匡义的一些不利言论让太祖罢免了他。赵匡义毕竟是太祖的弟弟，太祖不会让自己的幕僚诋毁自己的弟弟。不过，问题显然要大得多，赵普可能以为，太祖最终不堪赵普与赵匡义政争的困扰，并决心支持自己的弟弟。所以赵普才要申明，他对赵匡义的成见都不是基于个人好恶的，他同赵匡义也并非真正的敌人。

赵普离任后，一批官员得到了提拔。10 月 17 日，薛居正被任命为门下侍郎、枢密副使，沈义伦被任命为中书侍郎、平章事，这一任命让薛、沈成为事实上的宰相，尽管他们的官职似乎有些够不上。卢多逊被提拔为中书舍人、参知政事，这一官位刚刚得到恢复并正式化，也让卢多逊与薛、沈一样居于相位。楚昭辅被提拔为枢密副使（薛居正也担任该职），如此，相位都补满了。这四人分享了赵普曾独占十多年的权力，他们要负责政府的日常运转。

与此同时，有六位更具权势的人物也得到了提拔，分别是赵匡义、赵光美、赵德昭、石守信、高怀德及王审琦。太祖的两位皇弟及皇子再一次一同晋升，同时他的三位旧日兄弟也在中央政府中担任更为重要的官职。10 月 20 日，赵匡义的地位升到宰相之上。在与赵普的政争中，赵匡义取得了明显的、决定性的胜利。他甚至走得更远，他让太祖正式宣布，他具有超政府的地位。这是他与赵普政争结果的制度表现，也保证了他的地位高于今后任何一位宰相。个人的地位如今成了制度实践。

蒋复璁从赵匡义地位的突升中得出了六点结论。第一，按照五代的做法，赵匡义晋王及开封尹的身份暗示，他会继承太祖的帝位。第二，光美和德昭的晋升显示，就金匮之盟（见第八章）来说，他们将会继赵匡义为帝。第三，薛居正和沈义伦都被提拔为相，改变了赵普时期仅有一位宰相的做法。第四，提拔石守信、高怀德和王审琦是为了让开国功臣们安心，并让他们处在赵普之上。第五，卢多逊任参知政事是对他攻击赵普的一种奖赏。第六，楚昭辅任枢密副使、杨义任殿前都指挥使，让军队控制回到了合适的层级制度，以免再起争端。①

　　蒋复璁的前两点结论涉及太祖对继承人的安排，他的观点存在问题，需要继续讨论。现在我们需要着重强调的是，太祖从未在任何公开场合明确指定过继承人。这与赵匡义形成了鲜明的对照。蒋的后四点揭示了太祖对宋朝所做的极为复杂的政治考量。军事和政治权力重叠互锁，且极具个人性。太祖的三位旧日兄弟现在都是皇室姻亲，太祖实现了自己的承诺，但这也意味着，他们如今更像匡义、光美和德昭，而不是赵普。军事与政治权力现在实现了分离，因为宰相中无人能拥有像赵普那样的威望与宠幸，能够抵消权力的制度分立。并且，虽然赵匡义的地位极其尊荣，不过他也没有军事权力（赵普一直阻拦他接触军队），他的政治权力也没有什么实质扩大。事实上，随着权力被分配到四位宰相手中，赵匡义非但没有得到更多权力，他对政府的影响力反而在制度化的过程中减小了。赵匡义所要对抗的不再是赵普，而是整个政府。太祖重申了自己的权力，并收紧了对政府的掌控。现在，他能够把注意力转向军事

---

① 蒋复璁：《宋太祖时太宗与赵普的政争》，第14页。

行动了。

南汉的灭亡，让太祖接下来的军事目标变得屈指可数。他可以尝试征服北汉，抑或攻打燕云十六州。他也可以继续南下，攻打南唐。北边的两项选择都涉及辽朝。不过，避免与辽朝的边境冲突是一回事，面对辽朝派往战场的正规军又是另一回事。无论在数量上还是在战力上，辽朝骑兵都比宋朝骑兵略胜一筹。北边的后勤也很难补给，不像南方有那么多可供航行的水道。在领土扩张的可能代价之间做一番权衡，小者为佳，那么选择北面显然没有继续南进有吸引力。即便把淮南地区（如今属于宋朝）丢给了周世宗，南唐仍然是一个相对富庶的国家，不过宋朝则有强大的水上力量可以与之相抗。

无论太祖对毫无缘由地进攻南唐会有多少良心不安，但他的战略考量胜过了他的良心。南唐朝廷继续抵抗着外交压力，不过令人沮丧。同十世纪时的其他政权一样，南唐也拒绝"接受"宋朝必然会再现大唐帝国，而南唐将无法继续作为接受间接统治的附庸国存在的可能事实。太祖以南唐国主曾试图以五万两白银贿赂赵普为借口，加大了对南唐的外交压力，于971年11月21日去其国号，并遣使替换其国印，改为"江南国"（为求一致性，我在后面仍会使用"南唐"这一国号）。[1] 不过在征服的最后阶段，太祖不得不稳中求进。新登基的辽朝皇帝可能不像其前任那样停滞不前，况且十世纪七十年代的地缘政治局势也比之前要明朗得多。为了设法减小辽朝与南唐结盟的可能

---

[1]《续长编》卷十二，第272—273页。

性，974 年 3 月末 4 月初，太祖向辽朝派出使臣，商讨和平缔约。[①] 此举翻开了宋辽关系的新篇章，并开始建立一种能够最终约束稳定关系的政治框架。从短期来看，与宋朝建立和平关系的可能性，也让辽朝没有理由在军事上或外交上支持南唐，介入纷争。太祖已然采取措施保证北部边疆无虞，又对南边无果的外交游戏感到厌倦，于是在 974 年年中决定攻打南唐。

正当其时，一个名叫樊若冰的南唐人在南唐官场中失意，决定向宋朝投诚。他聪明地意识到，如果他想继续在宋朝政府中为官，就得献上些什么。他在采石矶打着钓鱼的幌子，频繁地往返长江两岸，并精确地测量了从南岸到北岸的距离。樊若冰接着就来到宋方，向宋廷陈述他设想的攻打江南的计划。当这一计划（其中包括在江上架起浮桥，加快供给）经过讨论，被证明可行后，樊若冰得到了一份官职，他的计划也被投入实施。太祖下令在荆湖建造数千艘大舰船和黄黑龙船，其中有些要充当浮桥。宋朝正有条不紊地进行战备。唯一能够让宋朝停止攻势的，就是南唐的自愿投降，而那一刻终归不会到来。

征南唐（974 年 10 月 6 日至 976 年 1 月 5 日）[②]

曹彬受命担任征南唐的主帅，因为他是征蜀时期唯一能够充分管控本部军队的将领。太祖不希望宋军再像征蜀时那样掠夺蜀地百姓，既而引发叛乱。在诸将辞别出征之际，太祖告诫他们说："南方之事，一以委卿，切勿暴略生民，务广威信，

---

① 《辽史》卷八，第 94 页。次年 5 月，有辽使前往宋廷，见《辽史》卷八，第 95 页。
② 龙沛："War and the Creation of the Northern Song State"，第 193—210 页。

使自归顺，不须急击也。"曹彬答道："副将以下，不用命者斩
之。"[1] 潘美等将领听到后都大惊失色。[2]

974年10月6日，太祖开始集中兵力于荆南，准备进攻南
唐。10月10日，太祖致书南唐国君，令其献土投降。南唐国君
最初愿意投降，不过他的两位近臣表示反对。太祖收到南唐的
复信后，进一步调兵荆南。10月27日，时在出征之前，太祖
亲临汴堤，阅视水军，两日后又再次检阅。南唐国君仍未发觉，
太祖已经决定要进攻南唐。尽管他拒绝前往宋廷，献土投降，
不过他却派自己的弟弟来到宋朝，表示尊重。太祖不许其弟返
回南唐。

战事在11月4日打响，宋军从荆南进入了南唐。11月11
日，曹彬渡过长江，破峡口寨。以往，宋军每年都派遣巡逻兵
从池州沿江而下，巡视南唐边界。宋军往往在沿江一线面对城
池安营扎寨。南唐池州守将意识到宋军已经攻入后，就弃城而
走了。11月21日，曹彬不费一兵一卒进入池州。所以，战事才
刚开始，宋朝就在长江对岸获得了一个立足点。[3]

虽然曹彬或太祖从未明确表示过自己征南唐的战略计划，
不过从战事过程来看，战略显然很清楚。像先前宋朝的所有战
事一样，这支远征军的主要目标就是攻占南唐的都城，俘获其
国君，既而逼迫南唐余下地区投降。这是一项相对成功的战

① 据《续资治通鉴长编》第324页，这句话其实是太祖说的，太祖授予曹彬一把剑，
让他见机行事。——译者注
② 《续长编》卷十五，第324页。
③ 《续长编》卷十五，第325页。

略——尽管它在对付北汉时失败过两次——故而无须言明也就不足为怪。曹彬的目的就是围困、孤立南唐都城金陵，直至南唐君主投降，或者城池陷落，继而他就能俘虏南唐君主和整个朝廷。第二步则没有那么令人满意，因为南唐余下地区极有可能不会束手就擒。从根本上说，这是一项针对南唐君主心理的战略。不幸的是，南唐君主孤立于朝政，也无法从廷臣那里得到有关敌军攻势的确切信息，所以他并不能完全了解本国不断恶化的军事情况。这使战争变得旷日持久，即便宋军接连获胜，太祖数月后也开始对取胜失去信心。

在长江南岸立足后，曹彬眼前有三项任务。第一，他必须赶往并围困金陵。第二，他必须在宋朝与南唐间建立一条交通线，用于输送兵力和补给，支持围城。第三，他必须保护己方在金陵的阵地及与宋朝境内的补给线路免受攻击。实际上，这意味着曹彬在顺江而下，有计划地驱赶南唐水陆大军时，必须保护好金陵上游河岸。随着围城不断拖延，曹彬的目标转变为击败南唐军队，保护己方阵脚，以及继续向南唐朝廷施压。征服南唐多数地区都没有花费多大力气，军事行动几乎都集中在南唐北部。

974年11月29日，曹彬在池州东北三十七英里外的铜陵击败一支南唐军，又在12月4日攻下芜湖和当涂。9日，曹彬又在采石矶击溃一支两万多人的南唐军。17日，另一支宋军在萍乡战胜了一支南唐军。原先的浮桥从石牌镇被移到了金陵上游的采石矶。整项任务三天就完成了。通往宋朝境内的补给线如今构筑完成，曹彬可以带着人力物力去围困金陵了。

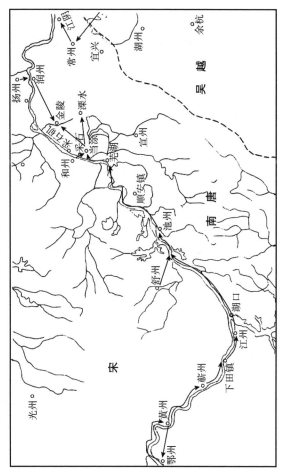

图 16 宋太祖征南唐

南唐君主并未完全孤绝于他的宫廷，浮桥建成的消息很快就传到了他那里。虽然他和谋臣们都知道宋朝远征大军已经来到长江南岸，但仍觉得浮桥不过是个"儿戏"。[①] 当日，他即派遣水陆两军各万人前往阻击宋军。12月31日，第三支宋军在采石矶上游数百英里处（几乎是长江南唐段的最远点），击溃了从鄂州而来的一支三千多人的南唐水军，缴获了四十多艘战船。[②] 975年1月18日，第二支千余人的南唐鄂州水师在长江北岸被宋军击败。[③] 鄂州附近的宋军似乎对在这片地区压制南唐军感到满意，这样他们就免除了下游其他宋军的威胁。他们未曾考虑攻下鄂州，不过他们从江上而来，包围了驻扎在那里的南唐军。南唐军首先必须击败附近的宋军，阻止其继续沿江而下，要是大部分南唐军离开鄂州、突破包围，那么实际上就会将鄂州拱手相让。尽管宋军并未包围鄂州，不过它确实在逐渐蚕食其邻近地区。相比于金陵附近的主要行动，这可以说是一场附带行动。

曹彬继续向南唐都城推进，975年1月5日，他在新林寨破敌数千，夺得战舰三十艘。宋朝水陆两军在1月、2月间的一系列胜利，终于在2月21日将宋军带到了金陵附近的溧水，而其余的宋军则攻到了金陵以南。吴越王率领的盟军则从金陵西南发起了进攻。[④] 3月2日，曹彬到达金陵城下。一支宋军渡过金

陵南面的秦淮河，用火船攻打金陵水寨（一批保护金陵城壕的战船）。他们顺着风向点燃船只，让船冲向水寨。接着，他们跟着火船，猛攻水寨，斩首数千人。当潘美到达秦淮河时，有十多万南唐军背对金陵，列阵以待。潘美无船，就带着本部兵马渡河作战，宋军跟随在后，最后南唐军惨败。与此同时，南唐军企图切断采石矶浮桥的行动也失败了。[①]

潘美在金陵站稳脚跟的同时，曹彬开始层层包围金陵，切断其外援。在此第一阶段，宋军最关心的问题是清除南唐军，迅速包围金陵城。他们攻占了多个战略要地，打散了数支南唐军队，他们积极地搜寻，以破坏为使命。在这些大大小小的战役中，被斩首的人数是惊人的，这说明，曹彬最重视的是迅速且永久性地扑灭南唐的任何抵抗。直到6月，宋军始终保持着很高的进攻速度，大大小小的胜利一个接着一个。

975年7月，宋军及其盟友吴越军延续着他们的胜利，他们在战略上的出其不意，如枝杈般形成了战术上的各种意外之效，使得南唐统治阶层疲于应付这支敌对势力。南唐军被逐个分隔、击败，金陵的外援也被切断。宋军历经数月而取得了这样的良好局面，南唐军则在任何可能的地方被无情斩杀。这是一场恶战，是一场旨在清除战场上的南唐军的残忍行动。不过，军事胜利所带来的政治影响却不尽如人意，南唐朝廷仍像战前一样毫不妥协。

南唐君主把政事全都委托给了他最信任的两位臣子——陈乔和张洎。他们命令所有城寨坚壁不出，相当明智地选择用消耗

---

① 《续长编》卷十六，第334页。

战来对抗宋军的灭绝战略。但到了 975 年 7 月，他们就清楚地看到，这一战略没有什么作用。即便那时宋军已经撤退了，南唐也要花费很长时间才能从重创之中恢复过来。当然，那是军事问题，不在其掌控范围内。不过，他们却将政治问题牢牢握在手中，即便在宋军攻入时，他们也没有把情况告诉南唐君主。南唐君主整日在后苑中和僧道一起谈论佛经、《易经》等。陈、张二人决定着哪些军事情况会报告给他。宋军围困金陵数月之后，南唐君主还不知道都城已经身陷重围。

南唐宿将凋零，军务由皇甫继勋掌管。皇甫年幼且骄横，尽管他希望国君快点投降，但他知道自己不便直接向国君提出，于是就按下不言。但是，他与任何人交谈时，都会强调宋军的强大。南唐国君在 7 月 11 日终于开始怀疑局势不妙，他亲自走出宫墙，巡视了情况。他看到宋军的军寨和旌旗遍布城外。他终于认识到，自己被大臣们蒙蔽了，并开始忧心时局。他首先处死了皇甫继勋。[1]

南唐君主下令驻屯在上游湖口的十万大军驰援金陵。湖口守将考虑到对抗宋军的危险，畏葸不前。另一位将领也拒绝接任和执行命令。[2] 南唐国君多次重申这一命令，但军队却不敢前进，说明南唐朝廷的政治衰弱和宋军的强大共同破坏了南唐的军事局势。没有哪位将领可以在政治上被说服，为了南唐的利益而投身军事冒险。

975 年 8 月 21 日，太祖亲自给南唐君主写了一封诏令，要

---

① 《续长编》卷十六，第 340—341 页。
② 《续长编》卷十六，第 341 页。

他投降，并命令宋军将领在等待答复的过程中减缓进攻。但到了 9 月，太祖对战争感到疲惫了，开始怀疑这场战事是否能够取胜。太祖考虑让曹彬退至广陵，休整兵马。一位在京中受审的被贬官员，因为好友卢多逊的推荐而来到了太祖殿前。太祖在与其交谈后，决定继续推进战事，并因为这位官员的谋划而恢复其官职。[①]

宋军开始行动之时，目标之一就是占据京口，而京口则由润州保护。经过南唐军的多次失败，及内部激烈的内讧后，润州于 10 月 23 日投降了。南唐国君接到太祖的诏令，本有意投降，但他的谋臣们却表示反对。他们觉得，宋军不可能攻下金陵，而且宋军已然开始有撤退的趋势了。但他们所以为的撤退，不过是因为太祖希望南唐投降而下达给军队的命令。一旦南唐拒绝接受诏令，宋军就会恢复攻势。

南唐没能在战场上阻拦宋军，转而寄希望于通过巧妙的外交手段阻止宋军的攻势。这种妄想暴露了南唐领导阶层根本上的战略无能。南唐朝廷似乎并不明白实际局势。或许，他们是为了拖延时间，以为如果有更多时间，他们的拖延战略就会奏效。不过一旦宋军恢复攻势，那么任何谈判的空间实际上也就崩塌了。南唐派遣一位高官和一位道士（他经常在南唐宫廷中讲论《易经》）到宋廷，劝说太祖弭兵。南唐国君亲自撰写了一封长达十多页的信给太祖，请求太祖退兵，并表达了自己因病退位的意愿。11月 6 日，曹彬按时护送这些使臣到达了开封。官员和道士都没能

① 《续长编》卷十六，第 343—344 页。

成功说服太祖改变计划，9日，他们只好无功而返。①

11月24日，南唐君主又派出另一位使臣，前去拖延宋军前进的脚步。不过次日，他就从湖口调来大批军队援救金陵，其众号称十五万。南唐军修造了很多巨大的运兵筏和能装载千余士兵的战舰，直奔采石矶浮桥而去。那个时节，长江水位较低，船不易行。这支无敌舰队的旗舰有十层之高。当它抵达皖口时，宋军对其发起猛攻。南唐水师拼命想把燃油倒在江面上，以夺回主动权。不幸的是，北风突起，把油吹到了南唐军的船上，击溃了他们。整个南唐军（也是金陵外援的最后希望）就此崩溃，从根本上宣告了金陵和南唐的末日。②

12月8日，南唐国君又派遣之前的官员和道士前去面见太祖，不过他们再次毫无所获。尽管有前次援军的毁灭性挫败，但金陵仍在坚守。12月17日，一支南唐主力在湖口被打败，表明南唐在战场上仍有不可忽略的有生力量。尽管金陵守军在12月曾试图突围，但同样失败了。宋军对金陵的围困从春天延续到冬天，多次击败南唐军，金陵城内的军心也已崩溃。曹彬希望金陵能够投降，他知道，如果靠强攻夺城，那么必定无法阻止军队破坏城池。他向南唐君主下了最后通牒，令其在12月27日前必须投降。当南唐国君闪烁其词之时，曹彬又转而安排另一件急迫的事。他要他的将领们保证，待金陵沦陷后，决不烧

---

① 《续长编》卷十六，第346—348页。
② 《续长编》卷十六，第349页。

杀掳掠。[1]

到了976年1月2日，金陵城内的人心已完全崩溃。陈乔在面见南唐国君后就自缢身亡了。张洎则做出了相反的选择，他发誓到了宋廷后还将继续侍奉自己的君主。曹彬在宫城之外整兵列阵。南唐君主于是奉表纳降，与群臣一道拜迎于门。曹彬挑选了一千精兵于门外守卫。976年1月5日，攻下南唐的捷报传到了宋廷。宋朝总计获得了南唐的十九州，包括三个军和一百零八县，人口总计六十五万五千零六十五户。[2] 如此，太祖完全征服了中国南方。仅有华北的北汉和燕云十六州还未被他收入囊中。

在征南唐的过程中，北方边境的局势发生了一些变化。太祖最初对辽朝的和平试探有了一些成果，当时为了在南征的同时保护北方而采用的权宜之计，如今变成了更加稳定的外交关系。无论是哪一方先开启这种联系，双方显然都乐于寻求某种常规、和平的关系，可以频繁地互通外交使节。北汉君主因此十分焦虑，他被勉强劝止，才没有真的去攻击辽朝，以表达自己的不快。他的忧心是有理由的，因为北汉政权的继续存在，取决于辽朝的军事支持。而新的政治局势的发展，显然会弱化这种支持。

---

① 曹彬为将的一个显著特征就是，他始终禁止军队滥杀无辜。在征后蜀（当时他的军队是唯一没有失控的军队）、南唐的过程中，他都证明了这一点。正因为他约束有方，他才被特意选为征南唐的主帅。曹彬对南唐都城金陵的占领，是他这一特点的典型体现。参见曹彬在《宋史》卷二百五十八，第8977—8983页的传。曹彬死后，以武将身份配享宋太祖庙，与他一同的是作为文臣的赵普。
② 《续长编》卷十六，第351—353页。

宋辽关系并不简单。这两个帝国之间的和平，显然并不意味着宋朝放弃征服北汉的企图，抑或是如果宋朝进攻北汉，辽朝不会出手援助。从这层意义上说，他们之间达成的任何协议，并不会将军事领域的某些冲突转移到政治领域。太祖及其辽方对手创造了一条前所未有的政治沟通渠道。它并没有为了解决争议而放弃军事，只不过是增加了另一种可能性。然而，其真正的开端还是未来宋辽外交机制的建立。未来所有的军事冲突，都有可能在一个已存的关系基础上通过磋商解决。当然，这还有待于军事问题的解决，亦即，对军力的检测将会展示军事权势的平衡。从实际层面来说，这会最终决定两个帝国之间的边界，以及其间外交关系的性质。不过，在双方依据军事权势平衡得出各自的结论之前，这种关系不会仅仅由政治基础来决定。这种外交机制最终在太祖的继承者们手里得以实现。

宋朝与辽朝政治关系的开始，反映了其军事和政治权力的内在发展。太祖着手打开与辽朝的外交关系，也就从一个单纯的军事姿态变得有了多种选择。太祖是非常明智的，因为他知道，他不可能像对付南方诸国和北汉那样征服辽帝国。当然，强大的军事实力会有助于他的政治交易。不过，只有到双方都决定不再诉诸战争时，军事和政治因素才能不被完全分开。同样，太祖仍是一位兼具军事和政治权力的皇帝。但是，随着他逐渐接近建国的军事阶段的终点，他的权力和利益都越来越多地靠近政治一端。这直接威胁到了赵匡义，因为在赵普罢相后，他就成了一个一人之下、万人之上的政治角色。

太祖预见到了他和赵匡义之间即将发生的利益冲突，不过他不确定该如何处理。赵匡义的野心可能很早就被太祖看在眼里，事实上太祖在建国过程中也对其加以利用。但如此做，太祖就不得不用继承帝位的可能性吸引赵匡义，这真是一场危险的游戏。为了自己的利益，也为了继续获得赵匡义的支持，太祖始终没有正式确立自己的儿子赵德昭为太子。他努力用各种头衔乃至实权来笼络赵匡义，不过他不敢肯定，他的弟弟是否感到满意。事实上，他似乎开始意识到他在开封为自己制造的困境——任命自己的弟弟掌管京畿和中央政府。我们必须记住，太祖的考量总是两相撕扯着：一方面，赵匡义是他可以信赖的家庭成员，并帮他建立了王朝；另一方面，赵匡义又是皇位的野心勃勃的觊觎者。这个问题没有得到解决，太祖如何能够在不杀害并羞辱赵匡义的同时解除其职权，而让德昭继位呢？

问题的一个解决之道就是迁都洛阳。且不说离开开封的政治价值，洛阳还有着情感意义和象征意义，因为太祖生于斯长于斯，而洛阳又是很多前朝的都城。此外，洛阳的防守地势比开封更好，也不易遭到草原骑兵的侵袭。最后这一点考虑让后世一些历史学者相信，最终决定不迁都洛阳是一个严重的错误，导致或至少在很大程度上促成了1127年华北的丢失和开封的沦陷。太祖在赵匡义和朝廷官员的陪同下前往洛阳，于976年4月16日到达。迁都洛阳并不是他的一个新想法，不过他亲赴洛阳，则凸显了他思索该事的严肃性。在太祖离开之前，李符表示反对，他列举了八条理由，说明了迁都的不可取。不过他的反对理由都是很弱的，也是可以修补的。在太祖到达洛阳后，李怀忠又提出了更加重要的运输问题，这涉及供给洛阳的数十万军队。开封与淮河、长江水系相连，粮食运转并不费力，而洛阳则不便漕运。不过，太祖对这些反对声音并不在意。

赵匡义尝试了两次，最终成功劝止了太祖的迁都之念。太祖解释了迁都的理由："吾将西迁者无它，欲据山河之胜而去冗兵，循周、汉故事，以安天下也。"赵匡义回应道："在德不在险。"赵匡义退下后，太祖向左右官员说道："晋王之言固善，今姑从之。"不久后，太祖就带着朝廷官员回到了开封。①

像宋代史籍中的许多轶事一样，这种转变也可以从很多层面来解读。对此最显而易见的一种解读就是，这是一个关于都城为何没有迁往开封的故事，不过这种解释没有抓住这件事的重要意义。至少有一点，即太祖计划迁都洛阳，连带着还要裁汰冗兵，这将从根本上改变宋朝政府的性质。有人估算，军事开销平均占到了宋朝政府年度预算的百分之七十，这还不包括出兵所带来的额外开支。② 迁都洛阳将会大为减少政府每年的军事开销。洛阳更为有利的防守地势，也将让宋朝的防守势态更加强大，不过也削弱了它的进攻势态。当太祖的决定中包含这些考量时，赵匡义仅凭一句"在德不在险"就让太祖打消了念头，这多少有些奇怪。赵匡义表达的要点在于，王朝的存续是个政治问题，而不是个军事问题。

赵匡义退下后，太祖才能够完全体会他的弟弟所陈述的意

---

① 《续长编》卷十七，第369—370页。赵匡义引用了战国时期著名大臣、将领和军事思想家吴起的观点，可参见司马迁《史记》中吴起的列传。

② Wong Hon-chiu: *Government Expenditures in Northern Sung China*（960-1127），宾夕法尼亚大学博士学位论文，1975年，第60—61页。其中引用了蔡襄1064年的估算。

义：他不得不依靠朝中官员，特别是赵匡义的德行去延续他的王朝。迁都洛阳不会改变政府内部现存的政治现实，军事途径也无法解决他们都要面对的政治问题。太祖可能觉得赵匡义有更具体的所指，那就是他能正确行事，不过山关险隘也不能阻止恶行。如果这句插话看起来太具有推测性，那么我们应该记住，缺乏了政治语境，赵匡义所说的基本上就没有意义。太祖几乎不可能相信那种陈词滥调：抽象的道德比实实在在的军事现实更为重要。

从洛阳回来后，太祖要面对征服南唐留给他的军事现实。他提拔了他的弟弟、儿子以及许多高级官员，又任命曹彬为枢密使。不过，南唐境内的江州尽管接到了南唐国君的投降命令，仍坚持抵抗。曹翰围困江州，从冬天持续到次年夏天，最终该城于976年5月22日陷落。这是一场旷日持久且残酷的围城战，许多生命因之消逝。曹翰的军队进城后，便大肆掠夺。百姓向州官抱怨宋军的行为后，曹翰动怒于城中百姓坚决抵抗和控诉其兵，于是下令屠城。数万百姓惨死，水井沟坎中填满了尸体，其余的都被扔到了长江之中。很不幸，太祖特意派往禁止曹翰屠戮百姓的使臣由于逆风而不能过江，等他到达江州已为时太晚。但是，曹翰并没有像王全斌等人那样受到惩处。他用十多艘大船载着他的战利品，以及庐山东林寺里的五百尊铁罗汉像，直趋颍州的新造佛寺。[①]

随着南唐境内完全平定，与辽朝的外交对话也不断取得进

①《续长编》卷十七，第370—371页。

展，现在仅剩的军事目标就是北汉了。在征南唐的过程中及战事结束后，北汉的侵袭与反侵袭行动从未间断，不过没有了辽朝的支持，北汉的侵袭就只是一场麻烦，而构不成一种威胁。北汉的军事和外交地位岌岌可危，宋、辽、北汉三方都不能完全确定可以从对方那里期望什么。宋辽之间理论上的对话所能实现的成果很有限，不过如果宋朝进攻北汉，宋辽之间的外交关系似乎降低了双方发生大规模战争的可能性。双方在"和平即共赢"这一点上达成了共识，不过在北汉问题上则有意见分歧。任何战争都仅仅会发生在北汉的土地上，因而也就是一场有限战争。这当然增加了宋朝攻入的机会，因为这样一场战争有可能造成的不利后果，在严重性上已经大为减轻了。976年秋天，太祖开启了他的最后一场战争。

第三次进攻北汉及太祖之死（976年9月9日至977年1月3日）[1]

976年9月9日，太祖下令出兵北汉。18日，宋军越过边境，分兵出击。[2] 宋军分兵出击，压制了北汉的各个战略要点，使得北汉从太原集中派遣大军（如果可能的话）对付任何单支宋军都变得十分危险。地形造成的困难让北汉军队失去了内线优势，使之无法在转向对付其他宋军之前逐个击破单支宋军。在这些情况下，北汉最精锐的兵力只能留在太原，保卫政权。于是，各路宋军都能轻而易举地击败北汉边境线上的守军。

---

[1] 参见龙沛："War and the Creation of the Northern Song State"，第210—212页。
[2] 《续长编》卷十七，第374—375页。

10 月 4 日，党进率军抵达太原，并在太原以北击败北汉军数千人。党进既而在汾河以南建起营寨。[1] 先前进攻北汉的模式是，宋军在战场上击败北汉，攻城略地，辽军驰援太原。但是这次，随着宋军对太原的包围越来越严密，宋太祖却于 976 年 11 月 14 日驾崩于万岁殿。

继位

太祖驾崩后，皇后遂派太监王继恩往召太祖之子赵德芳。不过皇后择人失当，王继恩没有去找德芳，而是去了赵匡义那里。这或许是因为他先前与赵匡义的联系，又或许是因为他觉得这样做将会得到回报。此二人在雪夜回到宫中。皇后见到赵匡义而非德芳的到来，十分惊恐："吾母子之命，皆托于官家。"赵匡义泣曰："共保富贵，勿忧也。"[2]

李焘在《续资治通鉴长编》的考注中，对有关太祖是否有意让赵匡义继位及继位情形的诸多说法表示出些许失望。李焘的书写于十二世纪，他的声音被后来那些关于太祖之死和匡义受召的相互矛盾、错误百出的故事所淹没，还受到了暗示继承非法的"大不敬"问题的制约。现代历史学者受到的制约则要少一点。刘静贞这样写道："太宗继位是中国历史上一件非常可疑的事件。"但这是对赵匡义至少可说是极不寻常的继位的最保守说法。[3] 没有直接证据可以证明任何见解，相互矛盾的说法都是

---

① 《续长编》卷十七，第376页。
② 司马光：《涑水记闻》卷一，第19页。
③ 刘静贞：《皇帝和他们的权力：北宋前期》，第62页。

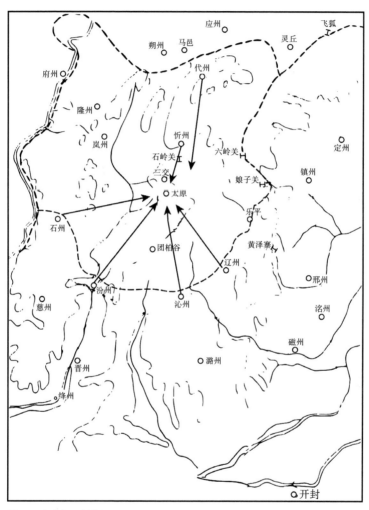

图 17 宋太祖三征北汉

在事发多年之后产生的，每个版本都至少有部分内容可以用充分的证据加以反驳，所以要得出一个坚实的结论几乎是不可能的。[①]

或许有关赵匡义不同寻常的继位，最重要的方面在于，当时继位的情形一定也广受怀疑。正如我们将在下一章看到的，由于源自继位问题的道德污点，赵匡义——现在称其为"太宗"更加恰当——在整个统治期间都努力谋求着合法性。关于继位一事，当时的人面临着两个明显的问题：其一，太宗是否谋杀（大概是下毒）了太祖？其二，如果太祖本就有意让其弟继位，那为何他从未明说？第一个问题得到了不少学者的关注，但要在一千年以后去证明太宗是否下毒是不可能的。只能说，太宗确实有办法、有动机这样做。事实上，在我看来，太祖的洛阳之行可能最终让太宗下定决心要谋杀他。太宗预见到，随着太祖开始考虑架空他的权力，他继承皇位的可能性将变得十分渺茫。优先于侄儿继承皇位的合法性受到怀疑，因为德昭和德芳都是成年人了。随着他们不断成长，兄终弟及的继位方式将变得越来越不可能。

太祖从未明确说过他希望谁继承皇位。我前面曾经谈到，这是他的一种微妙的平衡术，他让太宗看到日后能够继承大统的希望，从而继续得到他对王朝的支持。如此，这种可能性让太宗生出了充分的谋取皇位的野心。太宗一登基就首先提拔他

---

① 有关这次继位的历史编纂问题的全面论述，可参见龙沛："Sima Guang on Song Taizong: Politics，History and Historiography"，*Journal of Song-Yuan Studies*，42（2012），第5—43页。

的幼弟光美，后来又提拔自己的儿子（也就是未来的真宗）担任他从前担任过的职位，以此目的论式地证明，这条职位晋升之路暗示着对继承人的培养。但是，随着这些举措被推出，它们在当时的自我合法化的政治意图也就愈加明显。现在，我该解释一下为何我一直不愿接受太祖在其母病榻前承诺让太宗即位的这个故事。传言此事发生于961年，李焘也同意这一说法，我则认为十分可疑。如果太祖做出了这样的承诺，且被赵普记载下来，那么就只有太祖和赵普知道此事。太宗显然不知道存在能够支持他继承皇位的文字证据，因为他自登基之初就未曾提及此事。那将会极大地增加他继位的可信度，也会减轻官员和宗室对他的怀疑。所以，太祖不太可能做出过这样的承诺，否则赵普不必等到976年才选择公之于众。作为一条历史文献，这种承诺仅仅出现在981年，当时赵普曾短暂地回到朝廷。

太祖之死不仅标志着宋朝最激烈的扩张期的结束，从很多方面来看，它也标志着五代十国的真正终结。太祖与太宗不同，他从根本上而言是一位战将，他明白统治的政治要求。他的政治实力和军事实力是合二为一的，从这种意义上看，尽管他找到了实现帝国威严的长足道路，但他仍是一位军阀。太祖主导了与他一起崛起的武人们的退位，同时建立起了一个大帝国。这种政治和军事智慧的大师般的展现，足以解释为何宋朝没有成为十世纪华北地区的第六个短命王朝。太祖之所以能够取代后周，建立宋朝，通过征服创建一个大帝国，是因为他最初也是辅佐周世宗统治的一员干将。这批得力干将构成了一个巨大的政治军事复合体的顶端，太祖借此才能够长久地掌管、操控自己的王朝，并将其引向制度化。他是一位军事政治大师，他的遗产不仅包括无可比拟的武功，还有一批与皇室形成牢固关系的武人世家。太宗将会发现，他的权力在这两项遗产的影响下受到威胁，日渐减损。

第八章　为皇位而战

宋太宗身有惭德，故即位后集天下文人辑《太平御览》
《册府元龟》《文苑英华》三书，以疲群力而弭众议。

——乾隆帝[1]

宋太宗同他的兄长一样野心勃勃、喜好猜忌，却几乎没有
一点兄长的优秀品质。幼年时他没有朋友，成年后他领导无
方。[2]刘静贞对他的概括是自信和自力，但我认为，说他自大而
多疑或许更加准确。[3]所有这些性格特点，再加上旺盛的精力，
使得太宗试图阅视每篇公文，做出政府运行所必需的每个决定。
宋代官僚体制所衍生出的卷帙浩繁的文书不可避免地挫败了他，
不过他直至驾崩都在超人般地继续尝试掌握这项能力。太宗一

---

① 清高宗：《御制诗四集》（《四库全书》），11,23ab（432）。英文译文引自Jo-
hannes L. Kurz："The Politics of Collecting Knowledge：Song Taizong's Compila-
tions Project"，*T'oung Pao*，87,4/5（2001），312。我在此基础上做了些许改动。
② 《宋史》卷四，第53页。
③ 刘静贞：《皇帝和他们的权力：北宋前期》，第46页。

朝最主要的反讽之处在于，随着太宗越来越成功地集中政府权力、提升皇帝威严，皇帝个人——无论他多么精力充沛——能够独力掌控的权力反而越来越小。所以，太宗无意中推动了法定上近乎专制的帝王权力交由迅速专业化的官僚实际控制。

太宗推行的许多政策，都试图改变自己在政权内部薄弱的政治地位，却渐渐减损了皇帝的实际权力。他缺乏太祖那样巨大的军事声望，他与朝中的实权人物也没有私人联系。事实上，太祖的突然驾崩和太宗可疑的继位方式，让许多实权人物都对这位新皇帝充满猜疑。这些人无法轻易地被取代，因为他们在军中有着牢固的根基，他们与皇室也有姻亲关系。太宗登基时，受到宗室的制约，也缺乏信誉，所有没有多少政治空间可以施展。正如我们将看到的，太宗颁布了许多制度性政策，作为政治上的权宜之计，以弥补自己的薄弱之处，后来这些举措被认为界定了宋朝征服的样貌。其中最具典范性的一点就是，太宗极大地发展了科举考试制度，用以选拔政府官员。我前面曾说过，太祖在其统治期间很少举行科举考试，且他对如此选拔的人才的质量表示怀疑。面对一批更忠于兄长的官僚，太宗需要选拔一批没有这层联系的新人进入政府。他即位第一年征募的官员数额，就几乎等同于他的兄长十六年在位期间征召人数的总和，并且之后仍继续招用了大批官员。讽刺的是，尽管他提拔了大批通过科举考试的官员，他却从未完全信任过他们。不过从另一方面来看，他从未完全信任过任何人。

太宗登基后不久，就提拔他的幼弟赵光美（如今改名赵廷美）为开封尹，同时也提拔了太祖的儿子德昭和德芳。这些举措都是为了支撑他那未曾明言的说法，即他的继位是依据兄终弟及的合法顺序。这制造出一种感觉，即太宗将会把帝位传给赵廷美，然后是下一代中的年长者——德昭和德芳。如果这是真的，那么太宗确实是在遵循着宋朝的正确规则。两个月后，太宗又宣布太祖和廷美的儿子都是皇子，他们的女儿都是皇女。[①]不久，他又将许多王朝老臣如赵普、张永德、向拱、高怀德等请到了宫廷。所有朝廷高官如薛居正、沈义伦、卢多逊、曹彬、潘美等人，都继续留任且得到了晋升。这种种政治举措，目的都在于安抚朝中既有的利益团体，从而获得他们的支持。只有一点例外，那就是太宗令人费解地在当年结束之前就决定更改年号。[②]通常来讲，新皇帝在新年开始之前仍会沿用先帝的年号，之后才会启用自己的年号。这种意料之外的突变让太宗显得对做皇帝有些急不可待，且不尊重自己的兄长。

太宗不待从战场上召回军队，就派遣使臣向辽廷通报了太祖之死。他如此做，不是为了继续维持与辽朝的外交关系（他很快就会加以破坏），而是想巩固自己的地位。辽朝尽管觉得太宗篡夺了皇位，还是接纳了他的使臣，并派出自己的使臣，告知对方已经了解情况。[③]辽朝对太宗继位本身并没有多少兴趣。太宗多多少少也是重要人物，他在太祖时期就曾会见过辽朝使者，不过他对宋辽关系的意向还不明了。他派遣使臣之举有点让人鼓舞，辽朝也克制了自己，没有利用政治上的不确定局势发动

---

① 《宋史》卷四，第54页。
② 《宋史》卷四，第54页。
③ 《辽史》卷八，第96页。《辽史》中记载太宗继位用的是"自立"一词。

军事行动。如果辽朝真的考虑消灭宋朝，那么太宗新登帝位之时一定是个好机会，尤其是当时宋军都被调往进攻北汉了。但就像辽朝未曾与南方政权联合起来压制或征服宋朝，他们也没想利用宋朝这次的政治混乱。这与太宗979年攻入辽境后辽朝采取的做法形成了鲜明的对比。

有两个因素促使太宗在979年先攻打北汉，再进攻辽朝。第一，"收复"北汉领土和由石敬瑭割让给辽朝的燕云十六州，被认为是一项历史使命。至少，北汉仍是一个不断制造麻烦的邻居，不得不加以解决。第二，尽管太宗努力想要证明自己继位的合法性，不过他的政治地位仍旧危险而薄弱。这相当讽刺，因为当日太宗将赵普竞逐出朝廷之时，他在政治上已经成为仅次于太祖的实权人物。太宗在政治领域一直实力强劲，这不仅仅是因为太祖和赵普刻意排斥他对军队施加影响，更是因为太祖之外的其他所有实权人物都阻止他把权力伸向军事领域。太祖允许他的弟弟在政治上自由施展，因为真正能够掌控王朝命运的是军队。作为皇帝，太祖通过控制军队、向次级军事实权人物分配权力，来维持自己的权力和地位。如今，太宗必须建立自己对权力的控制，并避免过去那些权力执掌者们增强其撬动权力杠杆的能力。从理论上说，皇帝对军队拥有绝对的控制权，但是宋朝的制度仍在形成过程中，太祖是用个人的威信来统治的。太祖对制度的忽视，对太宗巩固地位的努力产生了不利影响。他不能期望人们的顺从，特别是因为他令人怀疑的继位。他必须找到出路，去证明自己能够胜任统治者的身份。

太宗很快就意识到，仅仅靠政治无法证明自己统治的合法性，因为太祖并未明确给予他继承皇位的政治或制度支持。所以，他必须转向军事行动，去证明自己的合法性。他的努力尝试证明了战争在政治上依然重要，这不仅是因为战争是太宗唯一可以用来证明自己的凭证，而且还因为太宗在战场上的失败严重削弱了他的政治地位。他在军事上的无能为力，加剧了人们对其继位的怀疑，导致了一场政变。实际上，他本人通过保留并擢升其弟弟和侄子的地位，而创造了许多适于政变的条件。太宗为了让自己的继位显得合法——或至少有可能合法——而不得不提拔廷美、德昭和德芳。这产生了让太宗不情愿的副作用，它暗示着，皇室直系男性成员，即太祖、太宗和廷美父母的父系后裔，都是宋朝皇位的合法继承人。太宗显然不受这个政权的实权人物们的喜爱，那么他何以能够继承皇位呢？他只有靠军事成就才能摆脱这一困境。他试过了，又失败了，这不仅引发了一场迅疾的危机，而且制造了长期的军事问题，这一问题直至太宗驾崩一直危害着他的统治。太宗也明白，他必须杀死廷美、德昭和德芳，消除太祖或廷美一系继承皇位的可能性。为了保住君位而采用这种残忍的手段是无可避免的，只不过这必定会让很多人确信就是太宗杀死了太祖。由于在更大的政治舞台上无所作为，太宗只好通过直接管理政府的日常运转来行使权力。事实上，随着他的军事命运日渐衰退，他对军事活动的掌控也越发精细复杂。

976 年太宗所面对的军事局势比较简单，无须什么聪明才智也能看出，北汉是最容易的目标。太祖最后一次攻打北汉，至少就当时的进展来看，似乎没有刺激辽朝进入一场宋辽全面战争。所以，太宗也许有可能赢得一场相对轻松的胜利，借此建立他作为皇帝的威信。他进攻北汉有两个出发点，一是内部的政治目标，二是"收复"唐帝国疆土的抽象观念。这两点的吻合——这种情况在政治上经常出现，军事行动的政治价值就在此经过文化棱镜透射出来——让太宗赶忙在977年冬天就开始准备对北边用兵。同时，他继续维系着与辽朝的外交关系。

太宗可能很清楚，这场战事的政治价值要远比北汉疆域的领土价值更重要。他后续即刻进攻燕云十六州，说明了政治问题是最重要的。太宗极度想要一场毫不含糊的军事胜利，来证明自己的合法地位，这是一个比北汉的继续存在更有压力的问题。假若他更加关注领土的获取，那么他理应在开启新战事之前就巩固新近获得的领土。我的解读仅仅是初步的，情况也有可能是，太宗如此行事仅仅是因为他的草率，抑或是他缺乏军事智慧，也有可能是二者兼有。

辽朝定期从北汉那里知道宋朝的动向，他们给予北汉支持，同时也维系着与宋朝的外交关系。很显然，他们会在北汉问题上步入军事对抗，但这种对抗将会如何展开还不清楚。他们已经确立了某种和平条约（条款未明），不过到了何种程度还不明确。这些政治联系可能会让战场上的结果复杂化，或至少带来限制。辽朝或许还不了解宋朝内部的政治动荡驱使太宗不仅要采取军事行动，而且在宋辽关系之间摆出了好战姿态。虽然辽朝知道宋朝对北汉疆土的"文化"上的权利主张，不过他们可能幻想宋朝会搁置这种模糊的文化问题，而支持维护宋辽和平的切实利益，因为宋朝没有任何占有的真实历史作为其支撑。

但是，国内的政治问题迅速压倒了太宗可能会有的和解动力。太祖这样一位技艺精湛的战士和久经考验的宿将，可以对辽朝采取相对和平的姿态，而不减损自己的军事威望和政治权威。而太宗却不得不对辽朝采用毫不妥协的武力政策，从而才能建立自己的政治权威。为了从太祖长期的军事影响力下走出来，太宗就要变得比其兄长更为尚武。这个问题在他进攻北汉之前就很明显了。978 年，太宗迫使陈洪进献出了他在福建的势力范围，不久之后又驱使吴越国献土归宋。[①] 这些小的政治成绩并无助于太宗提高自己的皇帝地位，因为这两个地方的归顺都是太祖的军事胜利的自然结果，而非太宗的功劳。实际上，太宗发现自己是在清理太祖身后的很多遗留问题，而不是确立自己的政策和展示自己作为统治者的才华。作为一个迫不及待要改元的人，太宗不太可能甘愿仅仅延续兄长的政策。但讽刺的是，他既然宣称自己是太祖的合法继承人，就必须执行太祖的政策，而不是推翻它们。太宗对确立自身合法性的利益诉求，是其继位初期就要发动战争的主要推动力。

进攻北汉（979 年 2 月 4 日至 6 月 19 日）[②]

979 年 2 月 4 日宋朝对北汉的攻势，显然是为准备一场大战而进行的军事集结，促使辽朝派出使臣前往宋廷寻求解释。[③] 2 月 6 日，太宗与曹彬商讨进军北汉之事：

---

① 《宋史》卷四，第 58 页。
② 参见龙沛："War and the Creation of the Northern Song State"，第 215—223 页。
③ 《辽史》卷九，第 101 页。

"周世宗及我太祖皆亲征太原，以当时兵力而不能克，何也？岂城壁坚完不可近乎？"

彬对曰："世宗时，史超败于石岭关，人情震恐，故师还。太祖顿兵甘草地中，军人多被腹疾，因是中止，非城垒不可近也。"

上曰："我今举兵，卿以为何如？"

彬曰："国家兵甲精锐，人心忻戴，若行吊伐，如摧枯拉朽耳，何有不可哉。"

宰相薛居正等曰："昔世宗起兵，太原倚北戎之援，坚壁不战，以致师老而归。及太祖破敌于雁门关，尽驱其人民分布河、洛之间，虽巢穴尚存，而危困已甚。得之不足以辟土，舍之不足以为患，愿陛下熟虑之。"

上曰："今者事同而势异，彼弱而我强。昔先帝破此敌，徙其人而空其地者，正为今日事也。朕计决矣，卿等勿复言。"

乃先遣常参官分督诸州军储赴太原。[①]

太宗不仅决定进攻北汉，且打算亲自领兵出征，如此方可通过军事胜利来证明自己的统治能力。

2月9日，太宗一一任命出战将领，又于14日大宴诸将和百官，并在宴席上亲自叮嘱他们作战方略。979年3月15日，太宗离开都城，当他于31日短暂停留于镇州时，宋军已经拿下

---

① 《续长编》卷二十，第442—443页。

了太原周边地区。宋军在北汉境内铺开战线，攻城略地，并摆开阵势，要夺取石岭关——如果辽朝派出援军，此处是必经之地。随着宋军在太原周边站稳脚跟，辽朝召集并派出数万骑兵，要解除宋军的包围。辽朝将这些兵力集结成一支强大的军队，发往石岭关。只要过了那里，辽军就会进入太原周边的开阔地势，宋军再想有任何举动都将变得不可能。幸运的是，在宋方看来，太原以北、以西的地形迫使辽军不得不走石岭关。而守住那个狭窄的关口并击败这支骑兵，将轻松得多。4月17日，宋军在辽军到达石岭关后压倒性地将其击溃，实际上也就决定了整个战争的结局。辽军伤亡十分惨重，一大批高级将领战死沙场。辽军之败严重挫伤了太原守军的斗志。[1]

虽然宋军横扫辽军，但是辽朝继续派兵增援太原的可能性依然存在，所以宋朝加强了石岭关的防守。随着太原周边皆被占领，太宗继续前行，于5月20日到达了太原。他做了一番完整的巡回视察，甚至下马与围城的将士们交谈。回到临时驻跸处后，太宗即向北汉君主刘继元发出了一份诏令，要求其投降并保证会厚待他及其子孙。随着战事的进展，太宗一直在战场上督导将士攻城。到979年6月2日，宋军几乎已经快要破城，不过太宗下令撤退，给予北汉君主投降的机会。就在当夜，双方议定了投降条款。征服北汉为宋朝增加了十州、一军之地，包括四十一个县，另外还有三万五千户人口及三万军队。[2] 6月15日，太宗毁太原城，又迁徙其人口，太原的战略重要性由此

[1]《续长编》卷二十，第443—447页。
[2]《续长编》卷二十，第447—452页。

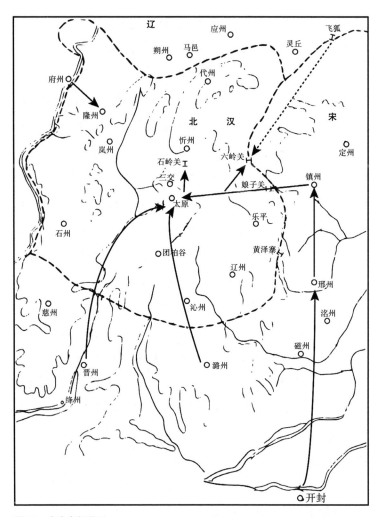

图 18　宋太宗征北汉

得到了强调。①

进占燕云十六州（979 年 6 月 26 日至 8 月 1 日）②

太原城破后，太宗于 6 月 26 日撤至镇州。他做皇帝后的第一场战争获胜了，这让他高估了自己的战略智慧及宋军的实力。与太祖不同，太宗的战争经验相对贫乏。他不明白，军队在战场上持续两三个月后将会变得疲惫不堪。将士们都期待胜利后的赏赐。但太宗不仅没有行赏，反而毁掉了太原城，以防止军队掠夺。倘若太宗能够听从批评建议，那么这些错误本可得到纠正。但他并不会，而将领们都深知这一点。所以，当他决定在太原陷落后立即进军辽朝、夺取燕云十六州时，没有人表示反对。③

我们需要对这场急躁冒进、考虑不周的战事做些解释。正如我前面曾谈到的，太宗在征北汉之前实际上也承认，这场战事的成功很大程度上要归功于太祖，因为是他采取的那些措施削弱了北汉的力量。此外，曹彬支持发动这场战争，这就含蓄地把太宗的胜利光环在总体上分给了军事因素，特别是曹彬。结果就是，太宗必定感到，北汉的征服没有带给自己太多的荣耀，没有实现自己的政治目标和个人目的。只有让自己投入一场与太祖无关的战事、一场没有军队支持的战事，太宗才能在军事领域证明自己。从太宗的个人和政治角度看，特别是由于他对军事实情的无知，预期回报值得他承担这场风险。讽刺的

---

① 《续长编》卷二十，第 453 页；《宋会要·兵》，7/8a。
② 参见龙沛："War and the Creation of the Northern Song State"，第 223—226 页。
③ 《续长编》卷二十，第 453—454 页。

是，太宗对批评的难以容忍众所周知，以致诸将都无法表达反对意见，而这恰恰是他想要取胜所必需的。尽管他想要证明自己在军事上能与周世宗、宋太祖相提并论，但考虑到这场战事绝对是一场灾难，这一点全无意义。

979 年 7 月 15 日，太宗进入辽境，次日过岐沟关，未遇抵抗。太宗留兵驻守，又在 17 日接受涿州投降。19 日黎明，这位皇帝到了幽州（辽朝的南京，即燕京，亦即今天的北京），并亲自领兵攻打驻扎在城北的万余辽军。辽军被斩首千余人，残部纷纷溃逃。占领幽州周边地区后，太宗下令众将从四面攻城。虽然太宗亲自督战，并投入炮具八百，但这座城池直至 8 月 1 日仍未屈服。[①]

高梁河之战（979 年 8 月 1 日）

979 年 8 月 1 日，耶律沙率领一支辽军在高梁河攻击宋军。耶律沙的初次进攻让宋军稍稍退让。[②] 耶律休哥和耶律斜轸接着从侧翼出击，包抄了宋军。太宗本人仅以身免，乘驴逃往涿州。辽军或杀或俘大批宋军，并缴获了大量的武器、盔甲和补给。[③]高梁河之战不见于宋方的文献记载，辽朝此后的胜利都是如此。尽管要推断这场战斗的准确轮廓不太可能，但它对太宗战争的影响显示，这是一场惨败。宋朝远征大军溃败，太宗逃回了开

---

① 《续长编》卷二十，第 454—457 页。
② 《辽史》第 102 页的"少却"说的是耶律沙后退，而不是宋军后退。作者此处理解有误。——译者注
③ 《辽史》卷九，第 102 页。

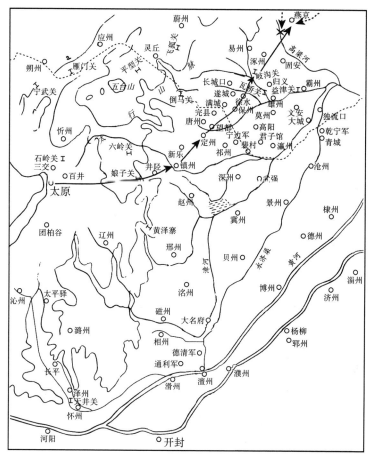

图 19　宋太宗第一次攻打燕云十六州

封。战争的主动权到了辽朝一方，宋军开始采取守势，以防辽朝攻入。

处于守势的太宗 [1]

据宋朝文献记载，宋军于 8 月 2 日夜从幽州撤退，由于围城日久，当时宋军士兵皆已疲病交加，补给运输也变得困难，且辽军可能前来解围。如果太宗曾下达过撤军的命令，那么这道命令也已为时过晚，因此到次日夜为止，宋军主力已经全部撤走了。8 月 6 日，这位皇帝到了定州，他停留了数日，对防御辽军做了一些部署。[2] 太宗撤退途中的某夜，军队找不到皇帝，一时大为恐慌，一些不知姓名的人计划拥立太祖长子赵德昭为帝，他当时也同在军中。太宗出现后，这场几乎要发生的政变才得以避免。毫不奇怪，皇帝听闻此事后非常不高兴。[3] 他的军事失利导致他几乎要被推翻，并被一个看上去更为合法的继承人所取代。军中的不满情绪威胁到的不是王朝，而是太宗本人。因此，他在一些人眼里并不是一个必不可少的、令人满意的统治者。这种想法有多普遍我们不得而知，但同时我们也看到，即便是面对一场惨败，人们对王朝的忠诚依然很坚固。

太宗败于辽军之手，这不仅是一场军事失败，也是对他个人的侮辱。太宗亲征就是为了证明自己有资格继承兄长的皇位，即便不能做到与太祖的军事成就等量齐观，至少也要显示出自

---

[1] 参见龙沛："War and the Creation of the Northern Song State"，第226—230页。
[2] 《续长编》卷二十，第457页。
[3] 《续长编》卷二十，第460页。

己足堪大任。然而当他真的消灭北汉之时，那场胜利却部分基于太祖生前所做的一些部署。李焘的记述指出，除一人外，所有将领都不想在太原陷落后继续进军攻打幽州，但又都不敢反对太宗的决定。[①] 将领们都害怕反对皇帝，皇帝则开始将战事失利归咎于他的将领们。太宗也越来越多地感受到来自家庭内部的威胁，特别是他的侄子和幼弟，不过他很快就采取措施惩罚了那些军界的姻亲们。

首先为太宗的军事耻辱付出代价的是德昭。979 年 9 月 21 日至 23 日之间的某时，德昭提出要奖赏为征服北汉而奋勇厮杀的士卒们，但此议所有廷臣都表示反对。这些人无疑说出了太宗的心声，因为皇帝的本意是要为后来的惨败而惩罚军队。而且，事过很久之后再行赏赐，将会凸显皇帝未能在更早、更合适之时行赏的事实。德昭则可以被看作是从军事立场发声，因为将士们尚未得到他们理应获得的奖赏。太宗对此大怒，说道："待汝自为之（意即等他当了皇帝），赏未晚也。"德昭惊惶不已，回到宫中，用水果刀自刎而死。[②] 从当时的政治形势可以想见，很有可能是太宗的人"帮助"德昭"自杀"了。太宗的地位变得飘摇不稳，他不再能够容忍其他皇位替补者的存在，特别是当他们受到军队的拥戴时。

虽然太宗从战场上撤了回来，但宋辽之间的战争才刚刚开

① 《宋会要·兵》，7/9a；《续长编》卷二十，第 454 页。唯一的例外是曹翰，他热切支持皇帝，皇帝也给予热切的回应，像极了周世宗决意出兵高平时的情况。
② 《续长编》卷二十，第 460 页。

始。辽朝把高梁河之战形容成仅仅是用"剑背击之"。[①] 他们或许对自己能取得如此胜利感到惊讶。显然，他们并未做好立即乘胜追击的准备。在辽朝调兵遣将的同时，宋朝也在继续部署防守兵力。

979 年 10 月 23 日，辽军进入宋朝境内，并很快在满城与宋军相遇。作为一次无力进行微观调控的典型展现，太宗命诸将采用一种特别的战争队列（阵图），分大军为八列，各列之间相距百步。将士们显然意识到，按照太宗的安排将导致惨败。经过紧张的讨论后，诸将都同意，违抗君命获取胜利，总归比遵从君命却落败而逃要好。宋军经过重整，果然击败了辽军，将其追赶到西山，乃至遂城。宋军斩杀辽军万余人，俘获马匹千余匹。[②]

11 月 11 日，辽军发起反击，在满城重挫宋军[③]；17 日，又在火山击败宋军。[④] 但是，战局随后开始变得对辽军不利。26 日，宋军击溃辽军，当时辽军建立了四座寨垒以助侵袭。随着边境上战争主动权的提升，太宗不能让自己显得没有参与帝国防卫，尽管他仍然继续撤往大名府。次日，一支宋军破敌万余人，斩首三千余。[⑤] 979 年 12 月 11 日，太宗到达大名府，这

---

① 《辽史》卷九，第 102 页。我翻译"背"这个字时用的是"flat"而不是"back"，因为这里说的是剑而不是刀，剑是一种笔直的、双面的武器，而刀则是弯曲的、单面的。

② 《续长编》卷二十，第 462—463 页。

③ 据《辽史》第 102 页，这一仗是辽军败了，作者理解有误。——译者注

④ 《辽史》卷九，第 102 页。

⑤ 《宋会要》和《续长编》里的数字存在相当大的矛盾。《宋会要·兵》(7/9b—7/10a) 记载，关南的战报称有万余辽兵遭到攻击，三千多人被斩首。而《续长编》(卷二十，第 464 页) 则称破敌数万，斩首千余。我采用了《宋会要》的记载，这个数字较为适中。

时，辽军从雄州撤兵的消息也传来了。12月15日，宋军在三交口击溃辽军千余人，17日又在忻州破敌数千。[①] 980年2月末，辽军发起了最后一次猛攻，派出十万大军进攻雁门。潘美击退了辽军，斩杀一位大将，并生擒了辽朝的马步军都指挥使。[②]

僵局 [③]

980年2月以后，军事行动告一段落，双方都摩拳擦掌，准备着当年另一场史大的动作。宋方加强了关南、定州、镇州的防务，尽管在高梁河被打得溃不成军，但太宗还是计划巡幸北边。由于军事威信严重受损，他现在绝不能放弃军队指挥权，或者对辽军表现出畏惧。这位皇帝似乎仍怀有通过军事胜利恢复原先局面的希望。如果这样的胜利确有可能，那么他必定要在现场赢得这份功绩。

与此同时，辽朝准备攻打宋朝。11月11日，辽朝皇帝祭祀了兵神，21日下令进攻宋朝。两日后，辽朝皇帝到达了燕州。27日，他在主力大军正式出发前举行了"射鬼箭"的仪式。之后，辽帝去了固安，30日又祭天地。[④] 这不仅仅是对宋朝攻势的一种回应，还预示着辽朝对宋政策的重大转变。数十年来，辽朝的军事活动仅限于支援北汉，保护其领土免受后周和宋朝的攻击。十世纪八十年代末，辽朝的做法完全颠倒过来，转而

---

① 《续长编》卷二十，第464页。
② 《续长编》卷二十，第473页。
③ 参见龙沛："War and the Creation of the Northern Song State"，第231—234页。
④ 《辽史》卷九，第103页。

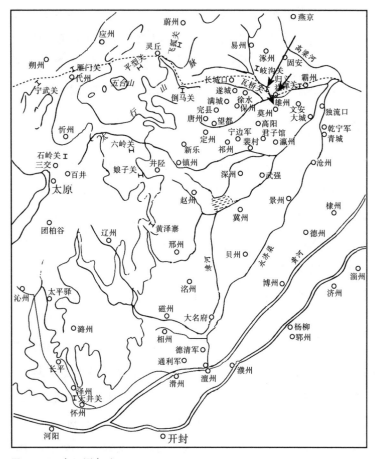

图 20　980 年辽军南下

采取攻势。二十五年后，两个帝国之间才最终达成了和平。所以，虽然宋太宗当时并不知道这一情况，但是他979年的举动开启了一场本不必要的消耗战，双方付出了成千上万生命的代价，而边境线却基本没有变动。这场战争一直伴随着宋太宗到他统治结束，且让他的所有军事行动和许多政治举措都偏向于暴力方式。

辽朝的军事行动集中在关南。现存文献无法说明辽朝之所以如此的理由，但有这样一些可能因素。从军事角度看，正如辽朝后面的行动所显示的，关南地区是宋军最容易进入的地区。在其攻击力和杀伤力不断减小的时候，那是他们进军的最佳路线。攻打北汉故土比较困难，因为宋军占据了那里的关隘；攻打那里也很难产生什么影响，因为那里整体上较为贫困，城市都为宋朝所控制，且那里距离宋朝都城很遥远。从本质上讲，宋朝不会认真对待这种外围攻击。但另一方面，关南地区又是阻拦辽军进入宋朝核心地区的战略要地。

关南地区外交上和政治上的优势地位交织在一起。辽朝一直坚持，这一地区属于他们，是石敬瑭割让给他们的。攻击关南意味着继续坚持这种权利要求，同时说明，辽朝并不承认宋朝对该地的所有权。另外也有可能的是，辽朝相信，他们可以在不扩大冲突、不侵犯宋朝本土的情况下，通过军事和政治手段获得关南地区。当然，双方都极为看重该地区的那些战略要地，这让宋朝难以让步，因为对宋朝来说，在南边构筑一条防线将会十分困难。而辽朝要在更北边构筑防线则相对容易，它数次成功守住燕云十六州正显示了这一点。辽朝自身对该地

区的权利要求可能很强烈，不过这种主张却是模棱两可的。如
果说后晋割让领土使其有了事实依据，而宋朝又从后周那里获
得治权，后周源自后汉，后汉源自后晋，那么宋朝的豁免就决
定了该地的归属问题。关南问题的提出，同时也就带来了燕云
十六州的归属问题。辽朝的外交之道就是让关南问题保持争议
状态，而不承认宋朝对燕云十六州的主权要求。

　　辽朝似乎不可能曾想提出这种主张，即宋朝应该被归还由
石敬瑭割让给他们的领土，因为这样将会增强宋朝的合法性。
宋朝的合法性在某种程度上是接受了承自之前北方政权的天命。
对正统的理解的规范化发生在十一世纪，最明显的就是欧阳修
将这些北方政权称作"王朝"。[①] 把后晋和宋朝的合法性联系在
一起，作为宋朝对关南地区领土主张的基础，这将迫使辽朝承
认宋朝拥有天命。综合来看，辽朝处在更加安全的地带，努力
想要将冲突仅仅限制在军事范围内。

　　12 月 9 日，辽军包围了瓦桥关，次日夜里击溃了宋军的一
次攻击，两天后又挫败了一支来犯的宋军。同日，一支辽军到
达雄州，占据了龙湾堤。宋军与之交战，伤亡惨重，夜里在郊
外失利。黎明时分，宋军突破辽军包围，奔向莫州，之后重整
兵马，在辽军准备从新造桥梁上渡河时成功地重击了辽军。12
月 18 日，宋军在瓦桥附近大河南岸整军列阵，准备阻击另一支
想要渡河的辽军。耶律休哥涉水而战，击退宋军，将其逼往莫
州，宋军死伤无数。次日，宋军又重整力量，卷土重来。但是，

---

① Johannes L. Kurz: "The Five Dynasties and Ten States in Song Times", *Journal of Song-Yuan Studies*, 33（2003），第190—191页。

辽朝再次击败了他们，并且几乎可以说是羞辱了他们。[1]

随着关南战争的继续，太宗宣布将出巡北边，并在12月22日离开了都城。次日，一封来自关南的捷报称，宋军击败了辽军万余人，斩首三千余人。26日，辽军开始撤退，1月4日，辽朝皇帝到了燕州。太宗看到辽军后撤，便想继续前进，攻打燕州，他仍想寻求那自己终其一生都再未遇上的成功。不过他在臣僚的劝阻下，放缓了脚步。臣僚们反对继续进军的原因有很多，并不仅仅是因为一旦辽军撤入燕州和蓟州间易守难攻的地带，那么要驱逐他们所需的代价将无可估算。于是太宗也从边境上撤退了，不过零星的战斗仍在继续。[2]

981年年初的局势，是一个由政治和军事动机交互锁定的古怪的困局，尽管政治考量可能是诸多事件的最大驱动力。宋太宗需要进攻辽朝并获得一场大胜，从而提高他的军事声望，进而巩固他的政治权威。具体而言，也就是说他必须攻占燕云十六州。所以，他必须发动一场歼灭战，旨在摧毁辽军能够抵制其预期目标——永久占据燕云十六州——的有生力量。太宗所处的政治形势，迫使他选择军事冒险的压力越来越大，尽管他有各种各样的权宜之计可以缓解压力，比如除掉他的侄子德昭、德芳和他的弟弟廷美。辽朝的形势则不同。辽朝的政策一直是想保持与宋朝的和平贸易关系。但是，宋太宗979年亲自领兵攻入燕云十六州及随后的惨败，使双方关系不可能再回到战前的状态。所以，只要宋太宗在位，辽朝领导层就不可能实现他们主要的政策目标。太

---

① 《辽史》卷九，第104页。
② 《续长编》卷二十一，第480—483页。

宗的好战使他们未来很有可能要面临大规模的攻势。辽朝一方则没有类似的攻入宋朝、夺取大片领土、摧毁对方政权的兴趣，尽管他们仍然宣称拥有关南地区。既然积极的外交目标受限，唯余攻击性的、消极的军事目标，那么他们转向消耗战也就在情理之中了。燕云十六州地区易守难攻的地形特点，正适合于这一政策。实际上，这不仅意味着被动地防御宋军的攻势，而且意味着积极攻入宋朝国境。这一积极的防守姿态，使辽朝暂时掌握了军事主动权，尽管宋朝边军积极与之争夺。

　　太宗对歼灭战的需求，也反映出他对太祖原初做法的延续程度，尽管太祖已经放弃了那些做法。对中国南部和西部各个政权的征服，就是一场场歼灭战。但是太祖明白，他不可能消灭辽朝，因为辽帝国太过庞大和强盛，地形分散而复杂，无法彻底击败。即便宋朝取得了占领燕云十六州的重大胜利，也可能会引发边境线上的大规模反击。虽然太祖可能没有找到针对辽朝占据燕云十六州的解决之道，但是他至少认识到了情势的复杂性。尽管有一些历史学者断言，太祖从未忘怀燕云十六州，但最好的解决办法可能就是主动降低该地区的重要性。[①] 与辽朝

---

① 王民信同意蒋复璁的观点，认为太祖对收复北汉（及燕云十六州）念念不忘，且不会接受不包括该地的统一。这种说法无法从我们如今可以获得的资料中得到证明。以往的学术研究大多认为，太祖有一个计划，也就是我们在第五章讨论过且否定了的"先南"战略，这一战略要求他以一个总体规则去征服某些地区。在中国学界，燕云十六州的恢复及随后的澶渊之盟曾经是，且现在仍是一个极易让人生出情绪的话题。事实可能是，太祖一直想要夺取燕云十六州，不过他所面对的战略情况一直变动不居，他只得适时而变。我们无从得知太祖的看法。见王民信：《辽宋澶渊盟约缔结的背景（上、中、下）》，《中国书目季刊》，1975年第9期，第35—48页；1975年第12期，第45—56页；1976年第3期，第53—64页；特别是（上），第42页。

的和平政治关系，将会大大降低燕云十六州在军事上的重要性，留下的将只有对未能收复该地的内部政治议论。而太宗的军事行动已经让燕云十六州成为一个无法避开的政治问题，宋朝也失去了那种有完全尊严的和平——条件是仍把该地区留给辽朝。

我在前面的章节曾经强调过，太祖的战略规划极其灵活，他能见机行事。燕云十六州是唯一不与任何一个政权的君主权力相勾连的地区。太祖两次尝试征服北汉都失败了，而征服北汉是为占据燕云十六州做准备。太宗的主要失误在于，他刚一攻下太原，就径直前往燕云十六州。而太祖在每次获胜后，都要先巩固战果，再前往下一个目标。天若假年，太祖必定会再一次进攻北汉，但他未必会继续进攻燕云十六州。有一次，曹翰提出要攻取幽州，太祖将此议交给赵普考虑。当意识到若曹翰顺利实现目标可能带来的益处时，他也指出只有曹翰能够守住那里。[①]

宋敏求（1019—1079）对曹翰计划征服幽州一事的辑录，凸显了我们在试图理解太祖计划时要面对的编史偏见。我在第五章曾讨论过，所谓的“先南”战略的提出，是为了赋予诸多偶然事件一种总体计划，以显现其过程具有某种方向性。这种计划还有助于强化这样的观念，即宋朝对中国的统一是对唐帝国的重建，所以它恢复各处的失地也都是正当的。太祖成功地执行了这一计划的前期部分，这给人造成如下印象：太祖如果不是英年早逝，必然会完成这一计划。虽然事实上并没有什么计划，

---

① 宋敏求：《春明退朝录》，北京：中华书局，1980年，卷上，第13页。

而且太祖最终也将会面临燕云十六州的难题，但是我们的史料却深受"宋朝征服战争理应如何"这种事后假设的困扰。

1月24日，太宗回到都城开封。30日，交州行营击破辽军万余人。太宗回到都城后，许多大臣劝他速取幽州、蓟州。这并不完全代表百官对燕云十六州的普遍态度，更多地反映出的是许多官员明白，太宗想要发起这样的军事行动。不过，张齐贤却基于几个不可否认的原因而提出了反对意见。他指出，北汉领土才刚刚平定，幽州、燕州运输不便，许多州城还没有军寨，契丹人在该地区也是后勤供给不足。之后，他又引用了孙子的一句话"百战百胜，不若不战而胜"，作为其具体陈述的概括。张齐贤建议高筑墙、深挖壕，也就是采取被动的防御措施。最后他指出，择卒不如择将。这或许是意在通过暗示之前的失败原因不在太宗御驾亲征，而在将领选择不当，从而软化他要面对的反对意见。但另一方面，这也有可能是对皇帝的含蓄批评，强调了先前的失败是领导者的失败，而不是军队的错误。张齐贤的总体要旨是警示皇帝不要在军事事务上花费太多精力，而要多关注国家的良好治理和百姓生活的改善。面对张齐贤的反对，太宗放弃了原来的打算，因为有两个实际问题摆在他面前：一是军事局势对他不利，二是政治局势也不稳定。[①]

宋军在防守上比处于攻势时要强大得多，辽军虽仍侵袭不断，但甚少取胜。实际上，这几乎就是宋辽军事关系的常态——不是辽方强攻与宋方坚守相对，就是宋方弱攻与辽方弱防

---

① 《续长编》卷二十一，第483—485页。

相对。为了应对辽朝的攻势，宋军开始加强自身的后勤系统以及边境线上的防御工事。宋军在清苑边界上开通徐河、鸡距河五十里，入于白河，从而改善了关南地区的漕运状况。我们应该也会记得，周世宗进军燕云十六州时，同样也曾开通和疏浚漕运系统。在三交西北一百英里处一个叫固军的地方，潘美将辽军从那里的沟壑溪谷中赶走了，此前敌方正是以此为前哨而潜伏于此的。[1]

加强边境军备的同时，太宗也在都城采取了相应的政治措施。4月18日，德芳突然去世，年仅二十三岁，死前并未得病或有其他征兆。[2] 太祖的儿子全都被除掉了，似乎可以肯定，这是太宗下令所为。不过，德芳的死有着双重影响，这虽然确保了太宗的政治地位安全稳固，但是也让那些持怀疑论者更加确信，太宗是德昭之死，甚至有可能是太祖之死的罪魁祸首。我们无法确知太宗要为哪些人的死亡负直接责任，或者说，他仅仅是太过幸运了。但是，他们的死亡恰好发生在太宗面临巨大的政治需求的时候，这说明，太宗必定多多少少与之有些关系。

天象也非常不利，大雨从春天一直延续到夏天。6月初，辽军又开始发动攻势，尽管前两次进攻（分别有七千和一万精兵）都伤亡惨重。宋朝的这些胜利都属于消极胜利，因为他们采用的方式是打击敌方优势，而不是发挥自身的优势。太宗很想转为攻势，但是他寻求其他草原政权援助的努力最终毫无结果。[3]

---

[1]《续长编》卷二十二，第488—489页。
[2]《续长编》卷二十二，第490页。
[3]《续长编》卷二十二，第492—493页。

关于官僚体制本身的一个非常特别的政治问题逐渐浮现出来。卢多逊的权力越来越大，为人越来越专横，他很像当年的赵普，但是缺少赵普那种可以长期保护自身的与皇室的密切联系。卢多逊控制了从政府到皇帝之间的信息流动，这可能是太宗不能准确估量军队和政府基调的部分原因。当 10 月 9 日，田锡在离开都城赴任河北南路转运副使的前夜，想要直接向皇帝进呈一封长篇奏疏时，这个问题就变得十分明显了。因为河北地处对辽战事的前线，所以田锡所关注的问题具有重大意义。他提出的第一个问题就是，征伐北汉的士卒们尚未得到赏赐。鉴于宋辽双方仍在对峙之中，所以这是军事管理上的一件要事。余下的四个议题则涉及政府的适当职能，比如训诫那些被挑选出来的人才，既而信任他们会履行职责。[①] 虽然田锡奏疏中的大部分内容都十分寻常，他却提出了政府和军队内的严重问题——如果他对赏赐士卒的考量有些分量的话。太宗果真回应了田锡的奏疏，这暗示着他多么严肃地接受了田锡的批评。田锡就任后仍不断向朝廷提出忠告，这必然凸显出皇帝接收不到其他不同意见。他潜在的政治观点往往击中要害，且迅速发挥作用，尽管他提出的具体议题显然被忽视了。

虽然田锡的奏疏促发了太宗一朝政治架构的根本重建，但是那些引发变化的关注点与条件的复杂影响还需要数年的发展。我们已经说过，皇帝在政治上地位虚弱，与军队也关系疏远。他对自己侄子的嫌疑深重的暗杀，暂时稳固了他的皇位，却破

---

① 《续长编》卷二十二，第495—497页。

坏了他与皇室成员的关系——其中多数人都是通过姻亲关系而成为皇室成员的。战场上的失败使他失去了合法性的外部来源，所以太宗很想求得某些朝廷当权人物的政治支持。随着他的幼弟廷美迅速成长为一位可以取代他的有力的皇位候选人，这一点就变得极为重要。太祖的儿子都已离世，而兄终弟及的继位规则也已确立，那么廷美显然是可以代替不受欢迎的太宗的绝佳人选。虽然卢多逊相比于廷美远非什么大问题，但他也是一个没有弥补价值的烦人问题。卢多逊曾经促成了赵普的下台，如今他也成了一个无关紧要之人。

卢多逊错误地高估了自己的权势，并为太宗进行政治交易从而保住自身地位创造了条件。多年来，赵普不断请求回到朝廷，但由于卢的诋毁，这些请求都无果而终。田锡的奏疏刚好发在赵普之子赵承宗同高怀德与燕国长公主（太祖、太宗的妹妹）之女成婚之前。婚礼在开封举行，卢多逊在婚礼不到一个月后就恶意命令赵承宗回到任上。这不仅激怒了赵普，而且可能也触怒了一批宗室成员。太宗接到奏报称，赵廷美傲慢放纵，密谋篡权，于是借此征召赵普回京。这是太宗和赵普之间达成政治交易的第一步公开行动。[1]

当时太宗所面临的问题是，朝中大多数政治实权人物都支持宋王朝，却并不都支持他做皇帝。面对太宗对赵廷美品行不端的质疑，赵普上书表达了自己对朝廷的忠心，强调了对其恶意诽谤的谄媚者的问题，并提供了一套太宗之母要太祖传位于

---

[1] 这些事件的准确次序无法确定，见龙沛："Sima Guang on Song Taizong"，第25—28页。

太宗的说法。这件事据称发生在开国之初太宗之母尚在世时，她信任赵普，于是令其记下这段誓言，保存在了金匮之中。现在赵普说出了这段往事，并拿出了他保存完好的约定。"金匮之盟"有很多令人困惑的历史编纂问题，其中仅有部分能真正得到解决。但在讨论这些问题之前，我们必须首先解释清楚这份记载的政治意涵。通过拿出这份文书，赵普就从个人立场对太宗的皇帝地位表示了支持。这既是对太宗的一种保证，同时也是针对朝中其他实权人物的公开表达。但这不过是一场已经达成的交易的表象。后续的事件说明，太宗和赵普达成了共识，决定打击卢多逊和赵廷美，从而抬高自身地位，巩固政权。卢多逊的下台，是赵普公开支持太宗而得到的私人回报。廷美的倒台不仅有助于太宗，而且也移除了朝中政局不稳的一大根源，这一点赵普尤为重视。

我们无法确知，赵普究竟是在 981 年伪造了这份文书，还是从 961 年开始就保存着这份文书以备日后使用。太宗当然不会相信，赵普在太祖朝时就支持他继位。情况十有八九是赵普在 981 年伪造了这份文书，因为历史记载从未提到太祖曾答允过这件事。这样一份庄重的誓约，太祖为何不亲自手书并盖印签字呢？也有可能此事和誓约都是真的，但是太祖并没有放在心上。他不可能为了安抚自己的母亲，就容许她干扰自己的政治规划。但这些问题是无解的，我们只需记住，这个故事和誓约都是赵普与太宗 981 年政治交易的一部分。

因为赵普所呈的奏疏，加之金匮之盟的内容，太宗于 10 月 17 日命令赵承宗留在京中，赵普回京担任司徒兼侍中。同日，石熙载被任命为枢密使，他是第一位文官出身却担任此职的人。次日，赵廷美被要求在朝中位列赵普之下。[①] 太宗彻底改变了政局，并进一步巩固了自己在宗室及姻亲中的地位。保护赵承宗并打击卢多逊，说明了皇帝亲属相对于政府权威的重要性和特权。作为宗亲的一员，赵普空降政府高层，更说明了太宗的特权和地位。这必定还严重削弱了赵廷美从前的那种地位，对太宗不满的人都将其视为皇位的合适替代者而极力拥护他。从这个角度讲，石熙载担任枢密使也反映出太宗对曹彬的不满，因为曹彬的次子娶的是廷美的女儿。

太宗不断接到关于廷美密谋篡位的报告，于是在 982 年 4 月 7 日将廷美由开封府尹迁为西京（洛阳）留守。26 日，曹彬在廷美赴任前宴请他，这似乎更加深了太宗的怀疑。30 日，赵普开始利用廷美的失势，着手打击自己的仇敌卢多逊。赵普提请太宗注意，卢多逊长期与廷美保持联系。卢多逊秘密交通廷美被认为有谋逆之嫌，5 月 10 日，此事被交给朝廷高层商讨。参与议事的官员都建议采用严刑峻法，于是次日，卢多逊被罢官，全家流放崖州，廷美被勒令回到私宅，其余六位涉事官员则被公开处决。[②] 虽然那些指控的真实性不可能得到确认，但是赵普回到权力舞台预示着一场政治清洗。虽然卢多逊和赵廷美也被那些指控打倒，但是他们的官阶和地位至少在一开始还是保护了他们免受其下属所遭受的那些严刑峻法。卢多逊不再具有威胁性，于是才有可能在 985 年死在了流放地。廷美的命运对太

① 《续长编》卷二十二，第500—502页。
② 《续长编》卷二十三，第514—517页。

宗及王朝而言更加重要，太宗不能容忍他的这位弟弟继续活在世间——那太奢侈了。

5月13日，廷美的子女被褫夺了皇子、皇女的称号，他们的配偶也相应地受到降职的处分。这在太祖、太宗的皇裔和廷美一脉之间划下了一道清晰的界线。[①] 有些官员将太宗的举措视为猎巫运动，而不是防止叛乱的正当搜查，太宗对这种暗示极为敏感。5月21日，这位皇帝召来管理粮料院的刘锡，质问他为何不经批准就借给廷美数千斛米，刘锡顿首称死罪。刘的反应凸显了在政府中搜寻所谓廷美党徒的毫无根据的严酷性，且触怒了太宗。太宗下令将其杖责数十。两日后，前几日被处决的其中一位官员的两位兄长，也都被下令禁锢于沙门岛。27日，从前廷美的两位属官也都被贬往各州任职。[②] 不过，这出政治大剧仍未演完。6月19日，太宗听从赵普的建议，贬廷美为涪陵县公，安置到房州，并派两位官员负责监视。[③] 984年2月20日，廷美迁往房州，不久后就身亡了，当时距离他遭到谋逆的指控过去了两年。[④] 7月27日，太宗封其长子德崇为卫王，次子德明为广平郡王，从而稳固了皇位继承。[⑤] 太宗把精力放到政治上时，辽朝仍不断越境袭扰。宋辽边境并不太平，但整个982年

---

① 《续长编》卷二十三，第518页；刘静贞：《皇帝和他们的权力：北宋前期》，第78页。
② 《续长编》卷二十三，第518—519页。
③ 《续长编》卷二十三，第520页。
④ 《续长编》卷二十五，第572页。太宗哀悼廷美之死时曾提起，廷美是他乳母的儿子。李焘接受了这一说法（《续长编》卷二十四，第537页），不过没有其他证据可以证明。
⑤ 《续长编》卷二十三，第523页。

下半年也并无大的战事。

982年10月13日，辽景宗驾崩，年仅三十四岁。其年仅十二岁的长子继位，是为辽圣宗。[1] 萧皇后变成了萧太后，而大辽也改称"大契丹"（但为方便起见，我在后面会继续使用"辽"这一名称）。[2] 不同之处就在于，好战的萧太后的上台，兼之杰出的汉人官员韩德让（实际总揽朝政）的辅佐，使得宋辽开战的可能性大大增加了。圣宗，或至少说其母萧太后，非常尊重去世的先帝，所以等到次年才修改国号。但是，国号的变更暗示着某种契丹本土主义的复起。不过，不管这种变化的性质是什么，辽朝的对宋政策并没有显著转变。

太宗继续着自己的政治清洗政策，利用针对曹彬的指控，罢免了他的枢密使一职。[3] 皇帝听到传言称，边关士卒都认为他们的月头银是曹彬发给他们的，而不是太宗。还有人觉得，曹彬很可能正准备发起叛乱。不管这些谣言是真的，还是说仅仅是铲除曹彬的借口，其结果都是一样的。曹彬与廷美的密切关系，使太宗无法容忍他继续担任枢密使。当然，太宗很快就会召回曹彬，令他指挥征辽战事（见第九章）。

983年，辽朝的侵袭仍在继续。5月1日，万余辽朝骑兵进犯丰州，后被击退。6月，曾诽谤曹彬有谋反意图的一位官员事败下台，太宗赦免了曹彬，但并没有恢复其枢密使的职位。曹彬的罢官与复职显然还不足以让这位皇帝相信，皇室的社会基

---

[1] 《辽史》卷十，第107页。
[2] 《续长编》卷二十三，第533页。
[3] 《续长编》卷二十四，第537页。

础都是支持他的。于是在 1983 年 11 月 23 日，太宗为所有皇子改名，并将他们移入东宫。① 这决定性地改变了从前皇室的整体性质，它将太宗一脉单独分开并抬高其地位，使之居于其他皇裔之上。这位皇帝通过其行动清楚地表明，皇位继承并不只有一种选择。在加强自身在皇室中地位的同时，太宗继续巩固他对军队的控制。到了 983 年 12 月，他终于觉得军队足够强大，可以讨论夺取燕云十六州的具体战略了。在这场讨论中，他明确表示，时任边将都是他亲自选派的。② 这说明，边将的忠诚与否曾是这位皇帝最关心的问题。像太祖一样，太宗必须用军事成就来换取政治稳定。但他们之间不同的是，太祖以军事胜利推动政治扩展，而太宗在军事失败后总是采取政治紧缩政策。由于军事失败而引起的政治衰弱，太宗做了许多制度调整，这些制度调整深深影响了后来的宋王朝。

宋辽之间的大规模战争还要等上若干年，但是 983 年年末太宗就此展开的讨论在很大程度上说明，他一直思考着这个问题。982 年 12 月，太宗似乎对辽朝进行了非正式的和平试探，但被拒绝了。与此同时，辽朝意识到宋军正在黄河以北修建城池寨堡，于是派兵侵扰。③ 我们并不清楚，982 年年末、983 年年初这些指向暂时守势的试探性举措，是不是太宗政治或军事衰弱（或二者皆有）的结果。不过，考虑到他这一年的政治扩

---

① 《续长编》卷二十四，第555页；刘静贞：《皇帝和他们的权力：北宋前期》，第78页。
② 《续长编》卷二十四，第557页。
③ 《辽史》卷十，第108页。

张，以及并未发动军事行动的事实，那么这位皇帝讨论征辽之事很可能表示，他认为自己在政治上已然强大，但在军事上依然虚弱。984年，太宗似乎曾严肃地思忖过，为了外部和平和内部稳定而放弃军事行动。实际上，这意味着通过强调帝国的和平和经济繁荣，来增强他的合法性和政治权力。和平与富足的最终表达就是封禅大典，不过，7月24日，宫中一座大殿可能因为被雷电击中而烧毁，太宗不得不取消了这项典礼。太宗指出，大殿被毁，说明他们并不符合天意。[①] 对这位皇帝而言幸运的是，在他为了打造仪式上的合法性而遇上凶兆时，辽军也为他事缠身。

边境上的唯一一块乌云，就是李继迁造成的小小骚乱。李继迁是西北的党项人（或者说西夏人）首领李继捧的弟弟，他们都曾归属宋朝。984年10月，李继捧入宋廷，李继迁留在银州并组织了叛乱。这个十七岁的少年一开始似乎前景黯淡，宋军很快就发起进攻，斩首五百人，烧毁四百余营帐，俘虏了他的母亲和妻子，并带走了数以万计的羊、马、器械。李继迁仅以身免，不过数年之后，他会成为宋朝的一个大麻烦。[②]

---

① 《续长编》卷二十五，第581页。
② 《续长编》卷二十五，第586页。

第九章　失败与叛乱

整个 985 年，宋辽边境都保持着和平，但这是由于双方都无所作为，而不是他们取得共识、积极构建的。双方并没有解决什么问题，这就为未来的冲突留下了十足的可能性。没有哪一方有理由相信另一方会维持和平，特别是因为双方都不接受这样的现状。太宗继续作为一位处在稳定、和平环境中的皇帝，扩大着他的政治权力。这段和平时期的唯一波澜就是其长子发疯了，原本在当年 9 月，他是要被立为皇嗣的。① 尽管如此，太宗在多年的安稳统治之后，终于感到政治上已足够强大，试图在 986 年征伐辽朝。这一次，又是太宗打破了和平，攻入了辽朝的国境。而且同第一次一样，太宗争取军事荣耀的努力不幸又失败了，并招致了辽朝长年累月的报复性攻击。

① 《续长编》卷二十六，第 597—599 页。

太宗第二次进攻燕云十六州（986 年 2 月 20 日至 6 月 18 日）[①]

986 年 2 月，太宗把关注点又转向了燕云十六州。经过一些人的鼓励，他再次下定决心要征服那片土地。他的计划是让主力大军慢慢进抵辽朝的南京幽州，而让小股军队前往更西边，把辽军引入不利于骑兵作战的山岭之间。按照设想，辽军会迅速回应宋朝最初的攻势，竭尽全力保护他们的疆域。一旦辽军筋疲力尽，宋军主力就突入幽州，粉碎一切对手。这个计划的成功有赖于辽军从战争一开始就全力以赴保卫疆土，但不幸的是，这种防卫状态只是宋方的想当然，而不是辽朝领导层所设想的。更为实际的是，辽方在宋军发起攻势后，需要一定的时间去调遣兵马。或是有意或是出于其他什么原因，辽军主力一直置身事外，直到宋军过于分散并开始撤退时，他们才发起进攻，歼灭了宋军大部分主力。

许多宋朝官员都觉得，986 年年初是进攻辽朝、夺取燕云十六州的好机会。他们在奏疏中指出，当辽朝为宋朝进攻北汉而试图调停时，就已经破坏了合约。[②] 更为重要的是，局势尤为有利：辽帝年幼，太后执政，而军务则由人人厌恶的韩德让掌管。[③] 我们不要把这些奏疏都当作这些官员内心感受无意识的、唯心主义的表达。许多官员确实认为宋朝应该拿下燕云十六州，

[①] 参见龙沛："War and the Creation of the Northern Song State"，第 235—244 页。
[②] 这些有关打破合约的表述，是这份合约存在的唯一证据。从未有资料披露过合约的正式条文。
[③] 《续长编》卷二十七，第 602 页。

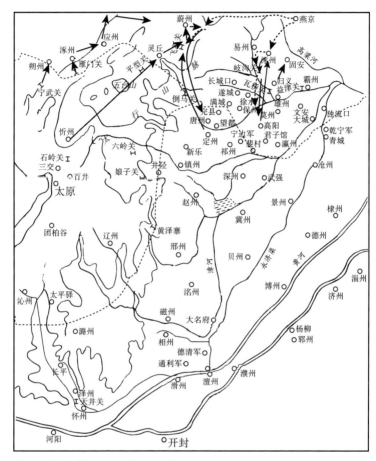

图 21　宋太宗第二次攻打燕云十六州

但也有许多官员是为了附和皇帝对大规模战争的明显兴致。文献记载中没有对发动战事的反对声音，这与太祖时期对比鲜明。赵普后来批评太宗周围都是溜须拍马之人。另外值得一提的是，这次太宗没有像 979 年攻打北汉之前那样咨询将领们的意见。

　　尽管太宗初次领兵作战就以惨败收场，但他决不能让别人觉得他害怕战争。所以，这位皇帝在大军实现初步目标后不久，就计划御驾亲征。但是，要让太宗给前线最高将领曹彬的指令与朝中的争论相一致则很难。战争的完全崩溃也掩盖了预定的战略。太宗的计划似乎是进攻西边的云州和应州，而让主力大军震慑幽州。辽朝受到两面夹击，必然会派大军死守十六州中最重要的幽州，西边山岭中的各州就会变得容易攻下。至少根据太宗后来对赵普的辩驳可知，他想先拿下西边诸州，再攻打幽州。据此推测，太宗原本是想如征服太原那样，等到围攻幽州的条件成熟，再亲自指挥主力大军。

　　在理论上，我们很难对这项计划的相对价值做出评价，但实际上，这确实是一场灾难。虽然宋军有几场战斗打得很好，但是战事的进程从来没有如太宗所预期的那样发展。宋军最初进军非常迅速，遇到的抵抗甚至比预想中还要小。这次进攻似乎让辽朝措手不及，逼得他们慌忙调动守军。这完全破坏了太宗的计划，因为这个计划预想的是——事实上有赖于——为了后来战略上的出人意料，而不要战术上的出人意料。然而情况正相反，宋军初期的成功破坏了军事战略，使军队变得分散、易受攻击。太宗及其将领们都不知道在未遇见辽军主力的情况下该做些什么。而当辽军出现之时，宋军已经不在战斗状态了。

太宗再次起用曹彬来指挥这场战事。他为何选择曹彬,原因尚不明确。或许是因为太宗没有征询过任何将领的意见,所以任用帝国最卓越的武将来负责执行他严格的命令,就变得非常重要。3月4日,曹彬被任命为主帅。在曹彬左翼,田重进领兵从飞狐进入辽境。在田重进西侧,潘美领兵从雁门进入辽境。太宗宣布发兵和任命的首道诏令暗示着,他将会亲入战场。毕竟,这次攻势不仅是为了收复领土,也是为了恢复(或者说建立)皇帝个人的军事和政治威信。

首次战役发生在4月16日,田重进在固安以南击败一支辽军,并占领了该地。四天后,田重进又在飞狐以北击败辽军;潘美进至西陉,斩敌五百,后来将辽军向北逐至寰州,又斩敌五百。4月23日,寰州举城向潘美投降。次日,朔州投降。同日,曹彬的前锋军队赶到了涿州;此前一天,他们已在涿州城东击溃了辽军,既而清扫了战场上的辽军掩护部队,猛攻北门。宋军已在涿州站稳脚跟,于是次日该城便向曹彬投降了。[①]文献并未说明,宋军如何以及为何能够如此迅速地攻下这么多城池,但相当多的战略要地似乎确实是在宋军到达后便很快投降了。

4月17日,辽帝得知了宋军攻入的消息,当时,宋军陆续占领了岐沟、涿州、固安、新城等地,但不包括城池。辽帝开始调动兵马,迅速派遣耶律休哥赶往前线,令耶律抹只指挥大军南下。[②]仅仅在两个月前,辽军刚刚打败女真人获胜而归,士气正盛。相对于宋朝,辽朝的政治局势同样很强大,因为辽朝

① 《续长编》卷二十七,第608—609页。
② 《辽史》卷十一,第120页。

刚刚接受了反叛宋朝的党项首领李继迁的归顺。① 与宋太宗的预期不同，辽军首先立即在东边对宋军发起进攻，4 月 19 日在固安击败宋军并俘虏了宋军将领。尽管宋军优势尚存，但是辽朝强大的战斗力已经打乱了太宗精心构思的计划。

在东面，曹彬本人刚刚到达涿州。4 月 28 日，曹彬派往涿河对岸搜寻辽军的一支宋军轻骑遭到了攻击。宋军迅速反击，在城南击溃辽军，斩首千余人，俘获马匹五百余。但是，辽军在东面针对曹彬的战况并不代表着整个战局。曹彬的处境本身并不好，辽军的攻击使他无法稳固自己的阵脚。大约两周后的 5 月 15 日，米信破辽军于新城，杀敌三百。但辽军迅速重整，逼退并包围了米信及其三百护卫。箭如雨下，米信军死伤无算，但米信依然坚守到黄昏，并亲手击倒了许多敌人。天色渐暗，米信手持大刀，率领余下百余骑兵奋力突围，杀死了数十名辽军士兵。曹彬派出的援军终于赶到了，宋军联合一处，转而反击辽军，在新城东北击溃了辽军，斩敌千余，获马匹一百。② 虽然有这场艰难的胜利，但是宋军在东部战线上已经失去了锐气。

潘美在西边的进展稍微好一些。4 月 30 日，他攻打应州，守将献城投降。两周后的 5 月 14 日，他拿下了云州。5 月 4 日，田重进降飞狐，9 日降灵丘，28 日又降蔚州。但这些局部胜利对整个战局影响不大。

辽军集中大军，要对付威胁幽州的宋军主力。耶律休哥身在前线，欲阻挡曹彬继续前进，并掘壕固守。对此，辽宋双方

---

① 《辽史》卷十一，第119页。
② 《续长编》卷二十七，第610页。

对接下来战事进展的记载略有不同。辽方认为，休哥的军队阻止了曹彬及宋军主力进一步前进。宋军对休哥构成了威胁，他们面对辽军扎营，南北向绵延两英里。5月27日，驻扎在涿州以东十七英里处的辽帝下令，休哥等将领严守水路，以防宋朝士卒重返涿州。次日，休哥击败了宋军，29日夺回了涿州。在宋方的记载中，曹彬在涿州十多天后粮草殆尽，不得不退往雄州补足粮草。[1] 情况很可能是，辽军通过封锁水路，切断了宋军的补给系统。由于粮草断绝，曹彬不得不撤退了。

太宗的计划要求稳步进军，但是辽军前锋有意无意地迅速攻击宋军先锋部队。潘美已经攻下了寰州、朔州、云州和应州，田重进攻占了飞狐、灵丘和蔚州，曹彬拿下了新城、固安和涿州。但是每有捷报传来，太宗都忧虑曹彬进军如此迅速，以及辽军切断其粮道。当曹彬退至雄州补充粮草时，太宗变得非常担忧，并传谕要求曹彬按兵不动。当时，曹彬正要领兵沿白沟河与米信会合，鼓舞士气，加强西边的军事部署。于是，曹彬和米信不得不等待潘美完全占领西边诸州。最后，他们将和田重进一起，向东边的幽州进发。[2]

我们并不清楚，除了放缓北进，曹彬按照原本的计划会做什么。他必须在跨过边境后就尽快到达一座相当大的城池，以补给并在开阔的地域保卫自己的军队。通往涿州的大道是宋军主力唯一可行的路线，他还用工具从水路运载了士兵和补给。要是他在这条路线上行动迟缓，将会易受辽军骑兵的攻击，补

---

[1]《续长编》卷二十七，第611—612页。
[2]《续长编》卷二十七，第612—613页。

给也容易被辽军截断。一种简单的军事逻辑驱使曹彬向涿州进发，即便是在没有辽军的情况下。现在辽军在战场上，宋军如果想要取胜，那么在辽朝境内修建据点就变得更加重要了。涿州是唯一能够实现这一目标的地点。然而，太宗却发布了一道令人困惑的命令，制止了宋军主力的行动。曹彬现在进退两难，也不能后撤重整兵马，补充粮草。他和他的大军只能等待西边的胜利。

太宗的命令不仅让宋军陷入混乱，也削弱了曹彬的威信。因为皇帝从京中传来命令，这是一种典型的军事错误，也反映出太宗喜欢管理细事。宋军失去目标，兼之听闻西线宋军战果不俗，所以曹彬的部将们谋划蜂起，四出觅敌。毫不意外，他们的目标是涿州，不久就重新占领了那里。但现在，辽朝骑兵也处在这条行军路线上，宋军不得不边走边战。辽军同样过于分散，他们曾使用诡计向米信求降。虽然被米信的谋臣识破了，但他们由此获得了两天时间，从幽州补充了充足的箭镞。①

夏季的酷热开始危及已然疲乏的宋军。当得知再无粮草时，他们不得不再次退往边境。曹彬原想留下万余人戍守涿州，但是被劝止了。他心怀仁慈，令城中百姓随宋军一同南撤。这样，宋朝大军的撤退就有些混乱，并被辽军追赶。

宋军放弃涿州，散布于涿州、瓦桥关一线，辽军则展开了一次精妙的战略行动，将大军调往固安、瓦桥关一线，也就是往东。6月3日，辽军主力到达固安，次日围城。耶律颇德首先

---

① 《辽史》卷十一，第121页；《续长编》卷二十七，第612—613页。

登城，固安遂又易手。通往瓦桥关的路线现在向辽军敞开，他们于是赶忙前往阻击从涿州撤退的宋军。由于瓦桥关一路被阻断，曹彬于是决定撤往易州。6月12日，辽军在岐沟关追上了曹彬，重挫宋军，追至拒马河。李继宣发起反击，把辽军赶往孤山，曹彬则集中余下军队，连夜渡过拒马河，在易水南岸扎营。[1] 数以万计的士卒被斩杀或淹死。[2] 宋军大败后，辽军主力也于6月15日撤退了。[3]

6月18日，太宗得知大军惨败的消息，遂下令诸将沿边界线安营扎寨。曹彬及米信被征召入朝。同时，田重进率领军队进驻定州，潘美撤往代州。当潘美带着大军和四州百姓返回宋朝境内时，辽朝萧太后又发兵十余万，攻陷了寰州。潘美部将意见不合，未能在与辽军作战时互相支援，导致一部几乎全军覆没，且主将被俘。后来此人绝食而死。[4]

边境上的战事可谓激烈而紧张。在曹彬等人回到朝中之前，赵普上书批评了这次攻势，将其形容为"以明珠而弹雀""为鼷鼠而发机"。赵普知道，他可能会因为提出批评而遭受重罚，特别是因为他是唯一一个表示反对的人。他指出，想要从游牧者那里夺得土地是徒劳的。最好的策略就是"无为"，辽人别无他法，自然会前来归顺并接受中华文化。[5] 赵普是宋朝征服战争最早的规划者之一，且他从未反对过太祖发动战事，所以这封

---

① 拒马河下游东西流向处，似乎是当时双方的事实边界。
② 大部分淹死者可能都是负责军需的士卒以及宋军带离辽境的平民。
③ 《辽史》卷十一，第121—122页；《续长编》卷二十七，第613页。
④ 《续长编》卷二十七，第613—614页。
⑤ 《续长编》卷二十七，第614—616页。

奏疏并不是和平主义的原则性申张，更不是基于某种道家信条。他所表达的仅仅是——用当时合适的政治语言来说——在此时发起军事行动是不明智的。借助于"无为"这一在文化上得到认可的哲学命题，要比坦率地告诉皇帝他不该发起一场无法取胜的战争，相对更易让人接受。

太宗亲笔回复了赵普。他首先赞赏赵普能够忠诚地提出批评，但他接着解释道，他并非真地要攻入辽朝，他原本的计划已经因为曹彬及其部将未遵指令而失败了。他仅仅想逼使辽人远遁沙漠。问题在于，曹彬所部各骋己意。军队迅速出击又撤退，导致人困马乏、粮草耗尽。所以，战事失败并不是太宗的错。① 皇帝的答复几乎是一套虚假说辞，因为曹彬显然没有接受留驻雄州和霸州的命令，他最初进军也是得到默示的。太宗对管理细事的偏好能够支持前一点，因为曹彬不可能完全无视皇帝在战争开始时的明确指令。当然，如果太宗感到曹彬直接违抗指令的话，他也不会等到战事尾声才命令曹彬不许前进。

太宗的第二次军事惨败进一步削弱了他的声威，但是他对任何有可能取代他的宗室成员的无情清理，已经在相当程度上消除了由此带来的政治后果。从许多方面来讲，这是宋朝皇帝面对的新阶段——军事上的重大失败第一次不再能够威胁到皇位和王朝的存续。皇帝的政治资本变少了，但那也仅仅让他成为一位更虚弱的皇帝。一旦登基称帝，他的无能就仅仅会成为一种遗憾，而不会导致他的退位，后来世袭的皇帝都是如此。

---

① 《续长编》卷二十七，第617页。

不管太宗有何缺点，作为政治实体的王朝都要接受他并忠于他。尽管他的政治命运更加黯淡了，但毫不奇怪的是，986年11月13日，他提拔现存皇子中的长子赵元僖为开封尹，同时再次强调他继承太祖皇位的合法性及他确保了王朝的稳定。①但他仍不愿正式指定继承人，因为他不想分散掉大臣们对他的忠诚。

　　如果说太宗在第二次惨败后所面临的政治问题没有那么严重，那么他所要面对的军事问题才刚刚开始。柳立言经过充分论证后指出，与许多历史学者认为太宗两次落败显示出辽军相对于宋军的绝对优势的观点不同，辽朝自身感受到的是宋军的巨大威胁。他们从未觉得宋帝国或宋军是衰弱的。结果，辽朝将防止宋朝第三次攻势设定为自己最重要的军事任务。②但是考虑到宋朝皇帝表现出的好战性，及他在第一次攻辽时蒙受的耻辱，外交解决似乎是不可能的。既然无法通过政治途径解决边境问题（至少在太祖时期是这样），那么他们唯一的选择就只有战争了。但不幸的是，他们自己可能也意识到，这是个不得已的选择。他们的目标是防止宋朝的攻势，从更普遍的层面讲，是构建一条与宋帝国的和平边界。但是他们又无力摧毁整个宋帝国，只有政治解决，才是这个问题长久、稳定的出路。军事行动只会带来两种可能：第一，以先发制人来阻止宋朝的第三次攻势；第二，让宋朝

---

① 986年9月4日，太宗再次为诸皇子改名。陈王元佑改名元僖，韩王元休改名元侃，冀王元儁改名元份。《宋史》卷五，第79页；《续长编》卷二十七，第621页。

② 柳立言：“Making War for Peace？”，第185—186页。

认识到政治解决也符合他们的利益。① 太宗毫不妥协地排除了第二种可能，冲突仅剩下了纯军事维度。

986 年 10 月，辽圣宗开始准备南下进攻宋朝。② 987 年 1 月 7 日，田重进攻入辽境，并攻下岐沟关。不过三天后，辽军就在君子馆歼灭宋军万余人。博州守将听闻辽军之胜，及时戒备，加固城垒，搜集粮草，做好了充足的军事准备，以防辽军乘胜攻城。百姓对此大为不满，但当辽军因为该城戒备森严而决定绕开时，百姓的怨恨就完全消失了。后来辽军转攻代州，到达州城下。1 月 20 日，宋军诱敌深入，在土磴堡大败辽军，俘获辽朝北院大王之子，斩杀两千余人。

尽管有这些小胜，但是 987 年年初的边境局势对宋朝不太有利。不断的战败让宋军损失严重，迫使边地城镇匆忙兴役增固城墙。易州的丢失死伤惨重，那些仍在坚守的城池周围地区也都遭到毁坏。数万军队的损失很难补足，许多官员也反对更大范围地征用农民。太宗最终接受，和平和军事防御是最好的策略，但是他仍继续鼓励文官们进献战争良策，或至少采取不妥协的姿态。③ 这标志着军事主动权由宋转向辽。因此，辽朝成

---

① 对于辽朝，我的观点与赖大卫非常接近，见赖大卫：*From War to Diplomatic Parity in Eleventh-Century China*，第 85 页，及曾瑞龙：*War and Peace in Northern Sung China*，第 69 页。我和曾瑞龙都强调，宋朝并不打算消灭辽朝，其目标仅在于占领燕云十六州。赖大卫则提出一个重要观点，即辽帝国如果没有燕云十六州则无法存续。因此，从辽朝的角度来说，宋朝对燕云十六州的图谋是一个关乎存亡的威胁，必须全力应对。而在宋朝看来，这个问题并不关乎存亡，所以从来无须全面动员。
② 曾瑞龙认为，这是辽军首次为了军事行动而进行常规后勤准备。*War and Peace in Northern Sung China*，第 92 页，注 8。
③ 《续长编》卷二十八，第 633—637 页。

功实现了阻止宋朝再度攻入的目标，但代价就是要保持一种积极的、侵略性的军事姿态。随着宋朝防守的不断加强和军队的恢复，这种代价将会越来越大。

处于攻势的辽朝

988年7月，辽朝开始准备再度派兵南下。10月27日，辽圣宗到达幽州，并继续前往涿州。11月8日一到达那里，他便射帛书到城中，令其投降。城中守军拒绝投降，辽军发起猛攻，13日攻下了涿州。圣宗之婿在战斗中中箭，乘着皇帝的马车被送回了都城。救援涿州的宋军半路返回，在后撤途中被辽军追上并击败。11月16日，辽军攻破沙堆驿，12月4日又取得狼山之捷，五天后在益津关击败宋军。12月11日，辽军进军长城口，再度击溃宋军。[1]

12月18日，圣宗攻下长城口，整支宋军都被斩杀或俘虏。19日，攻满城，三日后就攻破了。26日，攻下祁州，并大肆劫掠。次日，新乐陷落，28日，小狼山寨陷落。989年1月4日，宋军千余人出益津关，但旋即落败而逃。[2]辽军此次遇到的唯一一场有力阻击是在12月12日，当时宋军在唐河击溃辽军，又一路追击到曹河，斩首一万五千余人，俘获战马万余匹。[3]

989年2月9日，辽军主力开始撤退，但圣宗仍想在战事结束前攻打易州。3月1日，他进攻易州，击退自遂城而来的宋朝

① 《辽史》卷十二，第131—132页。
② 《辽史》卷十二，第132页。
③ 《续长编》卷二十九，第658页。

援军。次日经过猛攻，易州陷落，被俘士兵皆被遣往辽境。9 日，圣宗正式宣布遣返军队，结束战争。[①] 对辽帝而言，这是一场成功的战争。但就像所有军事行动一样，这也耗费了他的财力和人力，特别是牵涉到需要从前线领导后方的辽朝贵族们，战争初期驸马的受伤就是这种风险和代价的一个例证。在战争中，被俘的宋军数次被编入辽朝军队，或许这也显示了圣宗所遭受的损失。辽朝的战争接在太宗兴兵之后，再一次严重毁坏了许多已然破败的边境地区。这是有意而为的，目的在于让宋军无法在这里展开军事行动，并在两国之间建立一个缓冲地带。圣宗的军事和政治目标都实现了，他不仅收复了被宋朝夺取的涿州，甚至还进入了宋朝境内。

圣宗对战事的亲自参与暂时结束了，但他仍继续派兵进攻宋朝。或许是想为宋朝制造恐慌，他加强了与新兴的党项首领李继迁的外交关系，将一位公主（虽然并不是自己亲生的）许配给他。[②] 东北的辽朝与西北的党项结盟的可能性，严重威胁到了宋朝。然而，宋朝仍对辽朝构成威胁，6 月 6 日，圣宗命令军队准备进攻宋朝。次日，耶律休哥发兵满城，俘虏七百余人，尽数带回了辽朝。6 月 18 日，宋军靠近边境，并在易州驻扎，但是辽朝无人愿意出战。[③] 不过辽方一直留意能够挫败宋军的机会，

---

① 《辽史》卷十二，第133页。
② 《辽史》卷十二，第134页。
③ 耶律休哥的传记称，他是唯一一个愿意与刘廷让交战的人。休哥在沙河以北击败了刘廷让的数万骑兵，获得了无数的战利品。程光裕忽视了这个故事，因为它并未出现在《辽史》《续长编》《宋史》等书的编年记载中。程光裕：《宋太宗对辽战争考》，第175—176页。

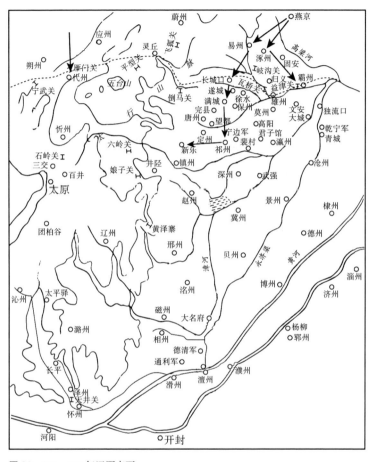

图 22　987—989 年辽军南下

当威虏军粮草不济时，辽方即发兵万余重挫之。尹继伦率领马步军数千，试图阻击辽军。辽军避开了尹继伦，于是尹强行追赶，在唐河与徐河间出其不意地攻击辽军。辽军正在进食，未能发觉，尹继伦杀死敌方一位重要将领，辽军乱作一团。

　　这次战败，加上圣宗逐渐开始关注更多内部事务，辽朝对太宗986年攻势的回应终告一段落。此后，双方都发出了和平的试探信号（辽朝在991年，宋朝在994年），但毫无结果。双方都没有可以摧毁对方的军事力量，即便他们想要如此，也不存在可以达成满意结果的内外政治条件。鉴于许多后来的历史学者总是强调宋朝的虚弱，这里值得一提的是十世纪末宋辽双方军事力量的平衡。两个帝国的军事资源都极为有限，双方都感到在其共同的边界（河北北部）展开军事行动极为不易。地势条件对攻守都有限制，不管双方持什么姿态都很困难。但是，尽管他们的冲突在十世纪的最后十年里没有得到解决，军事僵局却使得许多内部问题成为优先考虑因素，吸引了他们的注意力。以宋朝为例，太宗在军事惨败后紧接着就遇上了整个宋朝历史上最大的几场起义之一。

王小波、李顺起义（993年3月23日至995年4月2日）[1]

　　993年爆发于四川的这场起义，对宋太宗而言来得不是时

---

[1]　关于这场起义的大多数史料，都收录在苏金源、李春圃所编《宋代三次农民起义史料汇编》（北京：中华书局，1963年，第1—62页）中。就起义本身的概述和分析，则有张荫麟：《宋初四川王小波、李顺之乱》，《清华学报》第12卷（1937年），第315—335页。

候。他在 986 年征辽的失败，造成两个帝国在北部边界上长期对抗，没有缓和的迹象。到了十世纪九十年代，主动权已经到了辽朝手中，这种敌对状态一直要持续到 1005 年的澶渊之盟。太宗在两次惨败中拙劣的指挥，他对军事指挥公开表达的疑惑，以及他对军事问题的推诿，丝毫不能提高军队的士气。更有甚者，西北地区好战的部落首领李继迁宣告了党项的独立，而宋帝国又遭逢持续不断的旱涝灾害。在这样的局势下，迅速而果断地平定起义就变得相当重要。太宗派他忠诚的内侍、太监总管王继恩来负责此事。尽管王继恩施展了残酷的手段，处死了起义军领袖，但是动荡的局面一直持续到 995 年。王继恩总管战事，也标志着太宗时期的一项重大转变，即太监可以担任重要的军职，这在太祖时期是闻所未闻的。还有其他几名太监，在参与平乱中也地位突出。

尽管有一些因素促成了起义的爆发及扩散，但其直接原因尚不完全清楚。宋朝征服后蜀后实行的贸易限制政策，可能是导致动荡的主要原因，恶劣天气和成都地方官对法律过于严苛的使用，进一步激化了矛盾。四川各地的城墙要么在宋朝征蜀战争中损毁严重，要么后来被有意破坏，这一事实在最初阶段帮助了起义队伍。四川以外的局势，及辽朝和党项在边境制造的麻烦，也让朝廷无法将官军全力投入平乱。面对官军的不断取胜和残酷杀戮，起义仍然能够持续两年之久，这也清楚地显示出百姓严重的不满情绪。这种不满情绪直到起义已然被平定后仍然存在，或许对此最明显的承认就是 996 年 10 月的一道命令：所有平民百姓必须在一百天内向官府上交武器，违令者处死。这种不满可能是由于四川特殊的社会性质。地方豪强以事实上的农奴制度收揽了绝大多数务农人口，控制着四川，这就招致了一大批人的不满。997 年，太宗曾想打破这一体系，但被劝止，原因是害怕这一令人愤恨的体系的突然改变会再次引发动乱。因此，四川的动乱总有两个可能的根源：其一，受压迫的平民百姓试图推翻豪强地主，其二，豪强们反对中央政府影响和干涉地方社会。

四川特殊的社会结构，再加上对四川土匪横行的普遍观念（出现在有关 993—995 年而非更早的起义的文献中），让皇帝生出一种近乎歇斯底里的焦虑。太宗曾授权高官赵昌言以更大的权力赴川监管平乱事宜，但因为有官员指出，赵不仅声名远播，且没有家小，于是太宗修改了对赵的任命，限制他的直接管辖权和行政地点。太宗的焦虑可见一斑。似乎他非常害怕有一个杰出的、没有家庭的人可能平息四川的起义，从而建立自己的政权。因为在很多情况下有明确规定，禁止四川官员回到四川，所以太宗的表现也反映出关于四川之危险的某种普遍观念。这并不仅仅是"不能回原籍为官"这种通常性的官场规则。曹克明只能偷偷溜回四川看望他的老母亲。裴庄被任命为峡路随军转运使，但遭到反对，理由就是他是蜀人，"不宜复遣入蜀"。不过太宗没有在意这种反对声音，因为他觉得裴庄值得信任。但或许这种惧怕是毫无事实根据的，因为起义军曾想以曹克明的家人为人质，诱使曹来担任领袖。曹克明携母远走，并募集数万人支持官军。显然，一位蜀地豪杰确实能够统率大量兵力。毕竟，全师雄在被迫成为早前兵变的领袖之前，也曾是后蜀的官员。一个有适当地位的人，想必能够与地方豪强搭建起关系网，集中其人力，获得其支持。就算没有这样一位领袖，地方豪强们也会抵抗起义。

起义爆发于 993 年 3 月 23 日，青城县民王小波聚众杀死了眉州彭山县的豪强。[1] 成都知府吴元载无力平定起义，而他的严刑峻法被指责为起义爆发的一大原因。王小波尽管没有取得重大胜利，但仍转战各地一年有余。但事情的后续发展表明，起义之势越来越大。994 年 2 月 8 日，王小波被杀害，李顺接过了起义军的领导权。[2] 大约就在此时，接替吴元载的无能的郭载来到了四川。

郭载上任途中，局势仍在继续恶化。当他走到梓州时，就有人建议他说：“成都必陷。公往，亦当受获。少留数日，则可免。”郭载严词拒绝了他的建议，继续全力前行。李顺第一次攻打成都时，虽然烧毁了西郭门，但没能拿下成都，于是便转变目标，2 月 18 日攻下了汉州，次日又攻下了彭州。不久，郭载到达了成都，当时李顺正发起对成都的第二次进攻。3 月 1 日，成都陷落，郭载被迫率领余众逃往梓州。李顺接着自称“大蜀王”，更改年号，派兵四出攻掠。其中最重要的一支直奔剑门，试图控制进入四川的北大门。[3]

太宗对四川不断恶化的局势忧心忡忡，于 3 月 6 日派遣王

---

[1] 《宋史》卷五，第 91 页。
[2] 《宋史》卷五，第 92—93 页。
[3] 《续长编》卷三十五，第 766—767 页。

继恩镇压李顺。[1] 我们不应该认为，太宗选择王继恩仅仅是因为他的忠心，王及其部将也均是出众的将领。王继恩是一位忠心耿耿的将领，他被赋予了镇压起义的特殊权力。太宗在一封诏令中指出，投降官军的可以赦免，顽固对抗的则格杀勿论，这其实准许了王继恩的大肆杀伐。[2] 这几乎就是一场歼灭战。值得指出的是，太宗并没有像太祖那样，对官军造成的死伤和破坏感到恼怒。像第一次征蜀和起义时部分官军哗变的一面奇怪的镜子一样，类似的哗变又发生了，尽管规模要小得多。太祖并不情愿处死起义者的家人，而太宗则要经过劝说才不那样做。

王继恩率领大军一路向四川进发，或许他面临的最大的战术问题是李顺大军控制着进入四川的门户剑州。如果起义军占据剑门，就能阻断或毁坏栈道，那么官军要想迅速发挥大军的优势就会极为困难。这样的拖延将会让起义发展壮大，持续更久。敌对双方都非常清楚具有特殊历史重要性的地点的战略意义，在中国历史上，这样的例子有很多。占领成都后不久，李顺就派出两支精兵（每支据说都有十万人）北上，一支往剑门，一支往梓潼。杨广所率领的剑州军，目标就是攻下剑州，以阻止一切官军从北面进入四川。其中数千人直指剑州州城。[3] 相里贵率领的梓潼军的目标，则是围攻并占领梓潼。

剑州的防卫并不得力，上官正仅仅召集了几百名士兵守城。

---

① 《续长编》卷三十五，第767页。
② 《续长编》卷三十五，第774页。
③ 《宋史》卷三百零七，第10121页。

但他仍出城应战，正好与宿翰及其扈从会合。3月27日，他们遇到并击败了数千起义军，几乎致其全军覆没。俘虏皆被斩首，他们的左耳被割下为证，只有约三百人逃出战场，回到了成都。但这些倒霉的幸存者们最后也没什么好下场，李顺因为他们惊扰了其他起义军而大怒，下令将他们斩杀于城东门外。[①]这些都是在王继恩到达四川之前发生的，这让他进入四川变得更加容易。全歼剑州起义军，也发生在太宗下令允许这种极端制裁之前。这场意想不到的胜利让太宗大为欣慰，上官正和宿翰双双得到提拔。但是剑州起义军并非一无所获，他们占领了周边的几个州，以及剑州地区附属的许多村镇。

梓潼起义军则遭遇了意想不到的坚决抵抗。知州张雍和监军卢斌自王小波、李顺起义以来就保持警觉，开始整顿该州本已荒废的防备，并训练军队。他们召集了三千余士兵，又募集了一千强勇，分给各个将领指挥。张雍从绵州征收金帛充实府库，把能够征集到的铜铁都铸成了箭镞，砍伐树木制成棍棒，把衣物扭结成绳索，并派出信使向朝廷请求援军。当成都第一次受到攻击时，卢斌曾率领十州之兵前往增援，但为李顺所败。回到梓潼后，卢斌开始负责挖掘运河，将梓潼河水引入城壕。

当起义军到达城下时，张雍和卢斌登上城墙观察敌军。卢斌见到起义军皆老弱疲惫，且无铠甲，大受鼓舞，于是请求从北门出城攻打敌军。张雍否决了卢斌的想法，他认为这是敌军设下的诡计，目的就是诱使他们开门出战。他还预料到，城中

---

① 《续长编》卷三十五，第772页。

的内奸正准备利用人心不稳，与外面的起义军里应外合，控制该城。他尚未说完，果然就有士兵从角楼呼唤起义军，相互应和。这些内奸很快就被处决了。卢斌接着突围出城与敌军作战，先后达三十余次，敌军稍稍后退。①

不久，起义军又带着云梯和冲车返回了。他们的进攻持续到夜里，引发了城中百姓的恐慌。张雍调来了投石机，向起义军投石，同时从城墙上射出火箭。起义军再次撤退重整，稍后不久（文献的记载并不明确），就搬来攻城器具攻击城池西北角。张雍明面上派出马步军五百人到东门，他知道牛头山上的起义军将领一定会看到这个调动。起义军以为，官军即将从东门突围，于是派万余人在门外设伏。与此同时，张雍派出一百名死士缚绳索而下，焚毁了起义军的攻城器具。大火从中午一直烧到傍晚。起义军试图登墙作战，但也都被击退了。②另一次，起义军利用日夜吹拂的北风，发起火攻，猛攻北门。张雍和卢斌领兵守卫城门，站立在乱石和乱箭之中，岿然不动。陈世卿善射，他一人就射杀了数百名起义军士兵。③

剑州之败和梓潼围城让李顺陷入困境，预示着其事业的厄运。通往成都的直线道路依然开放。剑州如此重要，但奇怪的

---

① 《续长编》卷三十六，第785—786页。
② 《宋史》卷三百零七，第10121页；《续长编》卷三十六，第786页。李焘记载，攻打梓潼的人数有二十万，这可能是混淆了从成都出发的二十万起义军。当然，这些数字都是夸大的。后勤问题不会允许十万人集中在同一个战场上，即便是在四川这样富庶的地方。相形之下，964年宋军攻入四川时总共有六万人。可以推测，两支起义军都需要走成都到剑州的大道，计划攻取梓潼的起义军停在那里，要攻打剑州的起义军则继续赶路。就区分两路起义军而言，《宋史》的记载比李焘的说法更加准确。
③ 《续长编》卷三十六，第786页。

是，李顺竟然没有再度尝试夺取它。他的兵力仍然大大超过上官正和宿翰，他在成都的地位仍然很稳固。但是梓潼围城牵制住了他的大量兵力，而从后来官军的反攻来看，许多其他兵力则忙于攻占周边地区。当时起义军力量太过分散，如果不放弃一些目标，就无法集中必要兵力发起二次攻势。他可能以为，成都的局势足够安全，因为他已经占据了周围所有地区，拥有了足够强大的防御能力，这种实力仅仅由于剑州之败和梓潼之围稍有削弱。或许以上两种情况都是真的，但不管怎么说，没能把占领剑州摆在首要位置绝对是个致命的错误。李顺在领土上的扩张，模糊了战略上和执行上的深度缺陷。

　　与李顺最初的迅速扩张相比，他第一次落败于一支仓促组建的小股宋军之手，看上去令人惊讶。这种明显反差原因有二。第一，李顺的军队完全是未经训练的贫民百姓，不像全师雄的部下，许多人原本都是后蜀士兵。李顺军的组织、战斗技能和士气都很低下，尽管他人数众多，但数次交战的结果已经说明，他们在战场上无法与宋军相比。第二，起义军大部分值得一提的胜利，都是基于对方薄弱的城防能力取得的。宋军征服之地的城墙和防御工事，要么被破坏殆尽，要么是被忽略了，要么就任其倒塌。这样做是为了防止地方势力起而对抗中央政府，不过这也让这些城镇难以抵抗起义军。官军无力驻守，事实上他们在这些城池中比在战场上更加容易受到攻击。他们处在可能充满敌意的人群中，又被迫分散力量去进行不适当的防守，这样就可能被各个击破，成都的情况就是这样。不过，官军毕竟受过正规训练，且体格强健，起义军几乎不可能战胜他们。

官军未遇抵抗进入四川，直奔通往成都的大道，同时，一些小股部队保护着剑州和王继恩军东面地区。曹习领兵从葭萌前往青山镇。5月24到达老溪后，他受命击溃了位于山涧狭窄地带的两个共万余人的起义军营寨，斩首三千人。次日，曹习抵达青山镇，那里已经被全部焚毁，于是他继续攻克了阆州。同时，胡正违向西移动，击溃五千起义军，夺回了巴州。

5月30日，王继恩率领的主力大军到达绵州边界，他们在那里稍事停顿，休整兵马，巩固战果。6月2日，宋军主力一部在研口寨破敌，斩首五百，平定剑州之围。王继恩军交通顺畅，6月13日进入绵州境内，在州城附近的涪水击垮了一支起义军。被杀或溺水而亡者不可胜数。次日，王继恩收复了绵州州城。[1]官军取得了战争主动权，王继恩便领兵赶往成都，与李顺对决。6月17日，官军攻克了成都，大败起义军数十万人，俘虏李顺等起义领袖。像三十年前的王全斌那样，王继恩下令斩杀了三万起义军降卒。虽然仍有一些零星战斗，比如梓潼被围八十天，几乎就要陷落时，终于在6月29日解围（卢斌随后追击并俘虏了两万起义军）。但是王继恩已经实现了他的既定任务，在领命不到四个月后终于镇压了李顺。[2]

王继恩的迅速取胜，在朝中引发了一场小小的危机。既然王继恩顺利完成了使命，那么理应得到奖赏。中书建议让王担任宣徽使，但太宗认为让太监担任这一职位将会有碍朝政，所

---

① 《续长编》卷三十六，第784页。
② 《续长编》卷三十六，第786—787页。

有没有同意。宰相复议道，王继恩的功劳，只有这个职位才配得上。太宗发怒了，只好命令张洎和钱若水想想其他办法。最后的解决办法就是，设立一个宣政使的新职位。[1] 但是，朝中在为如何奖赏太宗的长期内侍而费心费神时，四川的起义却并没有缓和的迹象。

张余的继续起义

官军俘虏李顺，收复成都，但四川的起义仍未结束。事实上，官府的管理权甚至到不了成都城郊三英里之外。李顺被俘当日，一位名叫张余的义军领袖攻占了位于四川南部和东部长江沿线的八个州。[2] 张余据称是李顺的部将，如果这是真的，那更凸显了此次起义的严重程度。能几乎同时攻占长江沿线八州之地，说明其计划周全、高度配合，更不用说拥有大量兵力和粮草了。李顺所追求的目标（显然是占领整个四川），明显地贯彻于张余的行动中。李顺在夺下几个州城，并占领了许多周边地区后，就向南、向东扩张，当时官军也正赶往成都，要消灭他的政权。这也许能够解释，为什么李顺没有继续尝试夺取剑州。因为他已经把大部分兵力和精力转向南面和东面，准备沿长江一线扩张，所以也就没有多余的力量可以弥补他在北边的

---

[1] 《续长编》卷三十六，第792页。尽管宋太宗明确强调，由像王继恩这样的太监担任宣徽使，权力过大，但在宋代，宣徽使有何重要意义，我们并不清楚。在唐代，宣徽使是非常有权力的太监职位，到了1081年12月23日，宋朝取消了这个官职。见龚延明编著：《宋代官制辞典》，北京：中华书局，1997年，第130页。宣政使也是太监的职位。

[2] 《续长编》卷三十六，第788—789页。

失败了。如果是这样的话，那么他在巩固北方防线之前就把力量转向长江一线，就是犯了一个严重的战略错误。张余的行动力显示出，不论其从属关系如何，当时仍有相当数量的人力可供起义。同样需要注意的还有，虽然起义向南、向东迅速发展，但是仍然处在成都平原的汉人地区内。

四川东北和中部只剩一些清理任务，但四川南部和东部的起义则仍然十分激烈。7月6日，李顺及其部将八人被斩于凤翔市，不过这似乎无关紧要，他们的死没有对如火如荼的起义产生任何影响。① 开州监军秦传序英勇抗敌，但没能保住州城，遂投火而亡。起义军既而利用开州的陷落，继续进攻夔州。6月30日的西津口决战异常惨烈，起义军面对的是日夜兼程前来镇压的数千宋军精锐。这支精兵在白继赟的率领下进入夔州，接着出人意料地从水路出击。另一支官军由解守颙统率，同时从背后进攻起义军。这一前后夹击造成了这场战争中最为残酷的杀戮。超过两万起义军被斩首，尸体阻塞了河流，河水也被染成了红色。官军获得了数以万计的铠甲，还有千余艘战船。令人震惊的杀戮再一次同起义的持久力量形成了明显对比。

7月21日，起义军攻打施州，但被击退。一周后的28日，峡路行营破敌于广安军，又破敌两万于嘉陵江口，又破敌于合州西方溪，俘虏、斩杀甚多。尽管有这些失败，起义军仍在迅速发展。8月7日，起义军攻打陵州，但被知州击退。② 面对坚强的抵抗，起义军不得不在8月10日放弃了对眉州持续一个多月

①《宋史》卷五，第94页。
②《宋史》卷五，第94页。

的围困。

王继恩被派往四川约五个月后，亦即王小波发动起义一年多后，骚乱仍没有平息的迹象。官军不断击败起义军，收复失地，逐渐加强了中央政府的地位，但还是没有粉碎敌人的抵抗。9 月 23 日，朝廷实行了一项新政策，起义军只要停止活动，就能得到赦免。不过这项赦免政策的效果微乎其微，或至少可以说不值一提。或许同样重要的是，王继恩实际已经不再进军，而是在成都逍遥快活。到了 10 月，起义的继续发展和王继恩的无所作为，让太宗决定派遣宰相赵昌言接掌全局指挥权。

但派出赵昌言后不久，太宗就开始疑虑重重。一位僧人告诉他，赵昌言鼻型不佳，不能委派他负责蜀地事务。赵昌言离开大约两周后，又有人提出，像他那样声誉颇隆的人，一旦管理四川军务日久，将来会难以控制。① 这位已经陷入焦虑中的皇帝，据说又收到了来自寇准（曾任朝廷高官，当时被贬为凤州知州）的密奏。寇准指出，赵昌言不仅威望颇高，而且没有子嗣。太宗回复称："朝廷皆无忠臣，言莫及此。"② 他随即下令赵昌言留在凤州，在那里管理蜀中事务。而寇准不久就又被擢升为宰相。

随赵昌言同行的新官员们几乎立即改善了蜀中的局势。张咏接管了成都（当时被降为益州），采取措施解决了粮食问题，并敦促王继恩继续用兵。张咏到成都时，发现城中仅有不足半月的粮食，却需要供应三万大军，盐价居高不下，私人仓库中

---

① 《续长编》卷三十六，第 796 页。
② 司马光：《涑水记闻》，北京：中华书局，2006 年，第 24 页。

却有余粮。他降低了盐价，这就促使地方百姓带着粮食到成都来换取食盐，当月末，城中就多出了数十万斛粮食。这不仅改善了粮食供给问题，而且提高了粮食质量。张咏对供给体系的第二种修正方式，是为了敦促王继恩出兵。当时，因为李顺烧毁了城中的草场，所以成都的军马都用米粟喂养。张咏转而用钱来供给军马。当王继恩怒称马匹不能吃钱时，张咏指出，虽然城中没有草场，但是城外却有，问题仅仅在于军队赖在城中。张咏进一步把问题说开，他告诉王继恩，自己已经向皇帝汇报了这里的情况变化。这也改善了百姓的粮食情况，他们此前都要与马匹争食。[①]

王继恩重返战场，立刻就收到了效果。卫绍钦破敌于学射山，攻下双流等寨，降服起义军数万人。杨琼奔赴邛州、蜀州，扫荡起义军根据地，11月5日克复蜀州。曹习破敌于安国镇，斩其头领，斩杀、降服起义军甚多。王继恩送了三十多个起义军士兵交给张咏处置，张咏立即释放了他们，王继恩既惊又怒。张咏解释说，这能成功地"化贼为民"。但这其实预示着政策的彻底调整：从剿灭起义军到用仁慈去争取他们。[②]虽然没有正式法令，但是我们可以肯定，这个由张咏或其上级赵昌言做出的决定是地方性的，它之所以能得到认可，是因为它确实改善了局势。尽管如此，四川的动乱仍未完全平息。11月22日，邛州收复，995年1月16日，嘉州收复。但直到4月2日，张余才

① 《续长编》卷三十六，第798页。
② 《续长编》卷三十六，第798—799页。

人头落地并被悬首示众，这才宣告了起义的结束。[1]

　　这场起义是对太宗统治的另一种控诉，显示出他不仅在外部军事问题上失败了，在内政问题上同样如此。他通过弑杀宗室成员，而不是展现合于统治的德行，来保住自己的皇位。当宋朝官军被派去残酷镇压显示皇帝统治失败的起义时，是蜀中百姓为太宗的军事和政治虚弱付出了代价。太宗为数不多的成功之处就是，他指定了自己的继承人。当他于 997 年 5 月 8 日驾崩时，他的皇太子就正式继任皇帝了。[2]

---

① 《宋会要·兵》，11/4a.6925。
② 《续长编》卷四十一，第862页。

第十章　建国期的结束

谁为陛下画此策者，罪可诛也……奈何欲委弃宗社，远之楚、蜀耶？[1]

太宗的三子、指定继承人宋真宗，差一点就不能如其父所安排的那样登上皇位。王继恩准备拥立太宗的长子，这仿佛重演了当年太宗继承皇位时的情况。宰相吕端阻止了王继恩的企图，这既说明了太宗依靠内侍的统治手段的残存，又反映出太宗无意中创立的新的、更为制度化的统治体系的力量。[2] 但是除了这场小风波，真宗的继位没有其父亲那样的政治不确定性。所以，他不需要通过军事成就甚至是精干的统治，去证明自己能够胜任皇帝之位，他将父亲遗留给自己的军事难题，更多地

---

[1]　我对寇准这段奏议的翻译，大体基于傅吾康（Wolfgang Franke）的译文。参见傅吾康：*Historical Precedent of Accidental Repetition of Events? K'ou Chun in 1004 and Yu Ch'ien in 1449*，收录于鄂法兰（Francoise Aubin）编：*Études Song in Memoriam Étienne Balazs*，Series1，Fascicle3，第199—206页。

[2]　《续长编》卷四十一，第862页。

看作政策问题而非政治问题。或许是出于这个原因，他在解决边疆问题上显得比其父更为实在。当然，个人气质同样很重要，但我们很难从个性角度去分析局势与事件的影响。虽然真宗长在宫中，政治地位稳固，也从未遭受战败耻辱，但有时，他同其父一样好战。许多历史学者批判真宗对宋辽冲突的解决方式造成了国耻，但不管这些批评多么在理，事实在于，真宗的政策选择给东北边境带来了一个多世纪的和平。这是太宗无论如何都不可能实现的。

真宗能够成功地实现边疆的长期和平，原因并不在于他或任何文武官员的英明领导。事实上，朝中的军事政策讨论总是被政治角力所淹没，而少见对谋划最佳行动方案的真诚付出。最后形成——不同于明确选择，真宗从未想要明确选择——的政策，往往是坚守既有边界，而非进攻辽朝或发起和平对话。虽然这可能是真宗缺少决断的结果，且必然会将主动权让给辽朝，但这未必是一项不好的政策。只有当真宗合理期望攻势将会成功实现他的军事和政治目标时，他才会因为自己的防守心态遭受批评。初登皇位时，他对辽朝只有一个简单的军事目标，那就是夺取燕云十六州。但是，真宗知道其父试图实现这一目标时发生了什么，至少不会比我们了解得少。所以，他的合理期望就是，他不可能攻下燕云十六州。没有了这种可能性，他只能寄希望于实现阻挡辽朝于帝国之外的消极目标。这种明确的或直观的认识，加之辽对宋不断增加的军事压力，让皇帝转而寻求稳定的边境。正是这种观念转变，才使1005年条约的签订成为可能。

而辽朝方面似乎从一开始就一直想要与宋朝建立一条和平的边界。正如我们所看到，且辽朝也清楚知道的，辽军对宋军并没有压倒性的优势。双方事实上旗鼓相当，这种状况又因为双方在燕云十六州及河北北部战斗中的共同困境而得到凸显。许多历史学者误解了辽朝进攻型的军事战略和战术，特别是在与宋朝防守型的军事战略和战术做对比时，常认为辽军具有绝对优势。这也造成了对辽朝政治和领土目标的一些误解，因为进攻型军事行动常被与意图领土扩张、渴望宋朝灭亡画上等号。而且，许多宋代政治家以及一些皇帝，都深深疑惧一个模仿中华帝制的强大邻国。但是，从993年辽朝与朝鲜半岛的高丽王国的协议可以看出，在各自的军事平衡变得明晰后，辽朝非常想要与具有相似倾向的领导层实现政治解决。战争是辽朝的政治工具，而不单单是其"野蛮的"契丹传统的文化驱动力。他们的文化预示着他们如何发动战争，以及战争的内在后果和用途，但是就宋朝而言，战争的背后有着明确的政治目标。这一点的明显体现就在于，辽朝一旦达成目标，就愿意放弃对宋朝用兵。如果他们单单是受文化动力的驱使而没有政治目标，那么他们在1005年就根本不会停止战争。

导致澶渊之盟的那场战事以及盟约本身，已经成为并且可能会一直是宋史研究中经久不衰的议题。柳立言在他1990年有关澶渊之盟的那篇论文的第一个脚注里，列出了此前论及这一议题的二十二种论著，这一数字现在一定又增加了。[①] 他还遗漏

---

① 柳立言：《宋辽澶渊之盟新探》，《历史语言研究所集刊》第六十一本第三分，1990年，第693—760页。

了一些用英文或其他西方语言写成的著作，但是将这份清单补充完整也仅仅具有目录价值，因为论者们对这项盟约及战事几乎没有什么意见分歧。其中绝大多数论著对这个议题的关注主要集中在两个问题上。第一，谁发起了和平对话？第二，这份盟约对宋朝来说是"国耻"吗？在本章中，我将讨论促成这份盟约的战事，但是进入叙述之前，我要解释为什么我不会特别关注上面提及的这两个问题。

我已经指出，辽朝对宋朝有着一贯的政治目标，而且局势的发展，使他们不得不通过军事攻势来追求这一目标。我还指出，宋真宗逐渐改变了他对宋朝东北边境的目标，希望与辽朝实现一种本质上的和谐局面。既然双方到 1004 年时已经有了相同的目标，且条件也允许双方通过谈判来实现目标，那么谁发起和谈这样的问题就失去了意义。双方都热切希望和平，迅速就达成了让双方都能接受的协议。虽然宋朝后来又对协议条件感到后悔——不过不是针对其带来的和平——但是这也改变不了真宗在 1004 年想要构建和平的事实。我们将会看到，双方在达成盟约之前，都没有取得过什么决定性的胜利，所以无论哪一方提出和平谈判，都不能被视为衰弱或落败的标志。最后，因为当时及后世的许多政客都非常想要明确是谁发起了和谈，所以历史记载充斥着偏见而显得扑朔迷离。

"国耻"问题是一个政治问题和编史学问题。真宗最初对缔结盟约感到满意，相较于他所缔结的盟约对辽朝更为有利，他更在意的是盟约的有效性。宰相寇准是这份盟约最有力的促成者，他通过这份盟约也增加了大量政治资本。所以，攻击这份盟约，从而削弱寇准在宋朝的地位，也就符合其政治对手们的利益。这场可怜的谈判的结果，即盟约的不平等性，给了寇准的对手们充足而有力的武器去攻击他。真宗原本就是一个优柔寡断的人，他很快就对这份盟约表现出不满。后来到了十一世纪，所有政治派别都达成了一项共识，即朝廷在军事上很虚弱，只有政治改革才能增强国力。在第二章里，我已经论述过这种政治立场在编史传统中的发展过程，所以这里仅需提醒读者注意，十一世纪朝廷政治的需要，深刻影响了当时的历史学者们（其中大部分人都是朝中官员）对澶渊之盟的历史解释。由于之后华北在十二世纪初陷入女真人之手，加之后来十九、二十世纪西方列强和日本等所谓"外人"对中国的侵略，一些中国历史学者仍然继续用一种令人激愤的措辞来描述澶渊之盟。这样的表达透露着民族主义的修辞，可能也满足了某种情感需要，但是对于我们理解导致这份盟约的军事与政治事件却没有任何启发价值。

真宗及其朝廷不仅要面对东北的辽朝，还要面对西北的党项人（即西夏）。虽然辽朝和党项并不是完全脱节的问题，但是要试图同时叙述这两方面冲突的过程，将会让人极易混淆。所以，我会首先简要叙述宋朝与党项的冲突，直至双方在1004年的收场，并以之作为辽朝战事的"主要"背景。这极易降低三方相互作用的重要性，但既然我的关注点是且仍是宋朝一方战争与政治的交互作用，那么为了简洁明了，就不得不牺牲掉某些复杂性了。所以，我将会分别描述两场冲突，一场在宋朝和党项之间，一场在宋辽之间。在概括宋朝与党项的冲突之后和分析宋朝战事之前，我还会讨论两个问题：宋朝东北边疆水路防御网络的建设，以及辽朝外交政策的远景。

宋夏战争

十世纪末、十一世纪初宋帝国与正在形成的党项政权之间的战争，伴随了党项首领李继迁的余生。[①] 李继迁生于963年，是李继捧之弟，而李继捧自980年其兄去世后就成了党项首领。967年，李继捧的祖父李彝兴卒，被宋朝追封为夏王。982年，当李继捧决定前往宋朝，以世袭爵位换取在开封的安稳生活时，李继迁率领众人奔往党项地域深处，准备反抗宋朝的控制。

李继迁最初的作为远远谈不上成功，但在恢复实力上表现不俗。然而，宋朝对他的镇压却有些时断时续。宋朝一开始还没有认识到，李继迁是一个需要立即并彻底解决的严重问题。984年，宋军攻打党项营垒，李继迁大败，侥幸逃走。在这场突袭中，宋军抓走了李继迁的母亲、妻子以及许多亲信。但是，李继迁很快就卷土重来，次年年初即占领了银州。对他来说，这是一个重大转折点，因为攻陷银州让他获得了大量的军事物资。他于是能够奖赏部众，更好地武装军队、喂饱士卒，并通过军事胜利宣示他的领袖才能。不久，他又攻占了会州，焚毁城池郊野后就撤走了。次年，李继迁一直与宋朝争夺着西北的土地和草原百姓的忠心，但是双方都没有取得决定性的胜利。

宋太宗986年的失败，给李继迁带来了新的机会。此前，

① 后文的党项（西夏）历史引自牟复礼（F. W. Mote）: *Imperial China*, *900-1800*, Cambridge, MA: Harvard University Press, 1999年，第171—179页；戴锡章：《西夏纪》，宁夏人民出版社，1988年，第32—93页。

他利用宋军全力投入东北战事之机避免己方被灭，现在他正式归顺辽朝，成为一方军阀，并像辽朝官员那样接受册封。双方都明白，这仅仅是一种权宜但又脆弱的军事同盟关系。[①] 前面章节还曾提过，辽朝还将一位宗室公主嫁给了李继迁。宋朝对这一局势发展感到非常忧虑，直到十二世纪初他们都以为，辽与党项的联盟比其实际上的关系要更为紧密。当然，在与宋朝谈判期间，制造关系紧密的假象或者协调采取军事行动，符合辽朝和党项的利益。但事实上，他们从未这样做，这就非常清楚地显示出，他们的利益并不真正一致。李继迁想要的是自己的党项首领地位得到承认，以及领土扩张。只要李继迁能不断扩大对宋朝的军事压力，将宋辽边界问题引向政治解决，那么辽朝就会愿意给予他这种认可。但如果李继迁的扩张方向不是宋朝而是辽朝，或者是辽朝感兴趣的其他中央欧亚部落，抑或他在宋辽合约达成后仍继续制造麻烦，那么他的领土野心就会与辽朝的利益发生冲突。

这位党项首领也具有高超的政治智慧，他将军事抗宋与政治附宋结合了起来。例如，991 年，李继迁请求归顺宋朝，被任命为银州观察使，并被赐予国姓"赵"和新名字赵保吉。这是对李继迁（为了保持一致性，我没有用他的新名字）的区域影响力的直接承认。于是辽朝又派出韩德威，试图将李继迁重新拉回辽朝一方。因为这位党项首领不愿出来见面，所以韩德威就掳掠灵州而返了。结果，至少就辽朝所见，李继迁很快就回到了

---

① 关于这一点，我不同意牟复礼的观点。他认为，辽朝直到997年才开始怀疑李继迁。牟复礼: *Imperial China, 900-1800*, 第178页。

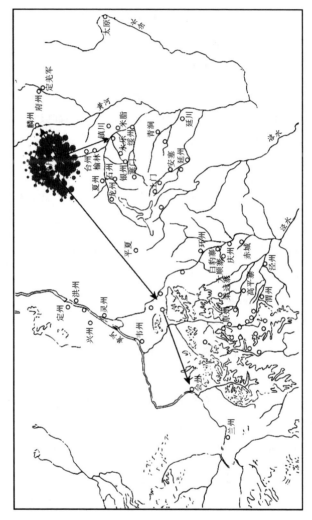

图 23　985 年李继迁攻宋

辽朝阵线。面对这一突变，宋朝派遣李继捧前往夏州镇压李继迁，替宋朝统领党项人。宋朝本希望借助这位极具号召力的宋朝支持者，至少能减小党项的威胁。不过，李继捧的出现非但没有让局势变得明朗，反而为混乱的局面增加了新的因素。

994 年 5 月 6 日，李继迁击败了李继捧，李继捧逃回夏州。虽然经此大胜，李继迁还是在同年 9 月 9 日遣使前往宋廷，又于 10 月 1 日把他的弟弟送到了宋廷。太宗当时一意想要解决四川的起义，所以积极回应了这位党项首领的友好信号，于 12 月 7 日赏赐给他丰厚的礼物。但次年 7 月，他又复而采取了更加挑衅的姿态。10 月的一封军报称，李继迁攻打清远军，不过被击退了。996 年 4 月 24 日，太宗发兵镇压李继迁。5 月 24 日，李继迁入寇灵州，次年 12 月在太宗驾崩后又再次攻入灵州。仅仅两个月后，在 998 年 1 月，宋朝又授予李继迁官衔。直到 1001 年秋天李继迁再次制造麻烦为止，西北的局势都较为平稳。1004 年 1 月 6 日，李继迁多年前战争中留下的箭伤复发，结束了他的一生。他的儿子及继承人李德明，似乎没有给宋朝造成那么多困扰。但等到李德明之子李元昊继位后，党项再次成为宋朝的主要军事威胁。

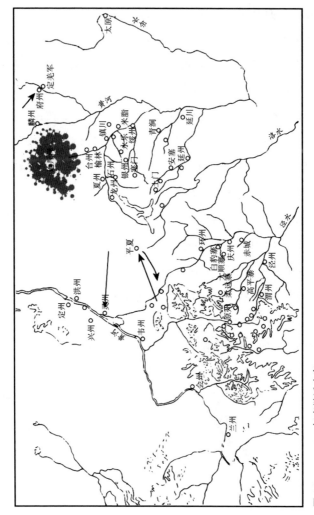

图 24　995—997 年李继迁攻宋

宋朝的水路防御系统 [1]

从 986 年宋太宗第二次攻辽失败到 1005 年澶渊之盟的签订，宋军一直对辽朝采取守势。特别是在一开始，宋廷内部极不愿意公开承认情况就是如此，也不想放弃再次谋划北征。同时，皇帝和廷臣们都没有忽视加强河北防卫的需要。987 年，沧州知州何承矩提议广建运河、堤坝，贯通河北北部，这样能够便利粮食补给，发展农业以支持军队，还能对辽军的行动造成障碍。太宗最初想要批准这一建议，但其他大臣则表示反对，不仅因其代价高昂，而且修筑如此昂贵的防御系统象征着国家虚弱。于是，整个计划就被搁置在了一边。但在 993 年之后，一些地方官员再次提出请求，并获许修建部分运河。真宗更易接受何承矩的设想，自公元 1000 年起，他下令将各地的水路防御设施全部连接起来，即便是在形势险要的地区也是如此。建设工程一直持续到 1004 年，直到澶渊之盟的签订使其失去必要性之后才停止。

尽管从表面看来，修建这样一种防御系统似乎没有挑衅意味，但辽朝却非常忌惮。[2] 从防守角度看，运河、堤坝和水稻种植区域确实能够阻碍辽朝进军；但从进攻角度看，宋朝修建的是一个能在河北北部支撑大量宋军的运输、补给网络。所以在辽朝

① 关于宋朝水路防御系统的更加详细的论述，见龙沛：*The Great Ditch of China and the Song-Liao Border*，收录于韦栋（Don J. Wyatt）编：*Battlefronts Real and Imagined: War，Border and Identity in the Chinese Middle Period*，New York：Palgrave Macmillan，2008 年，第 59—74 页。
② 《宋会要·方域》1/32a；《续长编》卷五十八，第 1291 页；《宋史》卷三百二十四，第 10480 页。

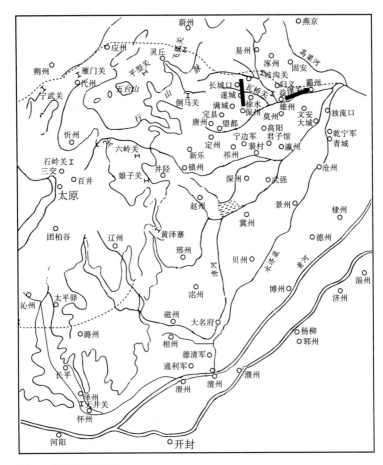

图 25　宋朝的水路防线

看来，这个系统不仅能有效地保护宋朝疆域，而且能高效地支持兵力投放。辽朝不敢断定宋朝不会再次攻来，他们将这些运河和农田扩张同时看作了防守和进攻问题。我们需要记住，周世宗就是通过那些他刚刚重新疏导、整修的运河，才成功拿下关南地区的。所以，辽朝几次想要破坏这项计划，但都没有成功。

辽军发现，运河网络有效阻碍了他们的行动，使他们只能从特定路线发起进攻。一开始，防线上有两个主要缺口，一个在雄州、霸州之间，还有一个是从保州、安肃、遂城（广信）地区一直向西到太行山脚下。后一个缺口较难收紧，因为那里的地势不利于修建运河。结果，那里成了辽军南下最常用的路线，也是许多毫无收获的围城战经常发生的地方。类似遂城这样的一些城池，数年来常常要抵抗辽军的进攻。

这种水路防御有两个方面让辽朝领导层生出紧迫感，想要赶快解决与宋朝的冲突。第一，宋朝的防御体系越来越强大，越来越完备。所以，辽朝能够对宋朝施加的压力不断减小，可能最终再也无力侵袭宋朝，甚至宋朝会掉转头来进攻辽朝。第二，由水网连接起来的灌溉系统，让宋朝可以在边境上养活大量军队，而不怎么需要依靠粮食运输。这极大增强了宋军在东北边境上的影响范围、战斗力量和忍耐能力。久而久之，这一辽朝无法企及的后勤供给系统将会拖垮辽军。所以，在军事优势消失之前，逼迫宋朝做出外交让步，建立稳定和平的边界，对萧太后治下的辽朝来说就变得极为必要了。①

真宗时期，辽朝发动的侵袭当中，在战术和战略上都最成功的一次是在 1004 年。辽朝的战果比预期要多得多：确立宋辽和平边界，获得宋朝岁贡，以及开通榷关贸易。② 澶渊之盟结束了 1004 年的战争，它所确立的边界维持了一个多世纪，这项盟约也是北宋政治史上最重要的事件之一。它保护了宋朝免于被辽朝这个唯一能够威胁宋朝生存的力量灭亡。该盟约所达成的长期、稳定的和平，让十一世纪的文化繁荣成为可能。但是，如果我们把 1004 年的战争看作辽朝对宋全面计划的结束，那我们就错了，或至少是太过汉族中心主义了。与宋朝的边界合约，仅仅是辽朝确立帝国全部边界的一连串计划中的一个部分。

辽朝的对外政策（986—1005）③

当 986 年西夏首领李继迁成为辽朝的一方诸侯时，辽帝国也就确立了它与西夏的边界。李继迁没有在 982 年随其余党项首领一起归附宋朝。只要领土彼此毗邻，李继迁及其继承者们就一直破坏着宋朝的西北边境。虽然辽与西夏的关系从没有宋朝所想的那样友好，但是它保证了辽帝国西部边境的稳定。

992 年至 993 年，辽帝国暂时稳固了其与朝鲜半岛上高丽王国毗连的东部边境。他们在处理与宋朝的关系时，也采用了这

---

① 承天皇太后一直主导着圣宗朝，直到她 1009 年去世。"她专权是毫无疑义的……新皇帝完全受他的母亲控制，甚至当他成年时，他的母亲还当众呵斥他。"她还领导着她自己的、有一万骑兵的斡鲁朵。杜希德和铁兹：The Liao，第 90—91 页。
② 澶渊之盟中并没提到恢复贸易，但贸易很快就得到了批准。陶晋生：Two Sons of Heaven，Tucson: University of Arizona Press，1988 年，第 16—17 页。
③ 辽史概要，参照杜希德和铁兹：The Liao，第 100—110 页。

样的方法。事实上，辽朝对高丽的侵袭，几乎就是1004年战争的一次预演。大批辽军向南推进，一路上仅遇到了零星的抵抗。高丽国王成宗率领大军北上抗辽。面对这支劲旅，辽军主帅决定和谈。和谈让高丽从宋朝属国转变为辽朝属国，有效地确定了边界。

我们尚不清楚，辽朝为何要等到999年才开始下定决心攻打宋朝。辽朝可能一直忙于处理帝国周边的其他动乱（992年对西夏，997年对其他党项部落），或者这种转变是由于998年辽朝主帅耶律休哥死后军事领导层的人事更迭。[1] 不管怎么说，辽朝于999年开始侵袭宋朝，这应该被视为一系列的军事侦察。尽管辽军冬季在遂城附近击败了宋军，但他们还是没能在999年占领该城。同年，另一支辽军又在瀛洲附近击溃了宋军。次年年初，宋真宗组织宋军反攻（但没有攻入辽朝），辽军遂撤退了。

1001年冬，辽朝皇帝又亲自指挥了一次攻势。辽军又一次在遂城附近击败了宋军，且又一次在宋军的反攻之下撤退了。1002年和1003年，又相继爆发了更大的冲突。1003年，在定州之战中，宋将王继忠被俘。王继忠是真宗的亲信，后来成为1004年至1005年澶渊和谈中的关键人物。

1004年秋末，辽朝皇帝和皇太后统率辽军攻入宋境。另一路辽军计划攻占遂城，但绕开了大多数宋朝城池而没有攻打。辽军直接南下，大败宋军于洺州，继而到达了澶渊。在那里，他们遇上了真宗亲自统率的大量宋军。在经过最初的小规模交

---

[1] 辽朝北院枢密使耶律斜轸死于次年，即999年，当时辽朝已经开始调兵南下攻打宋朝。

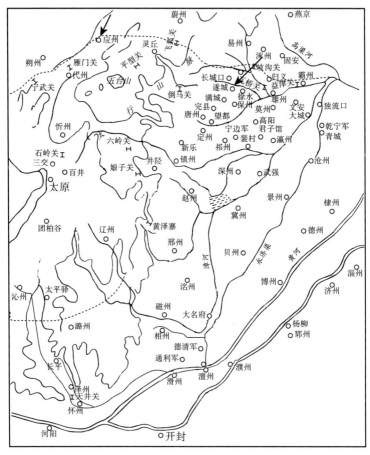

图 26　999 年辽军南下

锋后，双方达成了和约，辽军随后撤退。

辽朝南下与真宗第一次出战（999 年 10 月 12 日至 1000 年 1 月 29 日）①

999 年 8 月，辽圣宗开始调动军队，准备在秋天出兵宋朝。这预示着辽朝对宋政策的重大转变，尽管不是在目标方面。辽朝仍想与宋朝建立一条和平的边界，最低限度是要宋朝承认辽朝对燕云十六州的控制并开放榷关贸易，最大限度的要求则是迫使宋朝将关南地区让与辽朝。但是到了 999 年年中，双方之间的缓和明显进入了僵局，而非能促成问题解决的平静时期。辽朝最迫切关注的问题，就是宋朝再次出兵辽朝的可能性。辽圣宗即便没有被其母萧太后（承天皇太后）完全控制，也受到她很深的影响。他决心阻止这种势态，并认为只有向宋朝施加军事压力，才能增加辽朝的利益，预先阻止宋朝可能发起的攻势。这一政策转变不仅显示了他对辽军能够战胜宋军的信心，还表明了辽廷内部对这一举措的政治支持。虽然圣宗的新政策最终可能成功地建立一条和平的边界，但是宋军立即向他们展现出，那将会需要多少代价。事实上，面对辽圣宗的军事施压政策，宋朝在之后五年间加强了防卫力量，增加了对手的流血、花费，从而也包括政治意愿上的代价。

10 月 12 日，辽圣宗及其母到达燕州，亲自坐镇指挥于 31 日正式开始的战争。数月以来，宋朝一直掌握着辽军的动向，自

---

① 龙沛："War and the Creation of the Northern Song State"，第250—255 页。

8月起就派出援军赶赴边境。① 11月初，宋军两度击败辽军先锋，但是辽圣宗仍继续进军，并于12月初攻打遂城。尽管遂城防守并不完备，且萧太后亲自督战，遂城守军依然坚守不屈。城中守军利用严寒的天气，往城墙上倒水，造了一块冰面。这彻底挫败了依靠云梯攻城的辽军，数日后辽军就被迫停止攻城了。②

　　战事开始变得对辽圣宗（及承天皇太后）不利，圣宗不得不绕过遂城南下，不过这威胁到了辽军的补给线。长此以往是非常冒险的，所以经过几场小胜之后，辽军又再次返回，攻打遂城。这次的进展比第一次要稍微好一些，辽军在城外击败宋军，不过仍旧未能攻占遂城。③ 这场小胜将是辽军此次进攻的最大战果。辽军几乎全是骑兵，对于围城战并不擅长。

　　宋真宗在1000年1月亲征，佯装攻打燕云十六州，而不是去包围河北，反击辽军。④ 显然，宣布发起一场防御型的军事行动，在政治上仍是不明智的。虽然真宗第一次出战的目标是防御，不过仍有一些宋军将领成功攻入辽境，取得了一些局部胜利。真宗统领大军驻于相距辽朝甚远的天雄军，而傅潜率马步军八万余人守在定州，防备辽人攻势。⑤ 傅潜一直遵循着自宋太宗第二次攻辽失败以来的边境军事政策，采取消极防御的策略。⑥ 但是他的胆小畏战，也广受其部属的诟病。有人甚至不恰

① 《续长编》卷四十五，第955页。
② 《续长编》卷四十五，第964页。
③ 《续长编》卷四十五，第967页；《辽史》卷十四，第154—155页。
④ 《续长编》卷四十五，第970—971页；《宋史》卷六，第110页；《宋会要·兵》7/10b—11a。
⑤ 《续长编》卷四十五，第972页。
⑥ 《续长编》卷二十九，第659—660页。

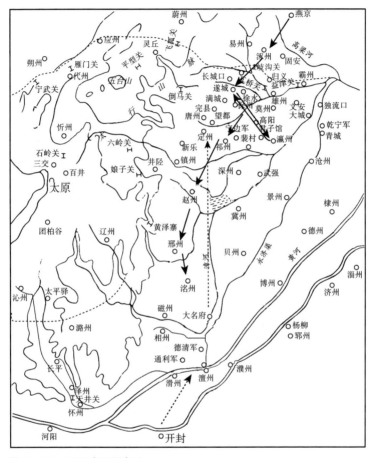

图 27　999—1000 年辽军南下

当地将傅潜比作一位老妇人。① 虽然傅潜的部将们表现出的战斗精神令人钦佩，而且表明至少有一部分宋军有能力、有意愿去抗击辽军，不过这种消极防御战略却不一定就是错的。事实上，考虑到辽军此次攻势并未占领任何重要城池，且辽军的多数重要胜利都是在开阔战场上取得的，那么傅潜的战略即便有些保守，却是理性的。傅潜避不出战，辽军就没有机会击败宋军，也就不会志得意满，同时削弱宋朝的城防。他不给辽军获胜的机会，但其代价就是，宋军也没有获胜的机会。

傅潜的战略可能是最可靠的防守战略，但是朝堂上和军队中的许多官员都不认为消极防守有用。这不仅是把主动权拱手让给辽朝，而且让外来军队在本国未遇抵抗便纵横驰骋，也与宋朝的主权观念相矛盾。2月初，辽军攻下了几座寨堡，但接着，在连续两天两夜猛攻遂城后再次失败了。许多宋朝文武官员都主张积极防御，直接反攻辽军，攻入辽朝境内。他们知道，虽然宋军在战场上遇到辽军没有取得多少胜利，却也并不总是失败。因此，尽管失败的可能性很高，还是有一大批文武官员提倡直接进入战场抵抗辽军，而非依靠城墙消极防御。

进入2月，辽朝继续进军，系统性地劫掠了祁、赵、邢、洺各州，试图在边境上开辟一个缓冲地带。他们的破坏驱使乡村百姓涌入镇、定二州的城郭，阻塞了逃难的道路。这是消极防御策略的一大弱点，辽军可能无法占领城池或击败宋军，却可以自由攻击不受保护的百姓。要求采取更为积极的战略的压力

① 《续长编》卷四十五，第972页。

越来越大，但是真宗仍继续拖延。宋廷间接支持傅潜积极出战，但是真宗并未直接下令。这一事实表明，朝廷尚未达成共识。傅潜既未被罢免，也没有接到主动出击的明确指令。朝廷仍希望傅潜能有所行动。于是，傅潜派出八千骑兵、两千步兵前往高阳关，准备攻入辽境，他本人将率领余下大军跟随在后。真宗派遣了一路先锋前往定州，与傅潜合击辽军，不过这场计划中的进攻后来并未发生。或者是因为怯懦，或者是因为指令互相矛盾，傅潜及其主力军队仍然留在定州。

2月5日，真宗下令进行一场政策检讨。尽管大臣们广泛讨论了当前局势及可能的计划，但是朝廷没有做出任何决定。一些官员认为，一个最主要的问题就是将领畏战。他们提议处决傅潜，就像周世宗在高平之战后处决樊爱能和何徽一样（见第三章）。[①] 尽管没有做出任何决断，但很清楚的是，官员们的普遍意见就是转而采取更为积极的方式。与此同时，辽军开始撤退了。他们在冬季经过两个月的征战后，没有取得任何重大战果。因为他们靠土地生存，所以不能回到已经被他们的劫掠耗尽的地方。圣宗本人也在2月8日后的某天回到了燕京，没有取得什么可以夸耀的成果。

转向更为积极的战略后，最初的战果并不令人鼓舞。2月13日，傅潜与高阳关的精兵相互呼应，在瀛州西南的裴村攻打辽军。但是他们的配合十分糟糕，当傅潜撤退时，那支精兵仍在继续进攻。辽军集中兵力包围了那支精兵，将其全部歼灭。[②]

---

① 《续长编》卷四十五，第975页。
② 《续长编》卷四十六，第985页。

不过，这种令人失望的遭遇战很快就会为宋朝的大胜所取代。

2月19日，范廷召奏陈，他们在莫州以东十英里处击溃了辽朝大军，斩杀万余人，缴获了难以计数的武器。当时，这支辽军正满载着战利品返回辽朝。在范廷召的进攻下，辽军士兵不得不落荒而逃，纷纷空手而还。[①] 尤其是对依靠战利品奖赏士卒的军队而言，以及对依靠军功威望维持权力的统治阶层而言，这在有些波澜不惊的战争的尾声中，真是一场令人错愕的惨败。不过虽有此一败，辽军还是顺利实现了圣宗先发制人、向宋朝施压的更大目标。尽管没有攻下任何重要城池，辽军还是给河北及边境地区造成了范围极广的破坏。这场战事显示出，河北易受袭扰，并提出了延续宋太宗的消极防御战略是否明智的严肃问题。辽圣宗已经有效地提高了双方冲突的风险，即便他在战场上的表现似乎稍显平淡。辽朝战略的特殊力量在于，他们为了实现目标，不需要每次都取得决定性的胜利。

范廷召的胜利，让真宗能够在2月29日以一种成功的姿态离开前线。这位宋朝皇帝表明了自己的决心，并认识到，只要领导有方，他的军队也可以所向披靡。辽朝的攻势也向他显示，一项更为进攻型的防守战略是必需的。如果说真宗在战争进行之时还没能真正改变该战略的话，那么他在战后替换了定州、镇州的守将，并流放了傅潜，则表明了他的变革之心。[②] 辽朝的战略变得更具攻击性了，宋朝的战略也同样如此。

---

① 《续长编》卷四十六，第987页。
② 《续长编》卷四十六，第994页。

1001 年辽军南下（1001 年 10 月 20 日至 11 月 22 日）

胜负不明的公元 999—1000 年的战争，并没有解决双方之间的任何问题，接下来的战争几乎同样如此。此后数年间，辽军还会不断攻入宋朝国境，且战果仍极其有限。没有哪一方能彻底击垮另一方，辽朝在战场上的实力与宋朝的防守实力正相平衡。自公元 1000 年起，真宗同意完善水路防御网，进一步改善河北防务。① 1001 年秋，辽圣宗再次回到战场，或许是希望宋朝河北防务将因为西夏问题而受到削弱。像之前一样，辽军绕过宋朝防线一直向西，攻打遂城。但是这次，结果更加悬殊，辽军遭受重创。

圣宗于 1001 年 10 月 20 日发起战争，但是在战场上待了不到一个月就返回了，表面原因是战争陷入了泥潭。同过去的情况很像，战争开局顺利，辽军于 11 月 4 日在遂城城外击败宋军。② 但这座城池仍然摆脱了这位辽朝皇帝的控制，辽军继续南下。11 月 9 日的长城口之战开始对辽朝不利，当时下着倾盆大雨，辽军士卒的弓弦都松了。张斌率军利用这个良机击溃了辽军，给辽军造成重大伤亡，并带走了大量俘虏。③

但与公元 999 年的战争不同的是，这次宋军面对辽圣宗的攻势采取了积极防御的策略。高阳关的两万骑兵作为先锋，加强了宋朝前线的防御，另有五位将领各率三千骑兵，列阵于先锋之前。一万宋军被派往莫州，一支奇兵驻扎在顺安军，以备

① 《续长编》卷四十七，第 1009—1010 页。
② 《辽史》卷十四，第 156 页。
③ 《续长编》卷四十九，第 1078 页。

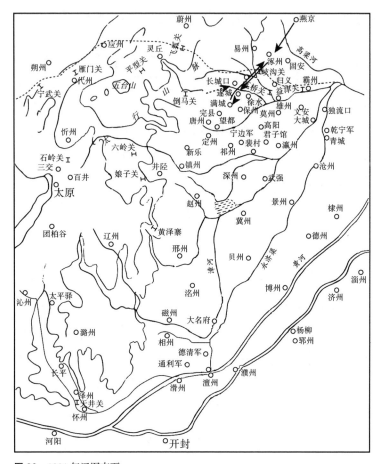

图 28　1001 年辽军南下

攻击①，又有一万宋军被派去切断西山之路。② 辽军的缓慢进展一度让这些战略部署显得令人忧虑，而宋军似乎太过分散了。实际上，辽圣宗本人在 11 月 16 日到达满城后就撤离了战场。但是宋朝最前线的军队见到辽军试图撤退，便发起了攻击。11 月 22 日，王显率军在遂城附近赢得了一场令人振奋的胜利，杀敌两万余人，并俘虏了十五位重要将领，还有大批优良战马。余下的辽军溃不成军，纷纷跨过边界逃了回去。③

1001 年的战事于辽圣宗及辽军而言，尤疑是一场灾难。即便是要同时面对西夏在西北地区制造的麻烦，宋军在河北依然能够击败来犯的辽朝大军。天气因素可能在辽朝落败的第一场战役中发挥了重要影响，但是在遂城附近的大战中则似乎没有起到作用。辽朝的战略存在两个弱点：第一，他们每年几乎都选择同一时间（暮秋时节）发动战争；第二，他们每次都走一样的行军路线。辽圣宗 1001 年的失利说明，辽军接下来若想取胜，就需要在战略上做出重大调整。

1002 年辽军南下

1001 年战事的惨败，暂时消磨了辽朝攻入宋朝领土的热情，却未减损其意愿。考虑到李继迁和西夏在西北给宋朝带来的困扰越来越大，辽圣宗 1002 年发动的有限战争暗示着辽朝前一年

---

① 《续长编》第 1079 页原文为"领万人，居莫州、顺安军，为奇兵以备邀击"，作者对此句的理解似乎有误。——译者注
② 《续长编》卷四十九，第 1079 页。
③ 《续长编》卷五十，第 1082 页。

失败的深刻影响。辽军可能还没有完全从严重的损兵折将中恢复过来，辽朝皇帝也无意于立即回到战场。辽廷也意识到，如果他们延续以往的军事战略，就将会重复过去的失败。1002年年初，辽圣宗试验性地采用了一项新战略——在早春进兵，而不是等到秋天。这让辽军具有了此前一直缺乏的战略奇袭之效，但也限制了它可以调配的力量，因为辽军所依赖的战马在冬季过后还很虚弱。毕竟，辽军此前牺牲战略突袭之效的原因就是，皇帝和将领们都更愿意在秋季马匹最肥、战士最壮的时候出征。

由于不愿放弃向宋朝施加军事压力的更加宏观的政策，辽廷在1002年年初发动了一场由低级将领指挥的小规模战争。其目的似乎也是要在宋朝进一步扩展其水路防御线之前予以破坏。5月13日战事打响，两天后，辽军在梁门击败宋军，23日又在泰州击溃宋军。① 这次突袭的前期阶段至此结束，没有引起宋廷的任何反应。

同年，宋朝通过扩展边境地区的水陆防御系统，继续加强着河北防务。② 宋朝还致力于组织并武装平民百姓，赏赐能够斩杀辽人、夺取马匹的人。③ 同时，因西北不断出现的问题及其干旱的气候，宋真宗将军队安排在河东或是边界的更后方，而不是像1001年击败辽军时那样，把军队放在最前线。"防秋"不可避免，以及集中兵力与分散兵力孰优孰劣，这些问题一直困扰

---

① 《辽史》卷十四，第157页。
② 《续长编》卷五十，第1102页；卷五十一，第1111页；卷五十一，第1117页；卷五十一，第1125页。
③ 《续长编》卷五十，第1103页。

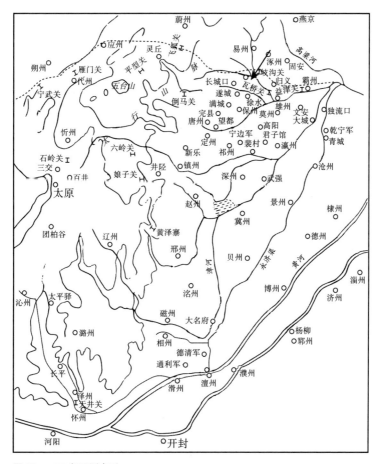

图 29 1002 年辽军南下

着真宗。[1]但幸运的是，辽军并没有打算利用宋军人数减少、收敛进攻趋势的良机。

或者是出于充分的智慧，或者是出于理由充分的推测，真宗认为辽朝不会在1002年的秋冬发兵来袭。所以，当12月9日的边地军报称辽军准备南下时，真宗并没有放在心上。真宗猜对了，辽朝那时并未准备大举用兵。辽军既非战无不胜，亦非财力无穷。5月的攻势与其说向宋军展现了它的威胁效力，不如说向宋军说明了它的虚弱。辽军所冒的风险越来越小，获得的战果也越来越少。即便是作为一场武力展示，1002年的行动也不够格。不过，1002年可以说是次年战争攻势恢复之前的一次暂停。

1003年辽军南下

1003年，辽朝进一步改进了其春夏攻势战略——集中全部兵力于单一目标。999—1000年和1001年的两次军事行动暴露了一些问题，包括从位于宋朝防线最西方的遂城发起进攻的风险、辽军在围城战上的能力匮乏，以及大范围劫掠而不能攻占重要城池和寨堡的有限政治效用。1002年的战事再度强调了这些问题，进一步说明了这种虎头蛇尾的进攻的无效。但是这也让辽朝看到了希望，那就是，"非季节性"军事行动会打宋军一个措手不及。所以说，辽军在1003年攻势中所用的战略（在望都之战中达到高潮），是他们先前试图在军事上向宋朝施压的逻

---

① 《续长编》卷五十一，第1112页。

辑延续。战术结果模棱两可：宋军尽管落败而逃，但也给辽军造成了重大伤亡。不过，战略结果却是鼓舞人心的。

辽圣宗及整个辽廷从之前的战事中得到了两点重要的经验教训。第一，集中而猛烈的攻击，要比广泛却分散的劫掠更有效果。第二，宋军面对任何攻势都会积极回应。从后勤角度看，辽朝显然无法在春夏两季发起大规模攻势。不仅是因为那时他们的战马不够壮硕，而且宋朝边防城镇以北的宋方边地上也没有多少粮草可用。

除了辽朝战略的进展，1003 年战事的最重要结果，就是宋朝将领王继忠（？—1023）的被俘。当时，并没有人认识到王继忠被俘对此后事件进展的重要性（宋廷一开始以为王已被杀害），但是他将成为使得（或至少促成）1004 年和平协定达成的桥梁性人物。他之所以能够充当这一角色，是因为他曾是宋真宗的亲信。鉴于宋辽两国之间的沟通机制已经完全崩溃，及造成双方对立的那种深深的相互怀疑，那么如何强调王继忠的重要性都不为过。在辽朝为解决与宋朝的边界问题而不断发展的战略布局中，王继忠这一必要的外交渠道起到了补足作用。当事人还没有意识到，1003 年战事的最终结果就是创造了充分的条件，让双方能够真正地协商，最终带来长久的和平。但是我要强调，是两个情况的结合创造了这些条件：一是不断变化的军事局势，二是双方无意中搭建了可以互相信任的政治对话。

1003 年 5 月，数万辽朝骑兵突入望都县南。宋军大部集中在定州，定州守将王超面对辽军侵袭，立即调集马步军一万五千余人前往望都。他还传令镇州和高阳关派兵增援。王

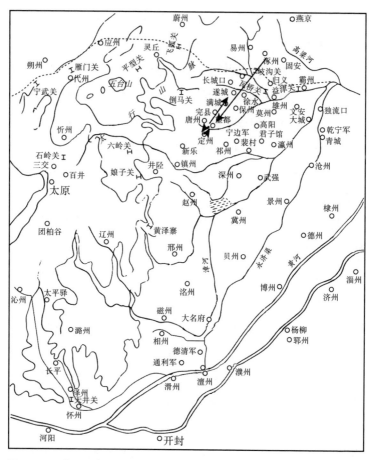

图30　1003年辽军南下

超急速赶赴望都时，该城已然沦陷。[①] 王超所部在疲惫不堪、脱离后勤辎重的情况下，与辽军在开阔地带对战。尽管优势在辽军一方，但是宋军作战极其勇猛，完全没有表现出虚弱、怯懦或者无力应战的样子。

王超所部过于分散、缺乏掩护，他眼下的目标就是尽可能救出更多自己的士兵。他没有什么可供驱使的人力物力去应战，但是辽军却步步进逼。这场战役极为惨烈，生存欲望促使宋军给辽军造成了严重伤亡。田敏所部斩杀辽军两千人，张旻虽身披数创，却斩杀了一员辽将。战斗持续了一整天，直到日暮才停下。次日早晨，战斗重新打响，辽军集中兵力于宋军东侧，切断了其补给线。王超试图救援他的军队，于是下令撤退，他的部下奋力突破敌人的夹击。完全是因为他们先前重创了辽军，这才成为可能。而且，王超所面对的可能并不是据称有数万骑兵的全部辽军，而仅仅是其中一部。辽军集中于东侧，使得其余宋军能够突破包围，成功撤退。王继忠没有听从王超的命令，率领一支轻骑兵进击辽军。王继忠及所部被打得四下分散，甚至全军覆没，王继忠本人也被辽军俘获。[②]

王超率领大队人马有序地渡过唐河，撤回定州，那里的守军严守通往定州的桥梁，保护王超军撤退。这对王超军的安全撤回意义重大，因为当时辽军一直紧紧追赶着撤退中的宋军。辽军无法阻断宋军撤回城池安全区的路线，只好放弃了追击。由于未能在战场上消灭宋军主力，也没有攻下任何战略要地，

---

① 《续长编》卷五十四，第1190页。
② 《续长编》卷五十四，第1190页；《辽史》卷十四，第158页。

辽军又分兵劫掠各个州县。接下来这些对遂城和安肃军附近地区的攻击也都没有取得什么战果，辽军逐渐散去。他们的唯一胜利就是望都之战。[1]

对辽朝而言，1003年的战事证明了其在上半年发起进攻的作用，以及绕开宋军主要方向深入猛攻的可能性。他们还占领了宋朝的望都县，在战场上赶走了王超的大军。王继忠被俘及其骑兵被灭也同样意义重大，然而，辽军没有占领任何重要城池，也没能在战场上歼灭王超军。相反，辽军却在宋军的攻击下遭受了重大伤亡，且无力阻止宋军有秩序地撤离战场。当我们想到王超所部总共仅有一万五千人，而田敏所部斩杀了两千辽军时，很显然，宋军给敌人造成的伤亡要远多于自身所经受的损失。事实上，从后来宋廷所做的战争调查可以判断，大多数宋朝将领都平安度过了那场战役。所以，尽管辽方的胜利算不得代价高昂，但是它在战术或战略上的表现也没有什么引人瞩目之处。

宋廷要从辽朝的攻势中得出有关军事局面的结论有些困难。战事提前再一次让秋冬进攻变得不可能，尽管辽军攻势的有限效果没有让对未来战事提前的预期变得特别令人不安。实际上，宋军整体表现极为优秀，他们挫伤了辽军的锐气，有效地处理了这一威胁。王超的表现也可圈可点。他驰援望都，在发现望都已经陷落，而他在面对人数远胜于自己的敌军时，选择了撤退。即便在占领望都之后，辽军也没能承受宋军的攻击太久，

---

[1]《续长编》卷五十四，第1191—1193页。

而是在没有给宋军造成很大伤亡的情况下就撤退了。看上去，宋军的防卫似乎极大加强了，而辽军则丢失了几分它早前的锐气。尽管如此，战略主动权还在辽军手里；辽朝依然决定着何时发起进攻，而宋朝依然只能给予回应——虽然这种回应有一些或主动或被动的灵活性。宋真宗及宋朝可能会因此而这样理解1003年战事的意义：辽朝依然是一个严重威胁，但是这个威胁的严重程度正因为不断完善的防卫体系而逐渐降低。

辽军1003年的南下为1004年年末和1005年年初的戏剧性事件提供了政治和军事基础。在政治上，双方各自都转变了对局势的理解，这对1005年和平协议的达成至关重要。辽朝认识到，宋朝不断增强的防卫，正在削弱它出于政治目的而从军事上向宋朝施压的能力。小规模的袭扰越来越没有效果，而大一点的军事行动又过于冒险。只有一场集中力量、全力以赴的进攻，才能击破宋朝的防卫，造成某种能促成和谈的军事威胁。这当然有很大的风险，因为这样的举动同样可能会遭受令人错愕的失败。但是辽朝发现，实现目标的机会正在慢慢消失。

到1003年年末，宋廷态度的变化更甚于辽廷。在太宗时期，尽管两次夺取燕云十六州的努力都失败了，但那仍是一项官方政策。虽然宋军在河北的职能已经转变为守势，但这位皇帝仍拒绝公开承认武力夺取燕云十六州是不切实际的。于是，与辽朝就双方既存领土边界达成政治协议也就是不可能的。而当宋真宗开始将辽朝兴兵视作军事问题而非政治问题时，情况就变了。政治问题无法从政治上解决，但是长期军事问题却可以通过政治解决。这种态度转变完全是因为，太宗无力通过军事手段解决他自己的政治和军事问题。1004年双方的政治态度，就是辽朝当年大举兴兵南下最终促成稳定的和平协定的原因。

相较于两大帝国在1004年时的军事局势，双方各自的政治倾向对1005年和平协定的达成更显重要。我们有必要再次强调，辽军与宋军频频交战，这并没有让辽军认为宋军虚弱不堪，是一个不足挂齿的对手。相反，辽军认识到，他们获取政治目标的最大障碍，就是实力强劲的宋军。辽军虽然在与宋军的交战中取得了许多胜利，但也经受了同样多的失败，而且有些情况下还遭受了不可计数的重大伤亡。1004年值得特别关注的事件还有，宋朝在河北的防卫变得更加完善。所以，虽然辽军仍然对宋朝形成严重的军事威胁，但对辽朝而言，在政治上解决与宋朝的关系已变得尤为紧迫。

西北的西夏和东北的辽朝，给宋军在人力和财力上带来了巨大的压力。每年"防秋"，都有数千宋军士兵从西夏前线被调往东北防备辽军。修建水路防御系统的动力，主要来自供给对辽前线部队所造成的巨大后勤压力。宋军有两个对手，所以无法集中精力对付其中一个。但是，1004年1月李继迁的死，暂时终结了西夏的威胁，并为集中军事力量对付辽朝提供了可能性。① 这可能是1004年宋真宗考虑是否要亲征抗辽的重要先决条件。更何况，在数年无果的激烈战争之后，尽管宋军的表现令人敬佩，宋廷可能也清楚地意识到了军事行动的局限性。与此同时，宋军

---

① 《续长编》卷五十六，第1228页；《宋史》卷七，第123页。李继迁死亡的准确时间并不清楚。他在战争中受了致命伤，在1月20日前后撤至灵州边境的三十井时去世。

的实力也允许宋廷考虑和谈，毕竟和谈不会在虚弱的处境下达成。假若 1004 年的宋军相对于辽军势态疲弱，那么结束宋辽冲突的这项盟约对宋真宗而言，在政治上是绝不可能接受的。毕竟，宋太宗正是因为其军事虚弱而未能与辽朝展开和谈。

澶渊之战（1004 年 9 月 24 日至 1005 年 1 月 21 日）①

1004 年 9 月 24 日，辽圣宗宣布将南征宋朝。宋廷对他的诏令丝毫不感到惊讶。至少从 8 月 25 日开始，辽朝轻骑兵就已经进入宋朝境内侦查了。② 宋朝边将于 9 月 9 日报称，辽军计划南下。③ 10 月 11 日，辽圣宗到达燕州，为南下做准备。④ 萧太后这次仍然陪同着圣宗。

为应对辽朝的攻势，宋朝加固了边地城池，特别是定州，并给予士卒额外的金银赏赐。因为辽军计划南下，而宋朝在河北驻扎了大量军队，所以宋真宗在 10 月 2 日询问他的臣僚们，他是否应该御驾亲征。在真宗看来，他有机会取得一场决定性胜利，从而解决边界问题。他的臣僚们并不热心，但他们意识到，至少在当时，真宗已决定要赶赴前线。他们没有毫无结果地制止皇帝出征，而是试图限制其范围，推延其出发日期。毕士安觉得，真宗应该仰赖战场上的将领们来对付辽人。如果皇帝要去往前线，那么也不应该越过澶渊（今濮阳）。即使那样，

---

① 龙沛："War and the Creation of the Northern Song State"，第 259—267 页；陈峰：《宋代军政研究》，北京：中国社会科学出版社，2010 年，第 302—306 页。
② 《续长编》卷五十七，第 1251—1252 页。
③ 《续长编》卷五十七，第 1253 页。
④ 《辽史》卷十四，第 159—160 页。

特别是随着冬季渐至，澶渊也不适合大批军队逗留太久。帝王出征需要精细的计划。其他官员重复了这些顾虑，也指出真宗最北不应越过澶渊。真宗显然同意了毕士安等官员的意见。他将在精心准备后前往澶渊。[1] 准备耗时三个月，真宗再次考虑了此事，但最终还是去了。

辽军此次攻势选择的是与先前历次南下几乎相同的路线，战争在通往定州的路上打响。10月31日，辽军在定州以北的唐兴重创宋军。次日，萧挞凛部又在定州东北的遂城击溃宋军。宋军暂时节节败退，而辽军则在11月4日进驻望都。[2] 为阻挡辽军继续前进，11月5日，王超率领大军在唐河树营栅[3]，以固守通往定州的路线。[4] 两天后，宋军大破辽军。[5] 真宗再次考虑去往前线之事，一些近臣的意见让他变得犹疑。最后是宰相寇准坚定了真宗在仅仅一个月前下定的决心。

尽管寇准已经说服真宗去往前线，但是辽朝此次攻势似乎凶多吉少。11月7日，参知政事王钦若秘密建议皇帝巡幸金陵，签书枢密院事陈尧叟则提议皇帝巡幸成都。寇准那爱国情怀的著名展现就是以此为背景的。真宗召唤寇准前来讨论巡幸金陵或成都之事。寇准到时，王钦若和陈尧叟也都在场：

---

① 《续长编》卷五十七，第1256—1257页。
② 《辽史》卷十四，第160页。
③ 原文中作者误将"树营栅"理解为地名，实际为修建防御工事之意。——译者注
④ 《续长编》卷五十七，第1262页。
⑤ 《续长编》卷五十七，第1265页；《辽史》卷十四，第160页。

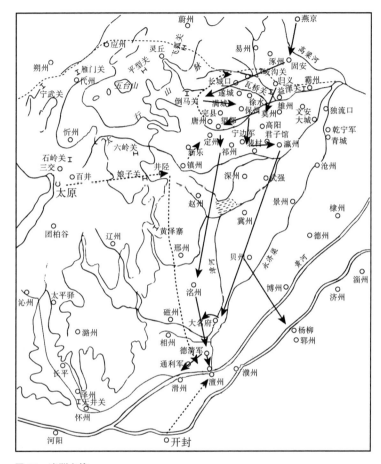

图 31 澶渊之战

准心知钦若江南人，故请南幸，尧叟蜀人，故请西幸，乃阳为不知，曰："谁为陛下画此策者？罪可诛也。今天子神武，而将帅协和，若车驾亲征，彼自当遁去。不然，则出奇以挠其谋，坚守以老其众。劳逸之势，我得胜算矣，奈何欲委弃宗社，远之楚、蜀耶？"上乃止。[①]

11 月 9 日，辽军同时攻击威虏军、顺安军、北平寨和保州。虽然辽军击败了北平寨的守军，但是这四场进攻都以失败告终。进攻威虏军和顺安军的萧挞凛，紧接着便与辽圣宗、萧太后会合，进攻定州。宋军在唐河摆开防守阵势，限制辽军进攻，试图驱赶辽方的侦察骑兵。根据宋朝史料记载，正是在此时，王继忠代表辽朝致信在莫州的石普，商讨和谈。[②] 数日后的 11 月 13 日，辽军对在太行山另一面、远在西边两百多千米外的岢岚军发起了一场牵制性攻击。虽然这场进攻被击退了，但是达到了目的。[③] 就像其他那些针对宋朝的不成功的攻击一样，对岢岚军的进攻也让宋军处于守势。宋军在各个城池寨堡中保持静守，那么主动权就被辽军紧紧握在手里。

辽军估量了定州附近的前线防御系统后，将其包围。辽军在定州东边渡过了唐河。他们没有折返向西攻打定州，而是向东面及南面进军，在 11 月 20 日黄昏进攻瀛洲。辽圣宗及其母也亲自指挥了瀛洲之战中的部分战斗。这场进攻持续了十余天。

① 《续长编》卷五十七，第1267页。
② 《续长编》卷五十七，第1268页。
③ 《续长编》卷五十七，第1270页；《续长编》卷五十八，第1274页。

宋军损失惨重，三万余人被杀，受伤的人两倍于此，不过他们
还是守住了城池。[①] 瀛洲之战耗尽了该城的军事力量。尽管辽军
放弃了围城，但他们仍继续占据着周围地区，零星地攻击着宋
军驻点。至于宋军，也继续袭扰着辽军据点。

　　攻打瀛洲失利后，辽军偃旗息鼓长达数周。原因或许有三。
第一，辽圣宗及其母在等待宋朝根据瀛洲之战及其他战斗回应
他们的和平提议。第二，虽然他们在等待宋朝提出条件，但同
时也在重组、休整兵马。他们的军队整个 11 月都处在相当紧张
的战争之中。如果他们打算继续挺进河北南部，就需要在再次
面对宋军之前把军队调回重整，可能还要补充弓箭。第三，他
们正在调来全新的兵员，毕竟他们在宋朝境内有了立足点。河
北北部的所有进攻都是由规模较小、相对分散的军队发起的。
直到 12 月中旬，我们才能得到辽军在河北的军队数目。前期袭
扰的目标或者是要引出宋军，以便各个击破，或者是威慑宋军，
使其畏缩在城池之内。瀛洲之战宣告了辽军第一阶段攻势的结
束。既然其军事威胁还不足以震慑宋真宗，使其接受和平协议，
那么辽军就准备进入第二阶段了。12 月 19 日，边地报称，辽军
二十万余众计划从瀛洲南下，乘虚进抵贝州、冀州、天雄军之
间。[②]

　　12 月 21 日，真宗诏令德清军主将，如果辽军南下，即率
领全部兵马赶赴澶渊。[③] 宋朝继续在澶渊调集兵马，巩固防线。

①《续长编》卷五十八，第1279页。
②《续长编》卷五十八，第1280页。
③《续长编》卷五十八，第1280页。

宋朝官府还继续向士卒及河北百姓散发大量金银、丝绸和美酒。宋廷十分清楚，辽方正在积极侦查宋朝防线，以备大军进攻。

外交活动也恢复了，辽圣宗在 12 月 31 日接到军报，宋朝授予王继忠弓箭，密令他请和。[①] 即便宋真宗似乎已在进行和平试探，但他仍继续做着战争准备。1 月 3 日，他离开开封，前往澶渊。[②] 这与其说是在做最坏打算的同时试图解决敌对行为的理性战略，不如说是真宗一定程度上的犹疑不决。即便已经身处去往澶渊的路上，真宗又思虑起是否要亲自面对辽人。他像之前那样，再次召来寇准，与他商讨南巡金陵之事。寇准毫无疑问心生怒意，说道：

> 群臣怯懦无知，不异于乡老妇人之言。今寇已迫近，四方危心，陛下惟可进尺，不可退寸。河北诸军，日夜望銮舆至，士气当百倍。若回辇数步，则万众瓦解，敌乘其势，金陵亦不可得而至矣。[③]

真宗仍然无法下定决心。寇准出来，撞见了殿前都指挥使高琼。寇准对他说："太尉受国厚恩，今日有以报乎？"高琼答道："琼武人，诚愿效死。"于是，高琼随寇准来到真宗的庭帐，支持了寇准的议论。他指出，众将士的家人都在京城。他还说，真宗亲临前线可以鼓舞宋军士气，击败辽军将不是难事。王应

---

① 《辽史》卷十四，第 160 页。
② 《续长编》卷五十八，第 1283 页。
③ 《续长编》卷五十八，第 1284—1285 页。

昌也同意寇准的看法，于是真宗决定继续前行。[1] 1 月 5 日，真宗抵达澶渊，下令役夫凿破黄河坚冰，以阻止辽军渡河。

1 月 7 日，辽军攻陷了德清军。同日，萧挞凛领兵攻打澶渊以北的宋军防线。[2] 高琼和李继隆领兵出击，从三面合围了萧挞凛军。宋朝轻骑突袭辽军，迫使辽军进攻宋方军阵。[3] 萧挞凛无法有效打击宋军，于是决定撤退。萧挞凛正带领前锋撤离战场，隐匿的宋军即用弩箭猛攻其所部。萧前额中箭，当夜就身亡了。[4]

真宗前往澶渊的同时，宋辽谈判也正式展开了。真宗赞成和平，不过他不确定辽人是否值得信任。毕竟，辽军已经深入宋朝境内。更为紧迫的问题是黄河的冰封。辽军已然证明，分散的战术防御无法阻挡它。没有了黄河天险，开封危在旦夕，真宗也有性命之忧。真宗于是下定决心，与辽军一决雌雄，全歼来敌。

1 月 8 日，辽军攻占通利军。9 日，真宗到达澶渊南城。他不愿意渡过黄河到澶渊北城。寇准遂恳求皇帝去往北城。他警示道，如果真宗不渡河，全军士气将会崩溃。高琼再次附议。签书枢密院事冯拯在一旁轻笑，高琼怒责道："君以文章致位两府，今敌骑充斥如此，尤责琼无理，君何不赋一诗咏退敌骑耶？"于是，真宗同意前往北城。但他来到河上浮桥时，又停下了。高琼赶忙催促辇夫，威吓他们，直至真宗同意渡河。这位

[1] 《续长编》卷五十八，第1285页。
[2] 萧挞凛的名字在中文文献里并不完全统一（比如还有萧挞览等）。虽然我对名字的选择并无特别用意，但为方便起见，我将沿用"萧挞凛"这一名字。
[3] 《续长编》原文为："契丹既陷德清，是日，率众抵澶州北，直犯大阵，围合三面，轻骑由西北隅突进。"此处作者理解有误。——译者注
[4] 《续长编》卷五十八，第1286—1287页。

皇帝到达北城后，登上了门楼。将士们见到黄龙旗招展，纷纷高呼"万岁"。[1]

不情不愿的宋真宗最终还是来到了澶渊北城，而曹利用则于1月10日前往辽廷商讨和谈。1月13日，辽廷派遣韩杞赴宋方，讨论和议条款。辽朝最初的和平条件是拿回关南地区。[2] 真宗不想接受这种以土地换和平的方式。其理由之一是，宋朝控制关南地区已经有很长时间了，燕云十六州之于辽朝同样如此。宋廷可以通过每年赠与辽朝货币和丝绸来代替土地。

国家，甚至是统治者个人，通常都不愿意割让土地给对手，除非他们也能得到相应的回报。就宋朝而言，土地似乎与合法性问题及天命所归紧密相关。宋与辽都有控制关南地区的地缘战略理由，但是宋朝还有一个象征性的理由。后面的谈判将显示，丢失土地显然比输送岁币（这大可被视为下属的进贡）更加糟糕。作为附庸，石敬瑭就将燕云十六州割让给了辽朝。所以，割让领土完全被视为附庸的根本表现，而无法以其他方式来解释。放弃敌人尚未征服的领土就是表明，你不认为拒绝这样的要求后你仍能生存下来。所以，对宋朝皇帝而言，将关南地区让给辽朝在政治上是无法接受的。

从宋辽双方的战略利益上，很难分析他们各自的谈判主张。后面我还将讨论这个问题，但是无论从哪个角度看，真宗都有很好的理由反对辽朝提出的条件。他的拒绝还暗示着，虽然辽朝的谈判地位更有优势，但是真宗也不认为这种优势有多显著。

---

① 《续长编》卷五十八，第1287页。
② 《续长编》卷五十八，第1288页。

事实上，辽朝的土地要求或许在不经意间向我们显露出，辽朝不认为他们能够通过武力夺取那片土地。既然辽军多次试图夺取关南地区均遭失败，那么辽朝最初提出的这一和谈条件，可能确实增强了宋廷的决心。不过，双方就此问题的协商并没有留下文字记录。

1月16日，曹利用回到宋廷。他拒绝了任何割让领土的要求，但是提出可以每年输送给辽朝银十万两、绢二十万匹作为替代。1月21日，辽圣宗及其母接受了以岁输代替领土的提议。[1]辽朝的军事行动成功了。所有的侵袭和攻击没有以一次决战告终，而是以一场决定性的和谈了结。双方当然尚未意识到，他们的共同成果开创了宋辽之间一个多世纪的和平。

澶渊之盟

澶渊之盟的缔结，是十一世纪最重要的军事、政治和文化事件之一。正如我在第二章中指出的，由于假定战争、武人和尚武文化对宋朝不重要，所以宋史上大量极为重要的军事事件都被忽略了。最起码，真宗及许多朝臣冒着风险前往抗辽前线的事实，显然不可能说明这一事件在他们的生活中是无关紧要的。澶渊之盟更为深远的遗产是，它为十一世纪的大部分宋朝文化奠定了基础。鉴于宋朝在十一世纪时达到了某种文化成熟，而且那些文化成果滋养了此后的宋代历史乃至中国历史，我们有必要较为详细地检视这一盟约及其条款。

---

[1] 《续长编》卷五十八，第1290页。

我将首先检视澶渊之盟本身，以及我们应该如何从军事和战略的角度理解它。在简要概括这份盟约广泛而深远的影响之前，我将先回顾关于这一议题的学术研究成果，特别是最近的一些论著。关于盟约的现代学术研究的奇特之处在于，它在很多方面映射着宋朝对盟约的反应。比较激烈的反应来自那些从情感和文化视角分析，以及试图在历史的语境中理解条款的人。而稍微和缓一点的反应则出自军事和政治视角，或者那些探讨狭窄的历史问题的人。

除了前面提到过的岁输，盟约中还有其他几项条款：

一、双方应该划定清楚的边界。

二、强力维护边界和平。

三、互相引渡罪犯。

四、边界上不再修建新的要塞和水渠，不得翻修原有的要塞。

双方应该庄严宣誓，遵守盟约，如若违反，则请求上天的制裁。[1]

澶渊之盟被描述成"政治现实主义相对于意识形态虚饰的巨大胜利"。[2] 岁输则被认为是"勒索"。[3] "耻辱"是提到这份条约时被用得最多的词。这些观点也许能准确地反映某些宋人对盟约的看法，特别是十一世纪晚期及之后的人们。但是，若从辽人的视角看呢？辽朝发动了战事，并且在整个战争和谈判过

---

① 杜希德和铁兹：*The Liao*，第109页。
② 杜希德和铁兹：*The Liao*，第110页。
③ 陶晋生：*Two Sons of Heaven*，第16页。

程中掌握着主动权。宋朝对辽朝目的的理解或误解，必定形塑着这份盟约。宋朝在谈判过程中也在做出反应。辽朝想要的是什么？澶渊之盟对他们来说是一场成功吗？

辽圣宗及其母在1004年南下攻宋，目的是逼迫宋真宗承认辽朝对燕云十六州的统治权。至少就这一特定议题而言，他们做到了。宋朝所有有关此次战争的基础文献都表明，是辽朝首先发起了和平对话。而《辽史》仅仅记载了宋朝的和谈请求。如果抽离了目标和军事行动的背景，那么谁首先提出和谈对我们将毫无意义。辽朝很有可能先于宋朝寻求和谈。他们的目标是一场定局谈判，而非在战场上一决雌雄。所以，当辽军节节获胜之时，开启谈判对他们而言是有利的。八个多世纪后，克劳塞维茨会写道，"战争仅仅是以另一种方式延续政策"，不过他假定，战争必然会发展成决战。[1] 这一假设的最大缺陷就是，战争很少是决定性的。[2] 一场双方投入成千上万军队参加的战争之所以不是决定性的，原因之一在于，通常获胜方所承受的损失即便不会多于失利方，也会与之相差无几。获胜方伤亡严重，也就无法再利用自己的胜利，无力威胁并进一步打击失利方。

即便辽朝在澶渊取得了决战胜利，他们也将会在隆冬深陷于敌方的领土，得不到稳定的后勤供给。他们将会遭受惨重的

---

[1] Carl Von Clausewitz, *On War*, translated by Michael Howard and Peter Paret, Princeton: Princeton University Press, 1976年，第87页。Russell Weigley 认为："处于交战阶段的战争不是政策借助其他方式的有效扩展……而是政策的破产。" *The Age of Battles*, Bloomington and Indianapolis: Indiana University Press, 1991年，第543页。

[2] 关于决定性这个问题，可参见 Jeremy Black: *European Warfare 1660–1815*, New Haven and London: Yale University Press, 1994年，第67—86页。

伤亡，或许还不得不在胜利高潮时匆匆撤退。通过谈判，辽朝能够可信地提出进一步破坏，乃至发起决战的威胁。宋真宗及绝大部分朝臣都倾向于认为，战争继续下去将会造成可怕的后果。战争的理论结果，通过真宗认为能够做出的某些让步得到了平衡。他不能割让新的土地给辽朝，也不能接受居于辽朝皇帝之下。但是，接受辽朝对燕云十六州的统治，却暗含在这些要求之中。对宋真宗而言，问题在于为了争取和平他要放弃多少东西。① 辽朝显然明白这些，所以谈判之初就提出要拿回关南地区，他们知道这会被拒绝。要求用土地来换和平有助于两个目的：通过点明宋朝最大的忧虑而恐吓他们，以及让他们能够通过拒绝来挽回面子。曹利用是位英雄，他拒绝了辽朝的领土要求，而代之以不被称为"贡"的岁输。②

如果不理解辽圣宗及其母为何要攻打宋朝，那么澶渊之战及其解决就说不通。他们并不是想要灭亡宋朝，他们的目标极为有限。他们让宋朝相信，他们的目标无所限制，并且有意愿、有能力灭亡宋朝，从而占据并保持了可以向宋朝要价的优势地位。宋廷的论争不在于辽朝是否想要灭亡它，而是辽朝是否有能力灭亡它。辽朝想要灭亡宋朝这一看法，一直弥漫于宋廷，直至辽朝为金人所灭。再加上宋廷对宋军实力缺乏信心（这种观念是 1004—1005 年的战事催生的），对辽朝的这一看法使宋廷一直不敢撕破盟约，直至辽朝灭国。所以在之后一个世纪里，

① 真宗显然愿意接受十倍于曹利用所提出的价码。陶晋生：*Two Sons of Heaven*，第 15 页。

② 虽然澶渊之盟的条款写明，岁输不是进贡，但是辽朝总是向所有与其有联系的国家称之为"进贡"。当然，其中不包括宋朝。

宋廷一直在做着权衡：一方面渴望征服燕云十六州，终止岁输，不承认辽朝统治者的皇帝地位；另一方面又担忧着宋弱辽强，征辽失败将会导致宋朝灭亡。他们不愿意冒亡国之险。一直到金人的崛起，才让辽军不再显得那么强大，也消除了辽朝灭宋的可能。不幸的是，金人又显示出强大的实力，攻占了开封，掳走了徽、钦二宗。

澶渊之盟之所以能够长久维持，不仅仅是因为宋朝不情不愿地接受了它，更是因为辽朝接受了它。如果辽朝真的比宋朝实力更为强大，一心想要征服中原，且对丢失关南于周世宗愤恨于怀，那么他们为何要接受盟约？辽军的实力可能在十一世纪出现了急剧下滑。① 无论这种下滑是真实的抑或仅仅是表面上的，辽军对宋军的优势仅仅是在开阔战场上和一些偶然情况下才存在的。而且，尽管辽廷有一些人总怀着灭亡宋朝的念头，辽军却从来没有具备过这样的能力。② 同样，虽然关南地区对辽朝一些人而言很重要，它在宋朝境内却是暴露在外的一块凸地。不同于燕云十六州有层层山峦的掩护，顾名思义，关南地区在关隘的南面。但是，它在谈判中却极为有用。关南地区不仅可以被毫不痛心地放弃，而且它还可能成为未来任何嫌怨的一项控诉要旨。所以，辽朝保留了对宋朝领土的权利要求，以便一直作为战争借口。在十一世纪四十年代初期宋与西夏战争期间，正是这项保留权利迫使宋朝增加了对辽朝的岁输，以防辽朝对

① 魏特夫（Karl August Wittfogel）和冯家昇（Feng Chia-sheng）：*History of Chinese Society: Liao 907-1125*，Philadelphia：Transaction of the American Philosophical Society，1949年，第19页。

② 1101—1119年，辽朝还与高丽发生了大规模的战争。

其开战。① 从辽朝的角度看，盟约效力之下的宋辽关系几近理想状态。

但如果就此认为，关南地区仅仅是辽朝讨价还价的一个筹码，则会夸大实情。我的看法是，关南地区之所以能成为一个有用的筹码，是因为有许多现实理由让辽朝这样做。由于没有辽廷思索和商议过程的明显证据，我们只能从结果来检视他们的举动。情况可能是，我所揭示的是辽朝的最大目标，因为要价是他们真正的目的。如果真是这样的话，那么辽朝愿意放弃那些目标就是丢弃一种不确定的（对我们而言）重要性。他们可能无意或不情愿地做出了让步，从而达成了一项积极稳定的条约。

据我们所知，辽朝方面似乎没有因为澶渊之盟而产生明显的政治后果。如果没有人因为谈判结果而失去自己的地位，那么条约的和谐达成可能不仅是因为战争的战略目的，还因为辽朝统治阶层的政治利益。在宋朝方面，结束战争的最初安慰很快就走向了不同想法、政治弹劾，最终导致盟约推动者寇准的罢黜。情况就是，寇准的政敌们罗织了很多政治理由去攻击和批评盟约，因为它的成功签订给予了寇准雄厚的政治资本。辽朝未曾发生类似的情况。这份盟约必定很符合萧太后及皇帝的期望。

谈判展开时，关南地区并不属于辽朝。这暗示着，宋朝关于盟约的谈判和稳定有两点考虑。第一，既然没有领土交换，那就说明领土是个比金银、丝绢乃至礼仪让步更易受指责的问

---

① 关于增加岁输，见赖大卫：*From War to Diplomatic Parity in Eleventh-Century China*，第198—228页。

题。割让领土对宋廷而言是绝不可能的。第二，可能是与先前的看法有关，宋朝所据领土的军事意义使宋朝不可能放弃它。从单纯的战略角度看，控制从燕云十六州到关南再到河北的这条南北通道，对宋朝来说至关重要。控制关南地区的关隘，将让宋朝拥有极大的防御优势。辽朝要么只能绕过这些战略要点，选择不佳路线，把这些敌方城池丢在背后，要么只好直接发起攻击。直接攻击宋朝城池寨堡已被证明是耗费巨大的，而且只是偶尔才有成效。只要宋朝据有关南，辽朝就几乎没有好的进攻选择，甚至不得不忧虑自身的防务。

澶渊之盟的领土结果直接维持了签约当时的领土现状，这可以视作宋辽之间心理与军事力量平衡的具体反映。或许双方的谈判代表很意外地达成了一个令双方都满意的（至少在最初阶段）非常稳定的合约。合约的稳定是基于某些客观的地缘战略现实，以及双方朝廷的心态。尽管宋朝在接下来的一个世纪里一直对这份合约有着敌意，但澶渊之盟还是进入了宋朝的政治文化，成为一根长期存在、无法拔去的芒刺。遗憾的是，我们不知道这份盟约是否进入了辽朝的政治文化。但不管怎样，澶渊之盟在接下来的一个多世纪里，都是宋辽之间无法改变的外交、军事和政治事实。

澶渊之盟对后世的影响远远不局限于宋朝。二十世纪后半叶出现了一批关于这份盟约的重要研究成果，到二十一世纪又出现了新一轮的研究热潮，其中一些受到了盟约签订一千周年的刺激。2005年，有几篇论文出现在了于卡尔加里举办的中国军事史学会的年会上，其中包括克里斯蒂安·施瓦茨－席林对其

1959 年研究成果的再思考。[①] 田浩（Hoyt Tillman）也在一本韩国期刊上发表了他对该问题的学术回顾。[②] 同样是在 2005 年，赖大卫出版了他研究宋代外交史的重要著作——《从战争走向外交平等的十一世纪中国》。[③] 我的书也在 2005 年出版了，虽然时间跨度更大，但也对该盟约有所阐述。[④]

关于合约的具体条款并没有多少争论，二手文献中的张力主要涉及合约条款更广阔的意义。早期学者如陶晋生、牟复礼、王赓武、罗茂锐等，关注宋廷退让与调适之间的对比，以及费正清关于朝贡体系的模式。费正清模式本身反映了西方国家处理与清朝关系时遭遇困境的反应。西方国家认为，是它们把傲慢自大、自我中心、目光短浅的"中华帝国"拉进了文明、现代的国际交往世界，在这个新世界中，主权国家相互平等。但宋朝不一样，他们没有选择自己更喜欢的外交模式，而是与辽朝签订了平等条约。这种关于清朝对外关系的观点在中国学术界也普遍存在，许多人责备清朝没有抵挡住西方帝国主义，未能实现现代化转型。

对这些学者来说，确定澶渊之盟是不是辽朝用武力强加给宋朝的"国耻"或"屈辱"是很重要的。我前面曾提到，真宗朝的官员们出于政治原因而攻击盟约，但它的条款（紧接在一场非决定性军事对峙之后）也让它成为一个易受攻击的目标。后来，

---

① 克里斯蒂安·施瓦茨-席林的论文得到了修改，并有PDF版可供参阅，题为"The Treaty of Shanyuan—Then and Now: Reflection a 1000 Years Later"。
② 参见田浩："The Treaty of Shanyuan from the Perspectives of Western Scholars", *Sungkyun Journal of East Asian Studies*，5.2（2005），第135—155页。
③ 赖大卫: *From War to Diplomatic Parity in Eleventh-Century China*。
④ 见龙沛: *War, Politics and Society in Early Modern China，900-1795*。

宋朝的政治家们也将这份盟约视作耻辱，他们都带着自身时代的政治考量，而没有考虑到当时不同的政治情势，这个问题我在第二章中曾讨论过。或许可以说，宋朝出于实效，用数额较小的岁输和某些礼仪让步换取了和平，或者是在几乎令人不快的和平与渐趋增长的军事化之间做了折中。澶渊之盟还被纳入了更大的讨论中：宋朝的根本性虚弱、士人阶层的崛起、文盛武衰的文化、宋朝的整体稳定等。如这些学者所见，在自觉的文人文化偏见之下，宋廷最好也不过是选择了不好的和平而避开了更差的战争。而最差的评价则是，他们因为可鄙的战败而不得不接受可鄙的条约。

情绪激烈地描述澶渊之盟的另一个原因在于对外交的关注。正如我们在本章看到的，这场冲突的军事方面被错误地简单化为，具有压倒性优势的辽军对垒羸弱的宋军。同战争一样，外交也往往会被人们从明显的非黑即白的角度进行评断。胜利是完全光荣的，失利则是绝对可耻的。当评价某种冲突的外交解决方式时，仅仅从当事人各自的角度去判定对话是否取得令人满意的结果是不够的。从有些抽象的分析层面来说，我们必须检视导致令人满意或不尽人意的结果的推论过程，从而去评断各方对自己的估量是否正确。随后我们还需要看看合约的效果，以及它对各方而言是否很好地发挥着作用。从长期来看，澶渊之盟对双方在很多层面上可能都是合算的，即便宋朝政治家们仍不喜欢它。

更后面的历史学家们则不太想把这份合约放到中国"屈辱的世纪"——从鸦片战争（1840—1842）开始的一段时期——的语

境中。当然部分原因在于，前人已经这样做过了。而且，对澶渊之盟是否"屈辱"或有实效做出评断，显然跟历史研究没有什么关系。我们可以说，宋代政治家那样描述这份合约，或者后来的中国历史学者们这样提及它，不过，羞耻或务实并没有什么客观标准。谁首先提议和谈的问题，同样也不能基于我们目前所能获取的资料。而且我在本章已经阐明，从战略的角度看，这个议题并没有多么重要。有趣的是，有些人对谁先提出和谈的问题容易意气用事，但是这并没有什么战略意义。

王继忠的角色问题也被热烈讨论，其理由与和谈提议之议题的鼓动者很相似。赖大卫理据充分地完全贬低了王继忠的重要性。[1] 要关注那个人的角色，就要俯视更大的战略图景。王继忠对促进和谈发挥了重要的作用；不过，和谈一事非常重要，没有王继忠，和谈也会进行。双方都认真权衡了他们的选择与风险。事实上谈判进展非常迅速，原因就在于双方各自的立场相差不远。如果他们的立场不可调和，那么战争很可能会继续下去，这就是宋真宗和寇准对合约感到满意的原因。

关于澶渊之盟的最后一个议题，就是它被忽视的不确定性：那些和谈代表们以为这份合约能维持多久呢？我们知道，它维持了一个多世纪，但是当时的宋辽双方却不知道。实际上我觉得，鉴于双方对中国历史的了解，没有人有理由认为，这份合约会维持很多年。他们一定为了从历史上找寻一个长期稳定的条约模式而费尽心力。宋辽双方可能想要缔结一份暂时性的契

---

[1] 赖大卫：*From War to Diplomatic Parity in Eleventh-Century China*，第95页。

约，而不是达成一份能够维持几十年的长期合约。世界历史上极少有什么外交条约能像澶渊之盟那样稳定，所以我们要谅解那些谈判者们并不完全理解他们所实现的结果。因此可以说，十一世纪时这一关键性的军事、外交、政治和文化产物，远远超出了其发明者想象的范围，而这并不是偶然的。

其他方式的战争

宋真宗及整个朝廷最初都把澶渊之盟看作宋朝的外交胜利。但是这种紧迫的危机一旦结束，澶渊之盟就越来越被视为一场可耻的失败了。1007 年年末，真宗一直在寻找办法摆脱这种羞辱。军事行动已不可能，真宗于是起了封禅的念头，用一系列仪式去展现帝国的合法性。1008 年，宋朝制造了许多适当的吉兆，并举行了封禅大典。1011 年，真宗又去汾阴祭祀了土地，这一祭礼的地位仅次于封禅大典。

司马光和《宋史》的编纂者们都认为，这些祭祀针对的是辽朝。辽人据说很迷信，那些吉兆会镇住他们。[①] 对财富与文化的盛大展现，并不仅限于宋朝。辽朝也建造了大量恢宏的佛教寺院。这些事例都暗示着，宋辽双方都在通过非军事的方式，宣示着自身的合法性和文化优越性。在澶渊之盟之后，那是他们在接下来一个多世纪里唯一可资利用的方式。

---

① 柯素芝（Suzanne E. Cahill）："Taoism at the Sung Court: The Heavenly Text Affair of 1008", *Bulletin of Sung and Yuan Studies*，1980年，第23—44页。

第十一章　结　论

　　宋朝建国的政治和军事过程，是由一系列不确定、无秩序的事件组成的，其参与者们并不知道它们的结果。那些历史人物所做的大部分（甚至是全部）决定，都受到了他们所面对的紧迫情况的影响，而不是由更大的、如强调文人文化那样的意识形态目标所决定的。事情并不总是按照计划发展，重要决定的结果可以很容易地超越胜或败，乃至变成完全无法想象的后果。即便是非常精心策划的政治和军事行动，人们也仅仅能施以有限的掌控和限定。宋朝最终能够稳定、顺利地在1005年完成建国，并不是一件理所当然、显而易见的事。

　　即便是从更宽广的层面上讲，整个征服战争过程中，局势也在不断变化。政治和军事进程中累积的成功改变了环境。从954年到1005年，先后有四位不同的皇帝，他们面对的局势各不相同。即便是在同一位皇帝统治期间，局势也始终在变化。然而，后来的政治家和历史学者们却把宋朝建国想象成一个有规划的、导向特定文化的过程。对他们而言，这个过程是必然的，意义是清楚的。皇帝和政治家们都扮演着特定的角色，回溯地看，这似乎是显而易见的。

但是，这种对宋朝建国的描述显示，这些皇帝和政治家并不总是能够完成好他们理想中的角色。比如，宋太祖并不是一个特别崇尚文明教化的人，宋太宗才真正开始重视利用科举考试。当然，这些事实众所周知，但是人们常常因为要维护后来对这些事件的解释而对其置之不理。宋朝初期的首要任务是获取权力。即便是在宋代初期那种继承性制度框架内，也有相当大的流动性。只是到了后来，当一个个先例被看作或至少被描述为程序性政策决定，成为既定原则时，王朝的建立看起来才像一个精心计划的过程。

本书所讨论的四位皇帝，分别展现了对战争与政治之间关系的四种不同的处理方式。周世宗几乎完全是一位马上皇帝，宋太祖武功卓著，同时也开始有效地运用政治权力，宋太宗在军事和政治上均较失败，而宋真宗则从政治安全出发，最终解决了宋朝建国的军事问题。或许并不意外的是，宋太祖相较于其余三人，站在了头和肩的位置。他并不是毫无瑕疵，也并不总是取胜，但他有能力，也足够幸运，成功地在混乱危险的局面中建立了长久存续的制度。周世宗用战争解决了自己的政治问题，宋真宗仅需要解决他的军事问题，而太宗则是最令人惊奇的统治者。太宗成功地得到并维持了皇位，却犯下了严重的军事和政治错误。尽管有这些错误，而王朝依然稳固，这一事实无疑证明了宋太祖及宋朝行政官员的能力和作用。

虽然这些皇帝的个人特点很重要，但是重思构建一个稳定

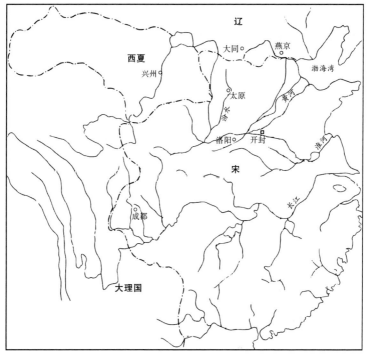

图 32　1005 年形势图

政府的过程同样重要。这与某种观念直接相关，即认为，宋朝建国是一个对先前的军事混战进行文明化的过程。如果认为半个世纪的战争为文人文化埋下了基石，或认为文人文化的崛起结束了战争，这些都过于简单化了。从军事角度看，征服战争是在中原地方政权皆被消灭、宋辽形成公认的军事僵局或均衡之后才结束的。战争结束是因为宋朝占据了中原，且与北方草原达成了均势。这与文人文化没有什么关系。

从政治角度看，宋军之所以能够专力于征伐，是因为宋廷内部的政治权力斗争已经得到了解决。军事利益增强而非削弱了宋朝，因为宋朝内部的利益相关者们都认识到，王朝的继续存在符合他们的利益。权力斗争中有输有赢，但大多数人都觉得，在宋朝权力体系中失败也比推翻它要好。随着帝国的扩张，不仅武人有机会获益，文官同样有机会。而战争结束时，文官控制了政务，武人则退回了军营。这是文官们的政治胜利，但很难说这和文人文化的崛起有重要的关系。

战争不断变化的性质和作用

从 954 年到 1005 年，战争的作用也发生了变化。与十一世纪不同，战争是后周和宋朝政府的核心事务。王朝的命运实际上系于重大战事的结果。朝廷内政的重要性最初要居于军事举措之下。随着宋朝渐趋稳定，政治才变得越来越重要。在太宗朝，特别是在太宗的军事失败之后，政治在重要性上取代了战争。即便太宗没有因为他的败绩而染上污点，他也需要远离战争。

历史学者们常会忽略一件事，即历史上罕有伟大的战略家。军事事件后来之所以会被看作无可避免的，是因为我们难以体会取得成功需要多少技巧。亚历山大大帝、拿破仑这样的西方征服者所享有的巨大赞誉，与其功业的转瞬即逝之间的对比是惊人的。我们不难看到，战术和指挥才华可以创造一个帝国，却没有什么能存之久远。宋太祖及其谋臣赵普指挥着一批杰出的将领，带领他们走向成功。太宗在统治初期也统领着其中一些将领，他们取得了一些战术胜利，但从全局看却失败了。真宗朝则几乎没有大将，也没有好的战略建言。

与其说这是"英雄史"——将每场胜利都归功于某个人的功劳——的一个案例，倒不如说这说明了战略能力加上政治、战术和指挥能力的至关重要性。宋太祖并不是独力取代后周或者建立宋帝国的，他是由一批统治着庞大且强大的军队的能员干将所组成的军事集团中的一员。太祖单靠自己无力实现雄图大业，他也深知这一点。他必须维系好与其结义兄弟们的私人关系，从而获取他们的支持，为了防止内讧，还要剥夺他们的权力。宋朝初期，大多数朝廷文官都没有权力，也没有地位。重要的是军事权力和掌控军事权力的武人。太祖最重要的能力，就是维系与高级将领们的关系。

太祖在平衡军事权力与集中军事权力之间，面临着许多严重的问题。965 年他加强控制的决定，引发了四川的起义。这可能是无可避免的，或仅仅是处置不当的个例。但不管怎样，其结果都是代价高昂的，不仅是就平民和士卒而言，也是指政治上和军事上的代价。找高阶的实权将领做替罪羊是极有风险的，因为这会令其他所有的将领惴惴不安。太祖想必向所有高级将领做出了大量的个人承诺，以便让惩处王全斌及其部将之事的影响范围缩到最小，不过我们所掌握的文献并未提及这样一件事。当然，王全斌及其部将受到的处罚至多不过是降职，被剥夺了战场指挥权，并被"流放"到轻松的地方。

早期的宋军在战场上的战斗力是极为强大的，不仅扫清了其他政权的军队，而且曾多次击溃辽军主力。宋军最差也能与辽军相抗衡，事实上，或许他们在战场上要更为出色。后来宋朝对其军队战力的不安感，不应该影响我们对太祖及其将领征服中原时那种战斗能力的看法。

太宗灭亡北汉时，宋军仍然很强大。太宗不先休整军队而继续进攻燕云十六州的决定是缺乏考虑的，这给宋军造成的影响是毁灭性的。用兵的明确政治动机遮蔽了他的军事判断力。可以说，他有限的军事经验基础上的军事判断力也是极其平庸的，而且他不愿听取宿将们的建议。太祖有赵普，而太宗身边却无一人。即便对于久经沙场、技艺超群、天赋异禀的人来说，做出战略决策也是相当难的。太祖和赵普全部的战略判断，要优于其相当大一部分的总和。这很重要，太宗的失利是集体决策突然缺失的一个迹象。

太宗所发起的与辽朝的战争持续了二十五年。有时，当我们回顾宋朝建国历程时，我们好像会忘记冲突时期持续了多久。如果仅仅因为太宗的国内政治地位系于战争，那么外交就不起作用。他在军事上已然落败，就不可能显出虚弱地做出让步。他只好假装正准备攻击辽朝，但仅仅是准许河北非正式地修筑水路防御网。不过，宋军在战场上的表现似乎并没有显著地衰退，特别是其防御能力。防御在战术上是有效的，但在政治上却令人不快。

从功能上讲，太宗并没有什么军事战略。他能寻求的唯一积极目标就是击败辽朝，夺取燕云十六州。他唯一的战略就是于986年再度发兵攻辽，寄希望于一个更加周密的计划能给他带来胜利。当行动失败时，他将其归咎于执行不力，而不是其计划或战略本身的问题。赵普说得很清楚，恰恰是战略存在问题。太宗不是一个好的战略家，故而他的远征失败了。战略眼光对于成功地实现目标意义重大。

真宗在对辽战争上没有什么政治危机感，他知道自己没有战争经验，所以更易于坦率地听取有关化解冲突的建议。其直接结果就是，真宗通过一个理性的战略去寻求一个理性的目标。他试图通过加强防卫来结束战争。辽朝则选择通过用兵，逼迫宋朝坐到谈判桌上，从而结束战争。但似乎，真宗没想通过谈判去结束双方的冲突，毕竟中国历史上没有什么大规模战争是靠和平对话结束的。他可能只是设想依靠坚固的防御体系，让辽朝的军事行动失去作用，从而让辽朝结束战争或大量减少用兵。实际上，这恰恰是辽朝所担心的。如果宋朝的防御力量大到让辽朝无力对其施加战争压力，那么主动权就会转到宋朝手中。

所以，宋朝想出了单纯的军事方法去解决与辽朝的对抗问题，而辽朝则想推动双方通过政治方式去解决。辽朝知道自己无法消灭宋朝，唯一的谈判筹码就是停止对宋朝的攻势。要是宋真宗愿意再等上若干年，那么他或许能让辽朝跌到一个相对更弱的位置。虽然宋朝在河北的水路防线尚未建完，但是直到1005年，它的防卫效能都在不断增强。从严格的军事角度看，宋朝正在赢得与辽朝的战争。

真宗及其朝臣们都不认为宋朝能够夺取燕云十六州。与此同时，皇帝也不需要通过显赫的军事胜利去证明其统治合法性，所以他并不刻意追求军事胜利。战争对真宗来说并不仅仅是战争。官员们建议他要么反击辽朝，要么出逃。出逃将会在政治上降低其地位，在军事上也不明智，于是真宗有些不情不愿地去了前线。我们不得不再一次承认，他从眼前的诸多建议中做出了正确的战略决策。皇帝的战略决策非常重要，深刻地影响了王朝的发展。

分割政治与战争

从许多方面来看，建立一个稳固的王朝都需要分割军事权力和政治权力。这与其说是要求统治者和官员自身必须仅掌握一种权力，不如说是因为政府内部的暴力冲突本身是不稳定因素。当以直接暴力为形式的军事权力成为武人在政治体内发挥影响的主要或通常手段时，权力斗争就不仅成为内耗，而且会减少政治体可用于外部军事行动的军事资源。但如果武人是因为其在对外军事行动中的功绩而在政治体内获得权力，那么内部权力斗争就不会那么浪费军事资源。当然，当征伐了结于和平时，武人就会失去其政治权力。

当然，政治权力有多种多样的形式。在本书所讨论的四位皇帝中，只有最后一位皇帝真宗，事实上仅凭皇帝地位而掌握着政治权力。前面三位皇帝都依赖着与其亲密文武官员的私人效忠纽带。周世宗的权力是基于支持他的忠诚将领们。世宗一死，那些将领就拥戴他们其中的一个登上皇位。宋太祖一开始通过联姻来维护与其结义兄弟们的私人关系，后来又培植与那些取代其结义兄弟地位的下层将领们的私人关系。这个下层将领群体多数都受到皇帝的重视，皇帝通过礼仪和私人行为表现着对他们的关心。皇帝在他们出征前赠与其盔甲或武器，这样他们在战场上就用着、穿着皇帝的赠礼，展现着他们与皇帝的直接联系。

宋太宗在登临君位之前也培植了自己的亲密幕僚，登基后就依靠他们来统治。他试图通过科举考试来建立一个更庞大的私人效忠网络，不过他失败了，在其统治末期，他依然要靠原来那些幕僚们去统治。太宗想要通过军事胜利来证明自己的统治合法性，获得军队的支持，但他的失败使他在政治上被孤立了。非常关键的是，太宗想要扩大军队和官僚系统对其私人效忠的努力虽然失败了，但并没有危及宋朝。没有任何反对行为针对的是宋朝，而仅仅是针对太宗。因此，他通过根除最有可能取代其帝位的赵氏宗亲们（他的两个侄子和弟弟）来巩固其地位。人们忠于宋朝，与其继续统治有利益关系，而太宗仅仅是宋朝皇帝，其幕僚之外的人们并不怎么忠于他个人。

太宗政治地位衰弱，这就是他为何比绝大多数皇帝挑选太子都更为谨慎的原因。中国历史上的多数皇帝对指定继承人，从而创生出另一个效忠对象都有些疑忌，但这对太宗而言几乎到了恼人的地步。从最低限度讲，这会为其统治带来另一个选择对象，而那是他竭力避免的。太宗没能吸引到对他的私人效忠，而一位指定继承人却可能实现他所没有做到的。结果，他想指定的皇子因为他对其弟廷美的处置方式而发疯了。他既而选定了后来的真宗，又因为在宣告的同时官员们表现出对太子的支持而生气。太宗于是竭力打压真宗可能有的任何提议，使他的角色和感受等同于高级官员。

对真宗而言，政治和军事不再纠缠共存。在他继位之前，其父太宗就打破了二者之间的联系。真宗没有如其父那样的被推翻的恐惧，也没有合法性问题的困扰。真宗继位是宋朝第一次常规化的继位，这一事实有力地增强了他的合法性以及王朝的稳定。真宗有一些私人幕僚，但他不需要通过官员们的私人效忠去控制他们、统治帝国。无论好坏，他都是宋朝的皇帝，政治和军事权力都是自他而来。

战争、政治和建国期的最后一幕

皇帝都有其各自的个性，都面对着具体的环境。所以，要从整体上概括宋朝建国期的决策是有难度的，因为我们仅仅是在讨论参与商议的四位皇帝及一小部分官员。从954年到1005年的这四位皇帝，不仅是为了击败军事对手、获取领土、消除威胁而试图赢得战争，他们也是想确立自己的政治权力，控制其政权内部许多实权人物的政治野心。政治上的优势与劣势也影响了何时、如何、为何、谁发动战争，以及如何解释战争的结果。官员个人也做着类似的政治算计，在他们所认为的帝国目标、绝佳战略选择与自己的政治目的之间进行平衡。获得皇帝的赞许与提出正确的战略同样重要。

本项对宋朝建国之研究的中心，不仅仅是政治与军事戏剧中的一个个演员，还有变化的至关重要性。从954年到1005年，个人角色及他们所处的环境一直在变化着。这段时期最深刻的变化之一，就是形塑宋朝的战争与政治之间的关系。战争和政治都是变化极其无常的，它们的交互又进一步增加了王朝初期的不稳定性。两者都逐渐变得更加稳定，它们之间的交互也同样如此。就战争而言，其稳定来自对当时各政权的不断征服——主要是在太祖时期，这就将日后的冲突限制在了与辽朝的边界问题。就政治而言，其稳定产生自不断成形的帝国先例（imperial precedent）、不断规范化的官僚组织、前后如一的制度实践，以及在最后的真宗时期，皇位继承没有受到暴力或其他可能的不当之举的干预。①

太祖对军事事务的处理，与太宗、真宗之间的差别是很显著的。就我们所知，太祖在赵普的辅佐下，决定征服战争的战略问题。除了领兵，他似乎不会同他的将领们商讨任何问题。虽然赵普显然在很深的智识层面上深谙战争之道，但他不是武人，他的许多建议都是政治角度的。太宗最初需要武人们支持他发起对北汉的战争，后来又不情愿听取非其幕僚（一帮了解他想法的人）的将领们的建言。真宗则在前往澶渊之前，直接回应了将军高琼的谏议。太祖需要一些政治和军事上的建议，

---

① "帝国先例"这个词，我指的是一般治理中具体、固定的做法，而非邓小南所说的官方正式提出的"祖宗之法"。

但他本人在这两方面都颇有才干。太宗和真宗都完全是政治人物——尽管太宗不愿承认——他们需要军事建议。待战争结束后，真宗也就不再需要那些建议了。

1005 年的大规模军事对抗促成了一份政治协议，结束了宋辽之间的冲突。既而，宋朝日常事务中也就没有了武将们的位置。其后的三十年里，都没有什么重大军事行动。不过，政治方面的建国大剧似乎需要最后一幕，那就是 1008 年的封禅大典。同战争一样，是真宗完成了宋朝建国的最后一幕政治表演。

要是太祖没有早逝，或许宋朝建国能早些完成。要是太宗没有在军事上和政治上失败，或许宋朝建国也能早些完成。太宗想要击败辽人，在军事上证明自身统治的合法性，还想举行封禅大典，从礼仪上显示他继位的无可争辩。但他失利了，所以没有做成。真宗则举行了封禅大典，因为他成功了。正是这最后一幕，完全分割了战争与政治，也为宋帝国的文化奠定了基础。

参考文献

Black, Jeremy *European Warfare 1660–1815*. New Haven and London: Yale University Press, 1994.
Rethinking Military History. London and New York: Routledge, 2004.
Bucholz, Arden *Hans Delbrück and the German Military Establishment*. Iowa City: University of Iowa Press, 1985.
Cahill, Suzanne E. "Taoism at the Sung Court: The Heavenly Text Affair of 1008," *Bulletin of Sung and Yuan Studies*, 1980, pp. 23–44.
Chan, Hok-lam *Legitimation in Imperial China*. Seattle and London: University of Washington Press, 1984.
Chen, Bangchan *Songshi Jishi Benmo*. Taibei: Sanmin Shuju, 1973.
Chen, Feng *Songdai Junzheng Yanjiu*. Beijing: Zhongguo Shehui Kexue Chubanshe, 2010.
Cheng, Guangyu *Song Taizong dui Liao Zhanzheng Kao*. Taibei: Taiwan Shangwu Yinshuguan, 1970, pp. 5–9.
Cosmo, Nicola Di, ed. *Military Culture in Imperial China*. Cambridge: Harvard University Press, 2011.
Creel, Herlee *The Origins of Statecraft in China*. Chicago and London: University of Chicago Press, 1970.
Dai Xizhang *Xi Xia Ji*. Yinchuan: Ningxia Renmin Chubanshe, 1988.
Davis, Richard L. *Wind Against the Mountain*. Cambridge: Harvard University Press, 1996.
"The 'Sociologizing' of Sung Studies in Taiwan," *Journal of the Economic and Social History of the Orient* (Leiden). 42, 1(1999), pp. 94–110.
Deng, Xiaonan *Zuzong zhi Fa: Bei Song Qianqi Zhengzhi Shulue*. Beijing: Shenghuo, Dushu, Xinzhi Sanlian Shudian, 2006.
"The Perfection of the Civil Official System," in Yuan Xingpei, Yan Wenming, Zhang Chuanxi, and Lou Yulie, eds., *The History of Chinese Civilization*. Cambridge: Cambridge University Press, 2006, pp. 249–52.
Deng, Xiaonan and Christian Lamouroux "Les 'Règles Familiales des Ancêtres': Autorité Imperial et Gouvernement dans la Chine Medieval," *Annales. Histoire, Sciences Sociales* 59, 3(2004), pp. 491–518.
Engels, Donald W. *Alexander the Great and the Logistics of the Macedonian Army*. Berkeley: University of California Press, 1980.
Fan, Zuyu *Tangjian*. in *Biji Xiaoshuo Daguan*. Taibei: Xinxing Shuju, 1981, vol. 40.

Fang, Cheng-hua *Power Structures and Cultural Identities in Imperial China: Civil and Military Power from Late Tang to Early Song Dynasties (A.D. 875–1063)*. Saarbrücken: VDM Verlag Dr. Müller, 2009.

"Chuantong Lingyu Ruhe Fazhan," *Taida Lishi Xuebao*, 48(2011), December, pp. 165–183.

"Zhangzheng yu Zhengzheng de Jiuge," *Hanxue Yanjiu*, 29/3, 2011, pp. 125–154.

Fang, Hao *Songshi*. Taibei: Zhonghua Wenhue Chuban Shiye Weiyuan Hui, 1954.

Ferguson, R. Brian and Neil L. Whitehead, eds. *War in the Tribal Zone: Expanding States and Indigenous Warfare*. Santa Fe: SAR Press, 2000.

Franke, Wolfgang "Historical Precedent of Accidental Repetition of Events? K'ou Chun in 1004 and Yu Ch'ien in 1449," in *Études Song in Memoriam Étienne Balazs*, Françoise Aubin ed., 1, 3, 1970, pp. 199–206.

Freeman, Michael Dennis "Lo-Yang and the Opposition to Wang An-Shih: The Rise of Confucian Conservatism, 1068–1086," Ph.D. Dissertation, Yale University, 1973.

Gong, Yanming *Songdai Guanzhi Cidian*. Beijing: Zhonghua Shuju, 1997.

Graff, David and Robin Higham, eds. *A Military History of China*. Westview Press, 2002.

Graff, David *Medieval Chinese Warfare, 300–900*. London and New York: Routledge, 2002.

Hanson, Victor Davis *The Western Way of War*. Oxford: Oxford University Press, 1989.

Hartman, Charles "Chinese Historiography in the Age of Maturity, 960–1368," in Sarah Foot and Chase F. Robinson, eds., *The Oxford History of Historical Writing, 400–1400*, vol. 2, Oxford: Oxford University Press, 2012, pp. 37–57.

Hartwell, Robert "Demographic, Political, and Social Transformations of China, 750–1550," *Harvard Journal of Asiatic Studies* 42/2, pp. 365–442.

Hucker, Charles *A Dictionary of Official Titles in Imperial China*. Stanford: Stanford University Press, 1985.

Hulsewe, A.F.P. Review of Christian Schwarz-Schilling's *Der Friede von Shan-yuan*. *The Bulletin of the School of Oriental and African Studies*, 31,3(1968), pp. 638–40.

Ji, Xiao-bin *Politics and Conservatism in Northern Song China, The Career and Thought of Sima Guang*. Hong Kong: Chinese University Press, 2005.

Jiang, Fucong "Song Taizong Jindi mufu kao," in *Dalu Zazhi*, 30,3 (February 1965), pp. 81–9.

"Song Taizu shi Taizong yu Zhao Pu de Zhengzhang," *Shixue Huikan* 5(1973), pp. 1–14.

Keegan, John *A History of Warfare*. New York: Alfred A. Knopf, 1993.

Kuhn, Dieter. *The Age of Confucian Rule: The Song Transformation of China*. Timothy Brook, ed., First ed. Cambridge: Belknap Press of Harvard University Press, 2009.

Labadie, John Richard "Rulers and Soldiers: Perception and Management of the Military in Northern Sung China (960-ca. 1060)," Ph.D. Dissertation, University of Washington, 1981.

Lamouroux, Christian "Geography and Politics: The Song-Liao Border Dispute of 1074/75," in Sabine Dabringhaus and Roderick Ptak, eds., *China and Her Neighbors*. Wiesbaden: Harrassowitz Verlag, 1997, pp. 1–28.

Lau Nap-Yin Lau "Song-Liao Chanyuan zhi Meng Xintan," *The Bulletin of the Institute of History and Philology, Academia Sinica*. Taibei, Taiwan, vol. 61/3, (Sept. 1990), pp. 693–760.

Lau, Nap-Yin "Beijiu Shi Bingquan Xinshuo Zhiyi," *Songshi Yanjiu Ji*. 22, March 1992, pp. 1–20.

"Waging War for Peace? The Peace Accord Between the Song and the Liao in AD 1005," in Hans Van de Ven, ed., *Warfare in Chinese History*. Leiden: Brill, 2000, pp. 180–221.

Lau, Nap-Yin and Huang K'uan-Chung "Founding and Consolidation of the Sung Dynasty under T'ai-tsu (960–976), T'ai-tsung (976–997), and Chen-tsung (997–1022)," in Denis Twitchett and Paul Jakov Smith, eds., *The Cambridge History of China*. Vol. 5, Part 1. Cambridge: Cambridge University Press, 2009.

Lee, Tsong-han "Different Mirrors of the Past: Southern Song Historiography," Ph.D. Dissertation, Harvard University, 2008

Leung, Wai Kee "Xian Nan Zheng, Hou Bei Fa: Songchu Tongyi Quanguo de Weiyi Zhanlue (960–976)?" *Journal of Chinese Studies*. 1999/8, pp. 73–100.

Li, Tao *Xu Zizhi Tongjian Changbian*. Beijing: Zhonghua Shuju, 2004.

Li, Tianming *Song-Yuan Zhanshi*. Taibei: Shihuo Chubanshe, 1988.

Liang, Tianxi *Song Shumiyuan Zhidu*. Taibei: Liming Wenhua Shiye Gongsi, 1981.

Lin, Ruihan *Songdai Zhengzhi Shi*, 2nd. Ed., Taibei: Daxue Lianhe Chuban Weiyuan hui, 1992.

Liu, James T. C. *Ou-yang Hsiu: An Eleventh-Century Neo-Confucian*. Stanford: Stanford University Press, 1967.

Liu, Jingzhen *Huangdi he Tamen de Quanli-BeiSong Qianqi*. Taibei: Daoxiang Chubanshe, 1996.

Lorge, Peter "War and the Creation of the Northern Song state," Ph.D. Dissertation, University of Pennsylvania, 1996.

"The Northern Song Military Aristocracy and the Royal Family," *War and Society*, Vol. 18/2. 2000.

"The Great Ditch of China and the Song-Liao Border," in *Battlefronts Real and Imagined: War, Border, and Identity in the Chinese Middle Period*, Don J. Wyatt, ed., New York: Palgrave Macmillan, 2008, pp. 59–74.

"Institutional Histories," in *The Oxford History of Historical Writing*, vol. 2, Sarah Foot and Chase F. Robinson, eds., Oxford: Oxford University Press, 2012, pp. 476–95.

"Fighting Against Empire: Resistance to the Later Zhou and Song Conquest of China," in *Debating War in Chinese History*, Peter Lorge, ed., Leiden: Brill, 2013.

"The Myth of the Great Wall," in *Demystifying China*, Naomi Standen, ed., Plymouth: Rowman and Littlefield, 2013.

Lovell, Julia "The Opium War and China's "Century of Humiliation"," *Demystifying China*, in Naomi Standen, ed., Plymouth: Rowman and Littlefield, 2013, pp. 153–60.

Lowe, Michael *Chinese Ideas of Life and Death*. London, 1982.

Luo, Zhufeng *Hanyu Dacidian*. Shanghai: Hanyu Dacidian Chubanshe, 2008.

Lynn, John *Battle*. Boulder: Westview Press, 2003.

Ma, Duanlin *Wenxian Tongkao*. Beijing: Zhonghua Shuju, 1991.

Matthews, R. H. *Mathew's Chinese-English Dictionary*. Cambridge, MA: Harvard University Press, 1943.

Miyakawa, Hisayuki "An outline of the Naito Hypothesis and its Effects on Japanese Studies of China," *The Far Eastern Quarterly*, 14, 4(1955), 533–52.

Moore, Oliver *Rituals of Recruitment in Tang China*. Leiden: Brill, 2004.

Morillo, Stephen *What is Military History?* Polity, 2006.

Morohashi, Tetsuji *Daikanwa Jiten*. Tōkyō: Taishūkan Shoten, 1955–1960.

Mostern, Ruth *Dividing the Realm in Order to Govern*. Cambridge, MA: Harvard University Press, 2011.

Mote, F. W. *Imperial China, 900–1800*. Cambridge, MA: Harvard University Press, 1999.

Nathan, Andrew and Robert Ross *The Great Wall and the Empty Fortress: China's Search for Security*. New York: W. W. Norton, 1997.

Ng, On-cho and Q. Edward Wang *Mirroring the Past*. Honolulu: University of Hawai'i Press, 2005.

Nie, Chongchi *Songshi Congkao*. Taibei: Huashi Chubanshe, 1986.

Nie, Chongqi "Lun Song Taizu Shou Bingquan," originally published in *Yanjing Xuebao* 34, 1948, and reprinted in *Songshi Congkao*, Taibei: Huashi Chubanshe, 1986, pp. 263–82

Olsson, Karl "The Structure of Power Under the Third Emperor of Sung China: The Shifting Balance After the Peace of Shan-Yuan," Ph.D. Dissertation, University of Chicago, 1974.

Ouyang Xiu *Xin Wudai Shi*. Beijing: Zhonghua Shuju, 1995.

Ouyang Xiu, Richard Davis, trans., *Historical Records of the Five Dynasties*. New York: Columbia University Press, 2004.

Paret, Peter "The New Military History," *Parameters*, Autumn 1991, 10.

Schwarz-Schilling, Christian *Der Friede von Shan-yuan (1005n. Chrs.): Ein Beitrag zur Geschishte der Chinesischen Diplomatie*. Wiesbaden: Otto Harrassowitz, 1959.

Shao, Bowen *Wenjian Qianlu*. Beijing: Zhonghua Shuju, 2008.

Sima, Guang *Sushui Jiwen*. Beijing: Zhonghua Shuju, 2006.

　Zizhi Tongjian. Beijing: Zhonghua Shuju, 1992.

Standen, Naomi *Unbounded Loyalty*. Hawai'i: University of Hawai'i Press, 2006.

Su, Jinyuan and Li Chunpu *Songdai Sanci Nongcun Shiliao Huibian*. Beijing: Zhonghua Shuju, 1963, pp. 1–62.

Sung, Chia-fu "Between Tortoise and Mirror: Historians and Historiography in 11th century China," Ph.D. Dissertation, Harvard University, 2010.

Tao, Jingshen "Yü Ching and Sung Policies toward Liao and Hsia, 1042–1044," *Journal of Asian History* 6, 2(1972), 114–22.

　Two Sons of Heaven. Tucson: University of Arizona Press, 1988.

Tietze, Klaus "The Liao-Sung Border Conflict of 1074–1076," *Studia Sino-Mongolica Festschrift für Herbert Franke*. Wiesbaden: *Franz Steiner Verlag*, 1979, pp. 127–51.

Toqto'a *Liaoshi*. Beijing: Zhonghua Shuju, 1996.

Songshi. Beijing: Zhonghua Shuju, 1990.

Tsang, Shui-lung "War and Peace in Northern Sung China: Violence and Strategy in Flux, 960–1104A.D.," Ph.D. Dissertation, The University of Arizona, 1997.

Twitchett, Denis and Klaus-Peter Tietze "The Liao," in *The Cambridge History of China*. vol. 6, Herbert Franke and Denis Twitchett, eds., Cambridge: Cambridge University Press, 1994.

Twitchett, Denis and Paul Smith, eds. *The Cambridge History of China: The Sung Dynasty and Its Precursors, 907–1279*. vol. 5, Part 1, Cambridge: Cambridge University Press, 2009.

Ven, Hans J. Van De, ed., *Warfare in Chinese History*. Leiden: Brill, 2000.

Waldron, Arthur *The Great Wall of China*. Cambridge: Cambridge University Press, 1990.

Wang, Fuzhi *Songlun*. Beijing: Zhonghua Shuju, 1964.

Wang, Gungwu *The Structure of Power in North China During the Five Dynasties*. Stanford: Stanford University Press, 1967.

"The Middle Yangtze in T'ang Politics," in *Perspectives on the T'ang*, Arthur F. Wright and Denis Twitchett, eds., New Haven and London: Yale University Press, 1973, pp. 193–235.

Wang, Mingsun *Song, Liao, Jinshi Lunwen Gao*. Taibei: Mingwen Shuju, 1988.

Wang, Qinruo et al., eds., *Cefu Yuangui*. Beijing: Zhonghua Shuju, 1994.

Wang, Zengyü *Songchao Bingzhi Chutan*. Beijing: Zhonghua Shuju, 1983.

Songchao Bingzhi Chutan (Zengding ben). Beijing: Zhonghua Shuju, 2011

Wang, Zhi *Moji*. Beijing: Zhonghua Shuju, 2007.

Weigley, Russell *The Age of Battles*. Bloomington and Indianapolis: Indiana University Press, 1991.

White, Hayden "The Question of Narrative in Contemporary Historical Theory," *History and Theory*, 23, 1 (Feb., 1984), 1–33.

Wittfogel, Karl August and Feng Chia-sheng *History of Chinese Society: Liao 907–1125*. Philadelphia: Transactions of the American Philosophical Society, 1949.

Wong, Hon-chiu "Government Expenditures in Northern Sung China (960–1127), Ph.D. Dissertation, University of Pennsylvania, 1975.

Worthy, Edmund "The Founding of Sung China, 950–1000: Integrative Changes in Military and Political Institutions," Ph.D. Dissertation, Princeton University, 1973.

Wright, David Curtis *From War to Diplomatic Parity in Eleventh-Century China*. Leiden: Brill, 2005.

Xu, Gui and Fang Jianxin "Beijiu Shi Bingquan Shuoxianyi," *Wenshi*, 14, June 1982, 113–16

Xu Gui "Zailun Beijiu Shi Bingquan," *Proceedings of the Second Symposium on Sung History*. Taibei: Chinese Culture University, 1995, pp. 401–12

Xue, Juzheng *Jiu Wudaishi*. Beijing: Zhonghua Shuju, 1995.

Yao, Yingtin "Lun Tang-Song zhiji de Tianming yu Tianming sixiang," in *Songshi Yanjiu Lunwenji*, Henan Chubanshe, 1982.

Yuan, Xingpei, Yan Wenming, Zhang Chuanxi, and Lou Yulie, eds. *The History of Chinese Civilization*. Cambridge: Cambridge University Press, 2006.

Zhang, Qifan *Wudai Jinjun Chutan*. Hangzhou: Jinan Daxue Chubanshe, 1993. *Songchu Zhengzhi Tanyan*. Guangzhou: Jinan Daxue Chubanshe, 1995.

Zhang, Yinglin "Songchu Sichuan Wang Xiaopo, Li Shun zhi Luan," *Qinghua Xuebao*. 12(1937), 315–35.

出版后记

　　本书讨论了战争和文武关系在宋朝建立过程中的重要作用，认为宋朝的建立是一系列军事胜利的结果，批驳了宋开国是一个非军事化过程，宋朝自建立之初就重文轻武的刻板印象，给人耳目一新之感。宋太祖南征北讨，终于建立新王朝。继位的宋太宗最初希冀通过军事上的成功提升自身权威，但试图收复燕云十六州时遭遇惨败和奇耻大辱，于是不得不改变政策，使文臣成为朝廷中心。到了长于深宫之中的宋真宗一代，由于前朝的政策以及外部环境趋于和平，宋才真正实现由武转文。与之相对，辽朝在宋朝建立之初主要采取守势，仅限于对宋太宗的军事行动做出回应，只是到了宋真宗继位后才大规模遣军南下，直至双方签订澶渊之盟。

　　本书作者龙沛教授是中古军事史专家，著作等身，对中国历史有独到见解。他详细梳理了宋朝建立前后的各次重要战役，并在此基础上提出新见。本书有助于加深读者对宋朝开国及宋辽关系的理解，并将为后续研究打下坚实基础。

图书在版编目（CIP）数据

重归一统 /（美）龙沛著 ; 康海源译 . -- 北京：
九州出版社 , 2020.9（2023.12 重印）

ISBN 978-7-5108-9199-1

Ⅰ . ①重… Ⅱ . ①龙… ②康… Ⅲ . ①中国历史—研
究—宋代 Ⅳ . ① K244.07

中国版本图书馆 CIP 数据核字 (2020) 第 102086 号

著作权合同登记号：图字：01-2021-0075

审图号：GS（2020）5299 号

重归一统

作　　者　　［美］龙　沛　著　康海源　译
出版发行　　九州出版社
地　　址　　北京市西城区阜外大街甲 35 号 (100037)
发行电话　　（010）68992190/3/5/6
网　　址　　www.jiuzhoupress.com
印　　刷　　北京盛通印刷股份有限公司
开　　本　　889 毫米 × 1194 毫米　　32 开
印　　张　　11.75
字　　数　　244 千字
版　　次　　2021 年 1 月第 1 版
印　　次　　2023 年 12 月第 5 次印刷
书　　号　　ISBN 978-7-5108-9199-1
定　　价　　72.00 元